ひとりで学べる
木造の壁量設計演習帳
【基準法・性能表示の仕様規定による設計】

著＝大橋好光・齊藤年男

一般財団法人日本建築センター

目次

はじめに
本書を使う前に読んでください ・・・・・・・・・・・・・・・・ 1

1 木造住宅の設計とは ・・・・・・・・・・・ 4

 1.1 軸組構法の概要 ・・・・・・・・・・・・・・・・・・・・ 4

 1.2 基準法と品確法 ・・・・・・・・・・・・・・・・・・・ 8

 1.3 3つの構造設計ルート ・・・・・・・・・・・・・・ 9

2 本書で用いるモデルプラン ・・・・・・・・・・・・ 12

第1章　建築基準法・仕様規定による設計 ・・・・・・ 16

1【基準法】 壁量設計とは ・・・・・・・・・・・・・・・・・・ 17

 1.1 基準法　地震力に対する必要壁量の算定 ・・・・・・・・ 21
  ひとりでやってみよう 1 ・・・・・・・・・・・・・・・・・・ 23

 1.2 基準法　風圧力に対する必要壁量の算定 ・・・・・・・ 25
  ひとりでやってみよう 2 ・・・・・・・・・・・・・・・・・ 27

 1.3 基準法　存在壁量の算定 ・・・・・・・・・・・・・・・ 31
  1.3.1 耐力壁の種類（特徴）と倍率 ・・・・・・・・・ 33
  1.3.2 柱壁位置図に耐力壁を配置します ・・・・・・ 38
  1.3.3 存在壁量を合計します ・・・・・・・・・・・・・ 41
  ひとりでやってみよう 3 ・・・・・・・・・・・・・・・・・ 42

 1.4 基準法　壁量の検定 ・・・・・・・・・・・・・・・・ 44
  ひとりでやってみよう 4 ・・・・・・・・・・・・・・・・・ 44

2【基準法】 耐力壁のバランス検定（四分割法） ・・・・・ 46

 2.1 四分割法　側端部分の必要壁量の算定 ・・・・・・・・・ 48
  ひとりでやってみよう 5 ・・・・・・・・・・・・・・・ 50

 2.2 四分割法　側端部分存在壁量の算定 ・・・・・・・・ 53
  ひとりでやってみよう 6 ・・・・・・・・・・・・・・・・・ 53

 2.3 四分割法　壁量充足率の算定 ・・・・・・・・・・・ 54
  ひとりでやってみよう 7 ・・・・・・・・・・・・・・・・・ 55

 2.4 四分割法　壁のかたよりの検定 ・・・・・・・・・ 56
  ひとりでやってみよう 8 ・・・・・・・・・・・・・・・・・ 56

3【基準法】 接合部の設計 ・・・・・・・・・・・・・・・・・ 58

 3.1 筋かい端部接合金物の選択 ・・・・・・・・・・・・・ 62

 3.2 柱頭・柱脚接合部の検討 ・・・・・・・・・・・・・ 63
  3.2.1 告示仕様による選択 ・・・・・・・・・・・・ 63
  3.2.2 N値計算による確認 ・・・・・・・・・・・ 68
  ひとりでやってみよう 9 ・・・・・・・・・・・・・・・ 75

4【基準法】 水平構面の役割とその重要性 ・・・・・・・・・ 78

5【基準法】 木材の品質、筋かいの品質 ・・・・・・・・・ 80

 5.1 木材の品質（施行令第41条） ・・・・・・・・・・・ 80

 5.2 筋かいの品質（施行令第45条） ・・・・・・・・・・ 80

6【基準法】 柱の小径 ・・・・・・・・・・・・・・・・・・・・・ 81

 6.1 柱の小径（施行令第43条第1項） ・・・・・・・・・・ 81

 6.2 柱の細長比（施行令第43条第6項） ・・・・・・・・ 82
  ひとりでやってみよう 10 ・・・・・・・・・・・・・・・ 83

7【基準法】 その他の仕様 ・・・・・・・・・・・・・・・・・ 86

 7.1 断面欠損（施行令第43条第4項） ・・・・・・・・・・ 86

 7.2 通し柱（施行令第43条第5項） ・・・・・・・・・・・ 86

 7.3 部材の品質（施行令第37条、第41条） ・・・・・・・ 87

 7.4 耐久性・防腐措置（施行令第49条） ・・・・・・・・ 87

8【基準法】 基礎の設計 ・・・・・・・・・・・・・・・・・・ 89

 8.1 基礎の構造 ・・・・・・・・・・・・・・・・・・・・・・・ 89

 8.2 基礎ぐい ・・・・・・・・・・・・・・・・・・・・・・・・・ 89

 8.3 べた基礎 ・・・・・・・・・・・・・・・・・・・・・・・・ 90

 8.4 布基礎 ・・・・・・・・・・・・・・・・・・・・・・・・・・ 91

第2章　品確法・性能表示による設計 ……… 92

9【性能表示】　壁量計算 ……………………… 93
9.1　性能表示　地震力に対する必要壁量の算定 ……… 98
ひとりでやってみよう 11 ………………… 100
9.2　性能表示　風圧力に対する必要壁量の算定 …… 102
ひとりでやってみよう 12 ………………… 103
9.3　性能表示　存在壁量の算定 …………… 105
9.3.1　準耐力壁の種類と倍率 ………… 107
9.3.2　準耐力壁等の壁倍率の算定 ……… 110
ひとりでやってみよう 13 …………… 110
9.3.3　性能表示存在壁量の算定 ……… 112
ひとりでやってみよう 14 …………… 112
9.4　性能表示　壁量の検定 ……………… 114
ひとりでやってみよう 15 ………………… 114

10【性能表示】　存在床倍率の確認 ………… 116
10.1　耐力壁線の指定 ………………… 122
ひとりでやってみよう 16 ………………… 123
10.2　火打ち構面の存在床倍率の算定 ………… 126
ひとりでやってみよう 17 ………………… 128
10.3　面材等における床・屋根構面の存在床倍率の算定 … 130
ひとりでやってみよう 18 ………………… 134
10.4　必要床倍率の算定と判定 …………… 137
ひとりでやってみよう 19 ………………… 138

11【性能表示】　横架材接合部の確認 ………… 141
11.1　外周横架材接合部の検討 …………… 143
ひとりでやってみよう 20 ………………… 145
11.2　胴差しと通し柱の接合部 …………… 147
ひとりでやってみよう 21 ………………… 148

12 伏図の作成 ………………………… 149
12.1　横架材の部材仕様 ……………… 151
12.2　屋根伏図（演習シート33ページ）………… 151
12.3　小屋伏図（演習シート34ページ）………… 152
12.4　2階床梁伏図（演習シート35ページ）……… 152
12.5　大引き・土台伏図（演習シート36ページ）… 153
12.6　基礎伏図（演習シート37ページ）………… 153

13 横架材断面の検討 …………………… 154

第3章　参考資料 ………………………… 158

14 参考資料 …………………………… 158
14.1　構造形式の分類 ………………… 158
14.2　木造軸組構法の主な構造部材の名称 ……… 161
14.3　樹種と主な用途 ………………… 163
14.4　木材の特性 …………………… 163
14.5　木材の強度 …………………… 164
14.6　2000年の建築基準法改正と必要壁量 …… 168
14.7　壁量の求める水平耐力 …………… 169
14.8　壁倍率（壁の強さ）の求め方 ………… 169
14.9　建物の重量と雑壁の耐力 …………… 171
14.10　近年の地震と建築基準法 ………… 172
14.11　壁倍率の変遷 ………………… 173
14.12　四分割法と偏心率 ……………… 175
14.13　筋かい接合部 ………………… 176
14.14　基準法と性能表示の壁量 ………… 177
14.15　水平構面の重要性 ……………… 179
14.16　火打ちのない仕様 ……………… 180
14.17　床倍率導入の意味 ……………… 181
14.18　存在応力と柱頭・柱脚接合部 ………… 182

15 解答例 …………………………… 183

索引 ……………………………… 220

建築士会連合会の CPD 単位の取得について …… 223

はじめに

　戸建て住宅の大部分は木造軸組構法で建てられています。木造住宅の構造は、建築基準法の「仕様規定」に規定されています。その中に、いわゆる「壁量設計」も含まれています。

　本書は、建築基準法の仕様規定に沿って構成されています。そして、住宅性能制度に基づく評価方法基準（以下 評価方法基準）で検討を求められている項目を追加する、という構成としています。

　また、本書の特徴は、解説だけでなく、モデルプランに沿って、実際に演習することに重点を置いているということです。これによって、内容の理解に加えて、全体の流れも習得しやすく構成しています。

　さらに、関連する詳細な解説を、「参考資料」にまとめました。基準の具体的な内容や根拠等の理解は、そちらを参考にして下さい。

　本書によって、少しでも、木造建物の構造性能に関する理解が深まれば幸いです。さあ、ひとりでもやってみましょう。

本書を使う前に読んでください

　本書は、木造軸組構法の構造設計を手計算しながら習得できる「自学・自習」の教科書という意味から「ひとりで学べる演習帳」と名付けました。解説を読み、演習問題に取り組んでいただくことで、必要な知識を確認しながら身につけていくことができます。

本書を使っていただきたい方

　本書は、次のような方に使っていただくことを想定して編集しました。
　　① 木造軸組構法の基本をもう一度勉強したい方。あるいは、初めて木造軸組構法の設計に取り組む方。
　　② 長期優良住宅に対応した耐震性能について勉強したい方。
　　③ 木造軸組構法の住宅設計・施工に携わっている方。
　　④ 評価方法基準の壁量設計、水平構面耐力に関して勉強したい方。
　　⑤ 高校や大学の建築学科を専攻している方。
　　⑥ 木造軸組構法の構造設計に興味がある方。

本書の構成と使い方

◇章の構成

　本書では、2階建て木造軸組構法の住宅の構造設計を扱っています（設備や意匠の設計は含まれておりません。）。章の構成は次のとおりです。
　　① 基準法で規定されている壁量設計・接合部の設計（1章）
　　② 評価方法基準の壁量設計、水平構面の設計、伏図の作成方法（2章）
　　③ 参考資料（3章）

1章、2章の冒頭に、その章で設計する項目とその流れを「フロー図」で表しています。各章の学習を始める前に、内容と手順を確認してください。

◇項の構成

1章～2章の各項では、おおよそ次のような流れで学習するようになっています。
「本文」を**読む**から「解答例」を**確認する**までを、本書に従って順にやってみてください。

① **読　　む**　「本文」…その項目で学習する用語の説明や、設計方法の解説をしています。
② **習　　う**　「ひとりでやってみよう」(演習解説)…演習シートを用いた計算方法の解説です。
③ **計算する**　「演習シート」… 綴じ込みの演習シート使って実際に計算します。
④ **確認する**　「解答例」… 巻末の演習シートの解答例を見て計算結果を確認します。

なお、「ひとりでやってみよう」がない項もあります（例えば、「4. [基準法] 水平構面の役割とその重要性」等）。これらの項では、本文を読んで理解を深めてください。

◇「ひとりでやってみよう」と演習シートについて

本書の特長は「演習」を中心に構成しているところです。
「ひとりでやってみよう」が演習に該当します。簡単な計算が必要になりますので計算機をご用意ください。
「ひとりでやってみよう」では、＜綴じ込み＞の演習シートを使用します。本書と演習シートは「教科書とノート」のような関係になっています。本書の「ひとりでやってみよう」を読みながら演習シートを使用して、自学・自習してください。
なお、「ひとりでやってみよう」では、演習の一部を解説しています。例えば、P.23ページの「ひとりでやってみよう」では、2階の必要壁量の計算方法のみを解説しており、1階の必要壁量の計算は解説していません。解説されていない部分が、演習問題に該当します。自分で計算し演習シートに計算式・計算結果を記入してください。
巻末に計算例(解答例)を載せていますので、演習が終了したら確認に利用してください。

本書の表記について

◇本書では、適宜、「ポイント」、「考え方のアドバイス」、「コーヒーブレイク」で、考え方の注意点などを記載していますので参考にしてください。

ポイント1　・・・・・　設計における重要点や、間違いやすい点を解説しています。

考え方のアドバイス1　・・・・・　実務上の知識、注意点を解説しています。

コーヒーブレイク　・・　コラム的な内容を扱っています。

◇また、本書では、以下の法律の名称を省略して使用していますので注意してください。

正式名称	略　称
建築基準法	基準法
建築基準法施行令	施行令
住宅の品質確保の促進等に関する法律	品確法
建設省告示	建告 *
国土交通省告示	国交告 *

* 省略した告示は以下のように示します。
　昭和 55 年建設省告示第 1791 号　→　昭 55 建告第 1791 号
　平成 13 年国土交通省告示第 1024 号　→　平 13 国交告第 1024 号

◇CPDの単位取得について

　本書は、日本建築士会連合会の建築士継続能力開発（CPD）の認定書籍です。
　P.223 の設問に解答することで 3 単位を取得することができます。

1 木造住宅の設計とは

1.1 軸組構法の概要

　日本には、多様な住宅構法が共存しています。その構法は、主たる構造材料の分類から、木質系構造、鉄鋼系構造、コンクリート系構造に分けることができます。更に、木質系構造は4つ、すなわち、軸組構法、ツーバイフォー構法、木質プレハブ構法、そして丸太組構法に分けることができます。ここでは、本書の対象とする軸組構法の概要をまとめておきます。

→**参考資料「14.1　構造形式の分類」を参照**

1）木造軸組構法の概要

　軸組構法は、「在来構法」と呼ぶこともあります。一般的には、建築基準法・施行令第3章第3節に記述されている仕様規定に準拠して建てられている構法をいいます。したがって、いわゆる伝統構法もこの中に含まれます。ただし、同じ軸組構法でも、現代的なものと伝統的なものでは、構法・材料にかなりの違いがあります。

　ちなみに、在来構法という名称は、日本の伝統的木造から現代住宅に連なる軸組構法を、ツーバイフォー構法や木質プレハブ構法と区別するための呼び方です。構造的には、後二者が壁式構法であることから、単に軸組構法とも呼びます。

→**参考資料「14.2　木造軸組構法の主な構造部材の名称」を参照**

2）軸組

　図1に軸組の概要を示します。柱と桁・梁などの横架材で鉛直荷重を負担します。柱は、土台や桁などに、「ほぞ差し」されています。以前は、「長ほぞ」でしたが、「短ほぞ」で補強金物を併用することが増えています。建物の隅角部の柱は、一般に通し柱とします。また、間柱は、骨組みができあがった後から取り付けられ、構造体としての鉛直荷重は支えません。壁材の下地です。間柱で注意するのは、外壁の間柱は、風圧力による面外方向の力を負担しているということです。

　伝統的な構法では、間柱ではなく、貫を用いるものがあります。もともとの貫の役割は、

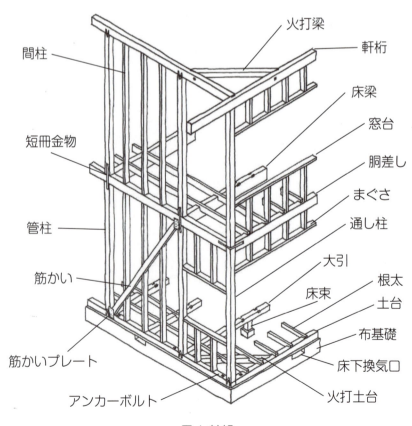

図1　軸組

土壁の中に埋め込まれ、固まるまでの土壁を支え、土壁を柱・横架材の枠内に固定しておくことでした。現在は、ラスボードの下地として使われるのが一般的です。

　通し柱に、側面から２階床レベルで取り付けられる横架材は、「胴差し」と呼ばれます。２階の床梁の一部です。床面は、以前は、桁行き方向が下で、梁が「渡りあご」で上に位置していましたが、現在では、「上面合わせ」になっています。小屋梁面も同様です。

　以前は、これらの加工は手加工でしたが、近年では、「機械プレカット」と呼ばれる工場生産が主流を占めています。「機械プレカット」は、平面図をＣＡＤ入力し、継手・仕口などの加工位置・種類等を自動生成させ、連動した工場ラインで加工する方式をいいます。規模の大きい工場は、住宅メーカーが運営するものと、組合などの共同利用形式があります。

　また、近年、「金物工法」と呼ばれる構法が増えています。これは、従来の軸組構法用金物があくまでも補強金物で、荷重は木材の嵌合により負担していたのに対して、金物自体で荷重を負担するというものです。木材自体の加工形状が簡単で、断面欠損が小さいという特長があります。

　また、材料も、小規模で手加工の場合は地域の製材を用い、機械プレカットでは集成材を用いるのが一般的です。

　樹種は、プレカット加工の場合には、柱は、ホワイトウッドや欧州アカマツと呼ばれるスプルースの一種が、また横架材にはベイマツなどの輸入材が用いられています。柱材は、集成材も多用されています。一方、地域の住宅では、柱はスギやヒノキが、胴差しや桁、梁などの横架材は、マツが多く使われます。また、土台は、耐久性の高いヒノキやヒバが用いられます。

→参考資料「14.3　樹種と主な用途」を参照
→参考資料「14.4　木材の特性」を参照
→参考資料「14.5　木材の強度」を参照

3）壁の構造

　軸組構法の壁は、一般に、柱、間柱を受け材として、下地の面材等が釘打ちされています。図２に外壁の代表的な構成を示します。外壁には、サイディング張りや木摺下地ラスモルタル塗り、内壁には下地として石こうボードを張るのが代表的な構法です。以前は、柱に胴縁を打ち付けてから面材を張っていましたが、現在では、大部分は直張りです。それは、以前は、柱や間柱の精度が悪かったり、面材の厚みが小さかったためです。

　なお、近年、外壁の「通気構法」が普及してきています。これは、断熱材の外側に「縦胴縁」を設けて通気するもので、サイディングやモルタルは、その外側に取り付けられています。

　軸組構法の水平力に抵抗する構造要素は、主として筋かいでしたが、現在では構造用合板を用いるものも増えています。外壁には断熱材を入れることから、都市近郊の住宅では、外周壁は構造用合板、内部間仕切りには筋かいという組み合わせが一般的です。

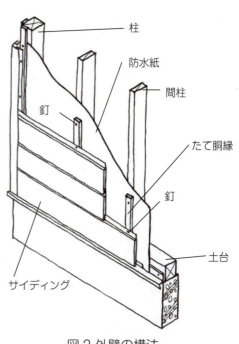

図2. 外壁の構法

軸組構法の生産性を高める工夫として、外壁や床などの「パネル化」も行われています。これは、予め工場などでパネルに組み立て、現場では重機による建て込みを行う建設方法をいいます。なお、壁にパネル化を採用すると、パネル種類の削減のために、併せて軸組の規格化も行われています。たとえば、横架材間を統一して、パネルの寸法を集約したものがあります。

　なお、以前の軸組構法は、真壁と呼ばれる柱を露出にした構法でしたが、昭和40年代から、洋間の普及と共に、大壁構法が普及しました。継手・仕口をはじめとする大工工事の技術は、真壁を前提としたものが多く、大壁構法の普及が大工工事の質を大きく変革したと言われています。また、土塗り壁や下見板張りなどは、生産性や防火の問題で、都市部の住宅では使われなくなっています。

4) 床の構造

　床の構造は、1階床と2階以上の階の床に分けることができます。図3に代表的な床の構成を示します。1階床は、土台と大引が「上面合わせ」で組み合わされていて、その上に、根太が載り、その上に面材が釘打ちされています。基礎と土台の間にスペーサーを設け、従来の基礎換気孔を設けない方法が普及しています。また、大引を支える床束に、プラスチック製や金属製のものが普及しています。

　2階以上の階の床は、胴差しと床梁が「上面合わせ」で組み合わされています。その上に、根太が乗り、その上に面材が釘打ちされているのは、1階床と同様です。以前は、床梁が「渡りあご」になっていたものが大部分でしたが、プレカットの普及などにより、「上面合わせ」になっています。

　面材は、以前は、荒板と呼ばれるスギなどの製材でしたが、昭和50年代に、大部分は構造用合板に換わりました。その後、短辺方向の根太に釘打ちし、長辺方向は「本ざね」で釘打ちしない構法が普及しました。そして、近年は24～30mmの厚い合板を、半間（多くの地域では910mm）間隔に入れた小梁に、直接釘打ちする構法が広がっています。根太を用いないことから、「根太レス構法」などと呼ばれています。集成材や乾燥した製材を機械プレカットすることで、精度のよい床軸組が可能になったことから実現できた構法です。

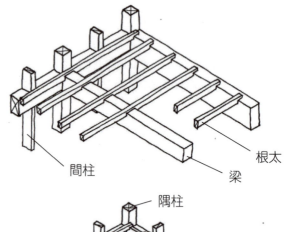

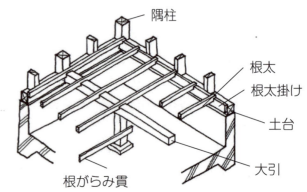

図3 床組

5) 接合

　軸組構法は、柱と横架材を接合して架構を形成します。各接合部には、継手・仕口と呼ばれる木材を加工した接合が用いられています。近年では、「機械プレカット」が普及しています。また、地震被害調査などから、各接合部の強度確保の重要性が指摘され、2000年に建築基準法が改正されたことから、金物で補強することが広まっています。軸組構法用の標準的な接合金物に、(公財) 日本住宅・木材技術センター

の「Zマーク表示金物」の規格がありますが、この規準によらない金物も普及しています。

6) 基礎の構造

木造住宅の基礎形式は、一般の地盤の場合には「布基礎」とし、軟弱な地盤の場合には「べた基礎」としていました。図4に布基礎の断面を示します。「布基礎」形式の場合、外周および主要な壁線の下には「布基礎」を設け、一般の床下には、「束石」と「床束」を設置しています。しかし、「布基礎」の場合にも、昭和40年代から、床下の防湿の観点から「防湿コンクリート」を打つようになりました。そして、近年では、一般の地盤でも、「べた基礎」とすることが増えています。「べた基礎」は、掘削した土の処分が不要というメリットがあり、これが採用の理由の一つといわれています。

また、近年の特長は、基礎立ち上がりの厚さが大きくなっていることで、150mmとして、十分な鉄筋かぶり厚を確保する動きが広がっています。また、島状・半島状の「基礎立ち上がり」を避けるなど、水平荷重時の強度性能に関する工夫が行われています。なお、前述の「土台スペーサー」の設置によって、建物外周部の換気口はなくなっています。

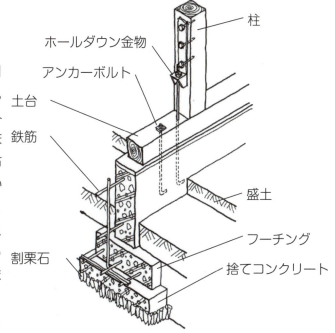

図4 基礎

7) 屋根の構造

一般に屋根は、「和小屋」です。ただし、伝統的な構法に見られるような、大きな小屋梁を入れることは希で、多くは製材を用いています。これは、小屋部材も「機械プレカット」しているためです。「和小屋」の場合、小屋束で支えた「母屋」に「たる木」を取り付け、その上に「野地板」を釘打ちしています。「野地」は、床と同様に、以前は製材の板材でしたが、現在では構造用合板を用いるのが一般的です。

また、床と同様に、「たる木」を用いずに、厚い構造用合板を、直接、母屋や斜め梁に釘打ちする構法も増えています。

8) 軸組構法と木材生産

木造住宅の構法は、その国の木材生産とも密接に関係しています。日本の林業は、スギやヒノキなど、柱材の生産が主で、マツなどの横架材の生産は、絶対的に不足しています。また、日本では、1本の丸太から柱や板を「木取り」してきましたが、それは、軸組構法で用いる部材の寸法と連動していました。前述のような、各種の構法の変化は、林業にも影響し、また、林業からの影響を受けています。たとえば、構造用合板が普及して、小片の部材や板材の需要が少ない、などの問題が生じています。

1.2 基準法と品確法

　木造住宅を建てるときの構造関係の法律には、建築基準法（以下、「基準法」という）があります。この法律は、全ての建物に適用され、これを守らないと家を建てることができません。また、この基準法は、建物が備えていなければならない「最低限の性能」を規定しています。ですから、これよりも低い性能のものとすることはできません。もちろん、高い性能を設定して設計するのは自由です。

　一方、2000年に制定された「住宅の品質確保の促進等に関する法律（以下「品確法」という）」には「性能表示」という制度があります。その制度では、たとえば、耐震等級3や、耐風等級2などと、その性能の等級を表示します。建物を、基準法よりも高い性能とするときの方法を示したものといえます。等級の数字が大きいほど、性能が高いことを示します。ただし、この制度は、任意の制度です。必要な人が、基準法の「確認申請」とは、別途に申請して適用するものです。また、平成21年6月に施行された「長期優良住宅の普及の促進に関する法律」で求められている耐震性の認定基準では、「性能表示」の耐震等級2以上が求められています。

　基準法でも品確法・性能表示でも、「確かにその性能を満足している」ということを確認するための設計法が用意されています。そして、上記の2つの法律で定められている設計法には、図5のように、それぞれ壁量設計に代表される「仕様規定」と呼ばれる方法と、「構造計算」を行う方法があります[※1]。「仕様規定」とは、「このような納まりを採用すればいいですよ」、というように、具体的な仕様が例示されている方法のことです。

※1 厳密には、構造計算をしても仕様規定を満足しなければなりません。したがって、構造計算のルートは、正確には、図5のように「仕様規定」＋「構造計算」です。

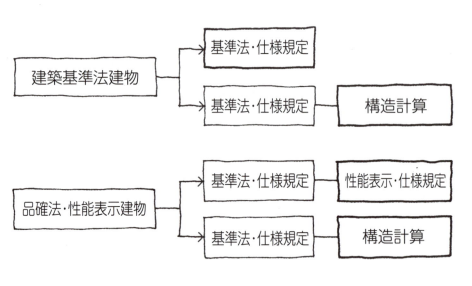

図5 設計法の構成

　このテキストは、基準法と性能表示の「仕様規定」による方法を解説したものです。一般には、2階建てまでの木造住宅を対象としています。

　基準法の仕様規定は、土台や、柱、壁といった部位ごとの仕様と、耐久性といった性能項目ごとの仕様のルールが定められています。

　一方、品確法の性能表示は任意の制度ですので、性能表示を行う場合でも、基準法の「仕様規定」を守らなければなりません。そこで、図6のように、性能表示の評価

基準は、基準法の仕様規定に、「上乗せ」の形で定められています。したがって、性能表示の仕様規定は、全ての部位・項目にルールがあるのではなく、基準法を守ることで充分なものは、規定はありません。性能等級を表示する上で、いくつかの重要な項目についてのみ、基準法のルールを改良したり、新しいルールを追加で定めています。

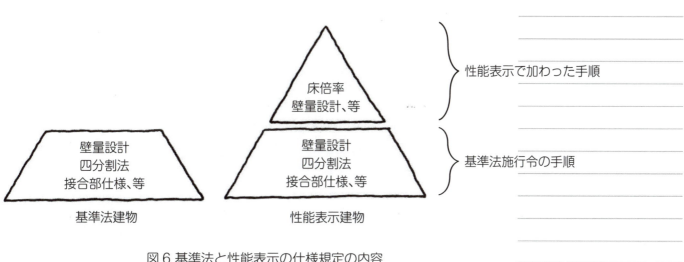

図6 基準法と性能表示の仕様規定の内容

1.3 3つの構造設計ルート

基準法における木造建築物の構造設計ルートは、「仕様規定」によるものと、「構造計算」を行う場合、に分けることができます。また、品確法に基づく性能表示制度でも、独自の安全確認の方法が評価方法基準で定められています。2階建てまでの住宅は、大きく以下の3つの設計ルートがあります[※1]。

① **建築基準法の仕様規定**
② **性能表示の仕様規定**
③ **許容応力度計算**

ここでは、一般的な木造住宅の構造計算をするときの、「設計ルート」をまとめておきます。P.11の表にまとめて示しています。

基準法の施行令は、構造種別に各部の仕様を定めた「仕様規定」と、構造計算の手順を示した「構造計算」で構成されています。そして、木造建物の「仕様規定」は、施行令第3章第3節です。すべての木造建物は、原則的に、第3章第3節に記述されている「仕様規定」を守らなければなりません。

2階建てまでの木造住宅は、基準法上「四号建築物」と呼ばれ、規模が小さいことから、「構造計算」が求められていません。その場合、前述の「仕様規定」を満足するだけで、建ててよいことになります。

「仕様規定」は、土台、壁、筋かい、柱などの、各部構造の「仕様」を記述しています。そして、この「仕様規定」に、いわゆる「壁量計算」が含まれています。「壁量計算」とは、「存在壁量」が「必要壁量」を満足していることを確認す

※1 正確には、性能表示にも「仕様規定」による方法と「構造計算」による方法とがあります。ただその構造計算の具体的な方法は建築基準法の構造計算、すなわち、許容応力度計算で行うことになっています。そこで、ここでは1つにまとめています。

る手順のことです。「壁量計算」と「計算」という文字が入っていますが、法律上は「構造計算」ではありません。

　次に、規模の点から軒高9mまたは高さ13mを超えるか、延べ面積500m²を超える建物、および階数が3階以上の木造建物は、「二号建築物」と呼ばれます。これらの建物では、上記の「仕様規定」に加えて「構造計算」が必要とされています。「構造計算」の内容は、施行令では、第3章第8節に記述されています。「許容応力度設計」や「限界耐力計算」も、この中に記述されています。

　なお、「四号建築物」でも、特定の部位の仕様を「集成材等」とし、かつ、「構造計算」すれば、「壁量計算」を行わなくてもよいという規定があります※1。施行令の「第46条第2項」に記載されていることから、「第46条2項ルート」と呼ぶことがあります※2。

　ここで注意するのは「施行令第46条2項」で外れるのは「壁量計算」のみだということです。「仕様規定」全体ではありません。「壁量計算」以外の「仕様規定」は、満足する必要があります。表1に、建物の大きさと求められる検討内容を示します。

　また、基準法では、枠組壁工法や丸太組構法は、個別の技術基準に規定されており、規模によって必要とされる計算内容は、木造軸組構法と異なっていますので注意が必要です。

　以上は、基準法による規定です。一方、品確法の性能表示制度に基づいて、耐震等級や耐風等級を表示する場合には、その法律で定められた評価方法基準で確認する必要があります。ただし、この法律は、基準法とは異なり、任意の制度ですので、この制度を利用しなければ適用する必要はありません。また、この制度を利用する場合でも、基準法は満たさなければならないので注意が必要です。

memo

※1 この設計ルートの建物を「集成材等建築物」と呼ぶことがあります。

※2 他にも各部の構造が仕様規定の範囲を超える場合、構造計算が必要とされることがあります。

※3「3階建て以上（二号建築物）」と「集成材等建築物」に求められる構造計算の内容は厳密には同じではありません。

表1　建物の大きさと求められる検討内容

	2階建てまで（四号建築物）	3階建て以上（二号建築物）	
一般の場合	・壁量を満足する ＋ （壁量以外の仕様規定）	・壁量を満足する ・構造計算 ＋ （壁量以外の仕様規定）	構造計算を行う建物※3
施行令第46条第2項を適用する場合（集成材等建築物※3）	・構造計算 ＋ （壁量以外の仕様規定）	同左	←主要な部位を「集成材等」にする

10

表2 設計ルートの整理

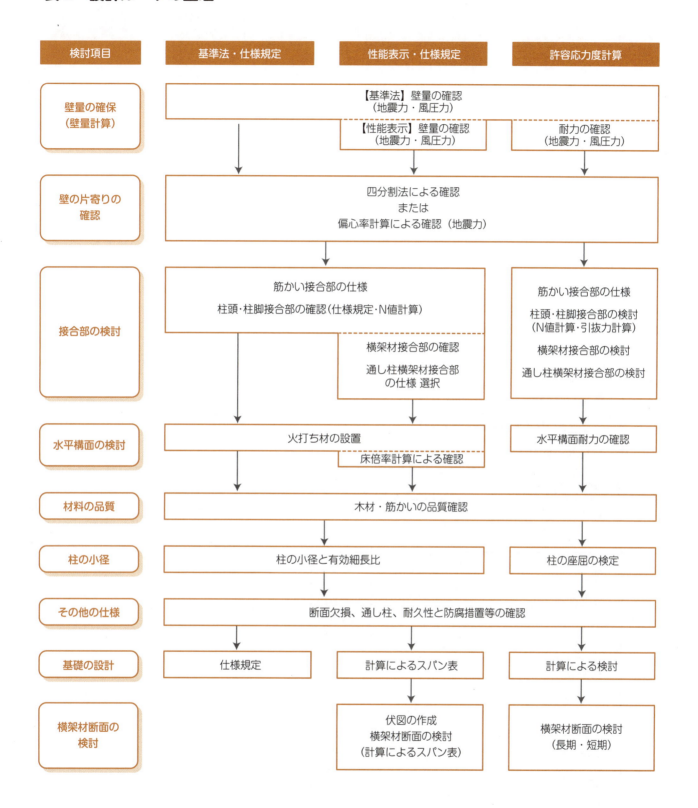

2 本書で用いるモデルプラン

本書で行う演習には、以下の概要に基づいたモデルプランを用いています。

表 2 モデルプラン計画概要

建築場所	東京都杉並区	
建物用途	専用住宅	
建物構造	木造軸組構造 2 階建て	
基本モジュール	910mm	
建物仕上げ		
	屋根	瓦葺き
	外壁	防火サイディング
施行令第 46 条関係		
	屋根区分	重い屋根
	風圧力に関する指定	指定無し
	積雪に関する指定	指定なし

本計算で用いる仕様

耐力壁・準耐力壁等		倍 率
	構造用合板 t=9 N50@150	2.5
	筋かい 45×90	2.0
	石こうボード t=12.5 GNF40@150	0.9
屋根下地		倍 率
	勾配：5/10	
	野地：構造用合板 t=12	0.7
	たる木：45×90@455	
床構面		倍 率
	構造用合板 t=24　N75@150 四周 釘打ち	3.0
地震地域係数（z）	1.0	
基準風速 [Vo（m/ 秒）]	34	

開口部記号の見方

記号	説明（内法高さは共通で2000mm）
戸	扉・掃出しサッシ　（H=2000mm）
小	小窓サッシ（H=1000mm）
中	中窓サッシ（H=1200mm）

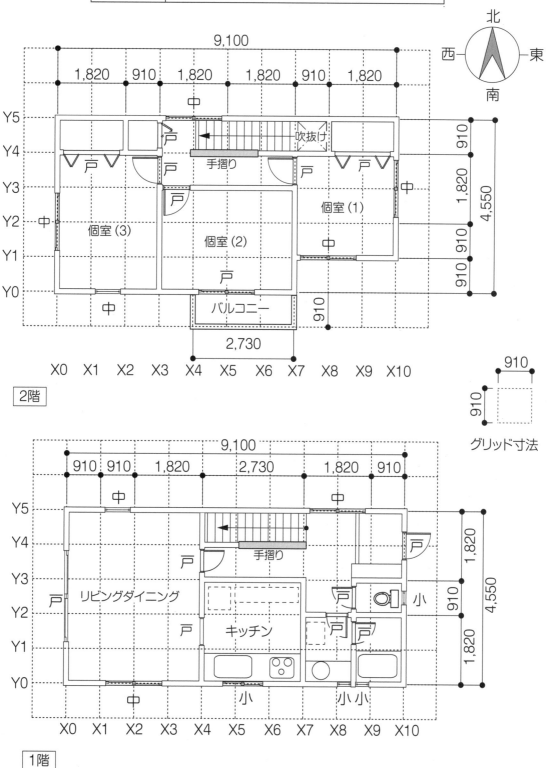

図7 各階平面図

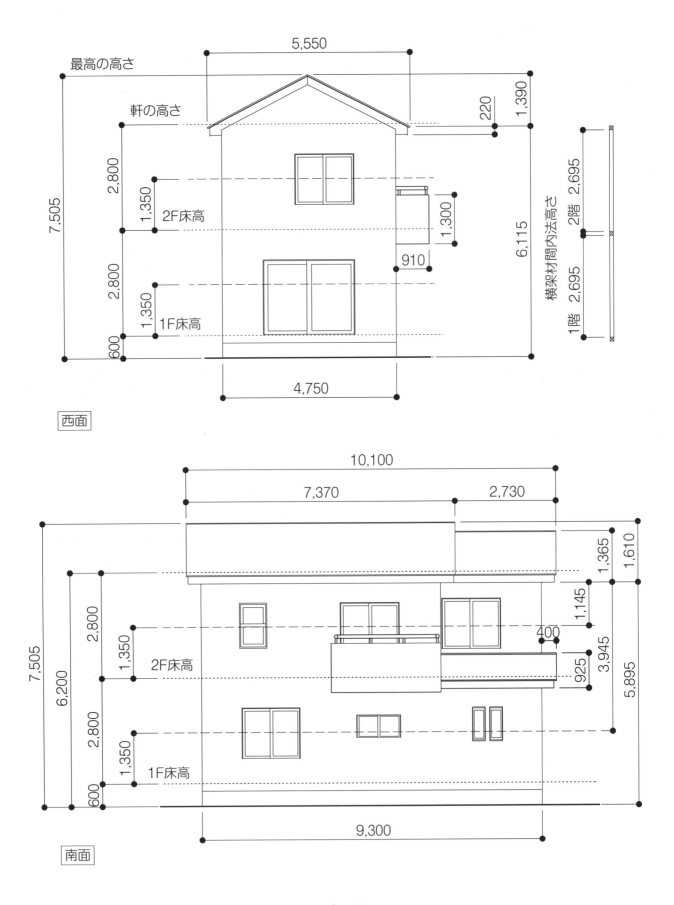

図8 立面図

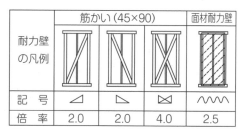

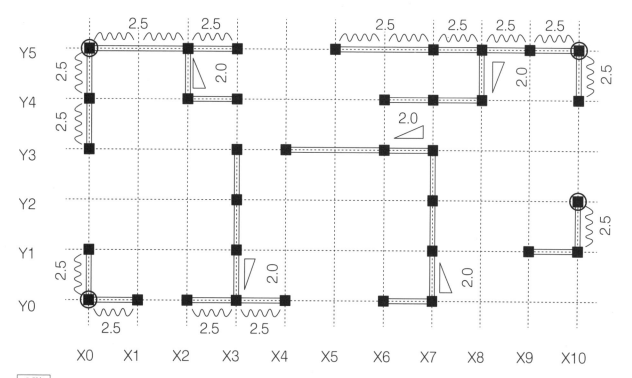

2階

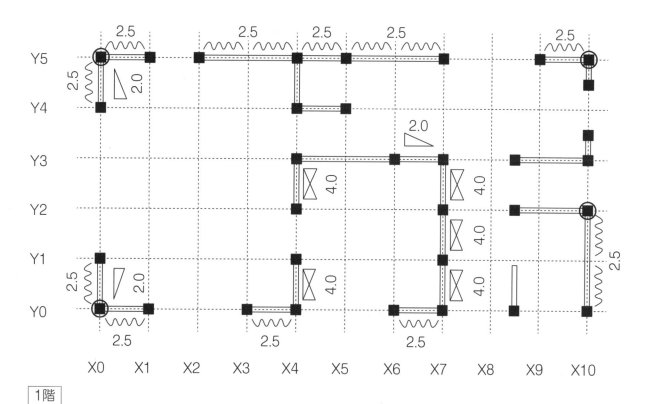

1階

図9 各階柱・壁位置図

15

第1章
建築基準法・仕様規定による設計

この章では、基準法の仕様規定に沿って安全を確認する方法（下表の網掛けをしている項目）を解説します。

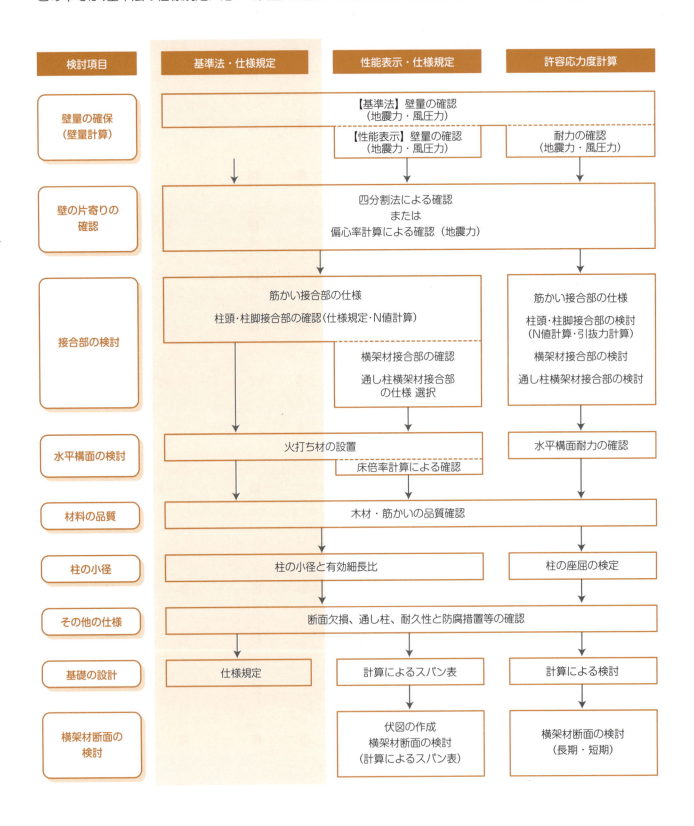

1 【基準法】壁量設計とは

　基準法の仕様規定 (主に、施行令第 3 章第 3 節) にしたがって設計する場合の、構造設計の中核をなす概念に「壁量設計」があります。まず、この内容を簡単にまとめておきます。

壁量設計

　現代の木造住宅は、地震や強風に対しては、「耐力壁」と呼ばれる壁で抵抗します。写真 1.0-1 のように、伝統的な木造住宅には、柱が太くて、その曲げ性能で地震や台風に抵抗するという考え方のものもありますが、現代の一般的な住宅はそれほど柱が太くないので、地震などには、耐力壁で抵抗しています。

　壁量設計は、「必要壁量算定のための係数」と「壁倍率」との組み合わせで成り立っています。表 1.0-1 にその係数を示します。「必要壁量算定のための係数」は、その耐力壁をどのくらい入れればよいかを表した係数で、「壁倍率」は、壁の種類ごとの強さを表しています。

写真 1.0-1 伝統的民家

表 1.0-1 必要壁量算定のための係数

		地震力用係数 (cm/m^2)	風圧力用係数 (cm/m^2)	
			特に強い風が吹く地域	その他の地域
軽い屋根	平家	11	50 超 75 以下で特定行政庁が定める値	50
	2 階建て 1 階	29		
	2 階建て 2 階	15		
重い屋根	平家	15		
	2 階建て 1 階	33		
	2 階建て 2 階	21		

　基準法の壁量設計では、存在壁量が必要壁量以上であることを確認します。以下が、その検定の式です。

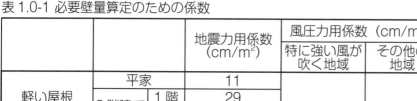

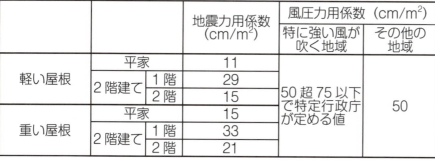

　左辺の「(壁倍率×壁長さ) の合計」は、それぞれの壁毎に「壁倍率×壁長さ」を計算し、合計することを意味しています。「(壁倍率×壁長さ) の合計」を「存在壁量」または「有効壁量」と呼びます。また、右辺全体を「必要壁量」と呼びますが、「地震力用係数」、または、「風圧力用係数」を「必要壁量」と呼ぶこともあります。

　ここで注意しなければならないのは、地震に対する必要壁量は、梁間方向・桁行方向ともに同じですが、立面の見つけ面積は方向によって異なるので、暴風に対する壁量は、方向によって異なることです[※1]。

※1 構造計算では、一般に、X 方向と Y 方向に分けて方向ごとにその性能を検討します。各々の方向が所定の性能を満たしている必要があります。

地震力用係数[※2]

　必要壁量は、必要な強さを別の形で表したものです。必要壁量算定のための係数は、1m²あたりの地震時や暴風時に必要な強さを表したものです。

　地震に対する係数は、「床面積当たりの壁倍率1.0の壁の必要長さ」で、単位は「cm/m²」です。地震に対する係数は、階数や屋根の種類によって規定されています。

　地震力は、図1.0-1のように、質量とその部分に生じた加速度を乗じたものです。そこで、同じ加速度ならば、質量が大きいほど地震力は大きくなります。「重い建物ほど、地震には不利」といわれるのはこのためです。壁量設計でも、「重い屋根」の建物は「軽い屋根」の建物よりも、必要壁量が多くなります。建物の重さを屋根の種類で代表させています。

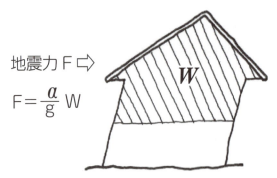

a：その部分で生じた加速度
g：重力加速度
W：建物の重量

図1.0-1　地震力の求め方

　また、下階は、支えている荷重が大きいので、地震力も大きくなります。そこで、地震力用係数も下階の方が大きくなっています。

　また、建物は、地震時に上階ほど振られる傾向があります、すなわち加速度が大きくなる傾向があります。そこで、必要な耐力は、同じ重さを支えていても上階ほど大きくなります。2階建ての2階部分の地震力用係数が、平家のそれよりも大きいのはそのためです[※3]。

　なお、基準法の想定する地震は、中地震と大地震の2種類です。中地震に対して構造体は無被害で、大地震には構造体が壊れても倒壊を防ぎ人命を護る、というのが、目標になっています。壁量設計では、その両方を満足するように、一つの値を与えています。これは、壁倍率の決定方法が、両方を満足するように設定されているためです。

→参考資料「14.8　壁倍率（壁の強さ）の求め方」を参照

風圧力用係数[※4]

　強風に対する係数は、立面の見つけ面積あたりの値で与えられています。「見つけ面積あたりの壁倍率1.0の壁の必要長さ」のことです。単位は、地震力用と同じ「cm/m²」です。見つけ面積が大きくなると、風圧力も大きくなります。

　風圧力が建物の中で伝わっていく経路を考えてみましょう。図1.0-2のように、壁面に加わった風圧力は、間柱や柱を通って、上階の床面（または小屋面）と下階の床面（または土台）に流れていきます。したがって、2階の耐力壁は、2階の階の中間から上の見つけ面積に対する風圧力を負担することになります[※5]。また、1階の耐力壁は、同様に1階の階の中間から2階の中間までを負担することになります。ただし、1階の耐力壁は、2階の耐力壁の分も負担しますので、結局、1階の中間から上、全部ということになります[※6]。

　また、この時、図1.0-3のように、風圧力を受け持つ耐力壁は、風圧力を受けた壁面に直交する方向の耐力壁だということに注意して下さい。

---

memo

※2　地震力用係数とは施行令第46条第4項表二に定められた「階の床面積に乗ずる数値」をいいます。

※3　1階の床面積を用いて2階「床部分＋小屋部分」の地震力を、2階床面積を用いて「小屋部分」の地震力を算出しています。

※4　風圧力用係数とは、施行令第46条第4項表三に定められた「見つけ面積に乗ずる数値」をいいます。

※5　壁量計算のときの見つけ面積は、床面から1.35m以上とすることが定められています。

※6　見つけ面積の取り方はP.26で詳述しています。

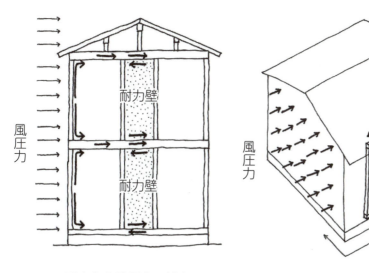
図1.0-2 風圧力の流れ

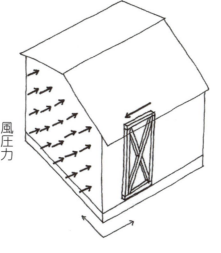
図1.0-3 風に抵抗する壁

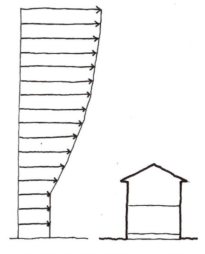
図1.0-4 風速の鉛直方向分布

　構造計算を行う場合、風圧力は施行令第87条に基づいて計算によって求めます。その計算法は、2000年に改正されたものです。
　単位面積あたりの風圧力は、風速と建物の形状によって決定されます。
　まず、風速は、地域によって大きく異なることが容易に想像できます。沖縄県のような台風常襲地域では、想定すべき風速も大きくなります[※7]。また、風速は、図1.0-4のように、地上から高いほど大きくなる傾向がありますので、厳密には、高さによって違う値とするのが適当です。構造計算では、更に、地表面粗度区分[※8]、ガスト影響係数[※9]など、いくつかの要因を組み合わせて求める複雑な式になっています。しかし、住宅は、そもそも比較的低い建物が多く、また、建物の形状も、住宅では長方形のものが大部分です。そこで、それらを考慮して、簡便にまとめたものが、風圧力用係数です。基準法の壁量設計の、一般地域の風圧力用係数は一律 50cm/m² です。
　ちなみに、この値は、2000年の法律改正でも変わっていません。つまり、それ以前の考え方で設定されたものです。2000年改正以前は、低層建物の速度圧は、全国一律で $60\sqrt{h}$ という式で算定していました。h は、求めようとする部分の高さです。木造住宅の必要壁量は、耐力壁が必要な耐力の2/3を負担するとの考えから、$40\sqrt{h}$ という式に、一定の仮定を設けて算出されたものです。
　なお、この風圧力用係数は、構造計算する場合の基準風速では、32 m/秒程度の地域に相当すると言われています。したがって、基準風速の大きな地域や海岸に近い地域の、構造計算をすると、壁量設計で求められる壁量よりもたくさんの壁量が必要になります。したがって、壁量に余裕を持って設計する必要があります。

※7 P.102 参照

※8 建物の建て混み具合などを「地表面の粗さ」として表した係数。地表面が粗いと、地表面近くの風速が小さくなる影響を考慮したもの。

※9 風の息のことで、平均風速よりも瞬間風速が大きいことを表した係数。

壁量設計の前提

ところで、壁量計算は、有効かつ簡便な方法ですが、それには、いくつかの前提条件があります。

まず、図 1.0-5（a）のように、耐力壁端柱の柱頭柱脚接合部が、耐力壁よりも先に破壊しないこと、つまり、接合部より先に壁が壊れることが必要です。「壁量設計」は、壁の耐力で建物の強さが決定されるということですから、逆に言えば、最終的には「壁で壊れる設計」を意味しています。

また、図 1.0-6 のように、床などの水平構面が、耐力壁に比べて十分に剛いことが必要です。個々の壁の耐力の合計値が、建物の耐力となるためには、水平構面は、剛でなければなりません。したがって、水平構面が先に破壊してはいけません。また、耐力壁が、平面的にも立面的にも、概ね均等に配置されていることも必要です。極端にねじれるような建物は想定していません。

以上のような前提条件が満たされない場合には、壁量設計を適用すべきでないことを理解する必要があります。

→**参考資料**「14.6　2000 年の建築基準法改正と必要壁量」を参照
→**参考資料**「14.7　壁量の求める水平耐力」を参照

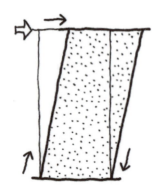
（a）壁のせん断破壊

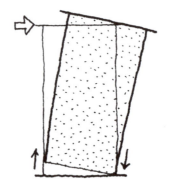
（b）柱脚の引き抜け

図 1.0-5 耐力壁の破壊モード

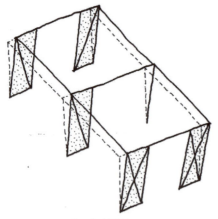
a）床が剛い

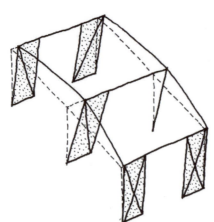
b）床が柔らかい

図 1.0-6 水平構面と耐力壁の変形

1.1 基準法　地震力に対する必要壁量の算定

地震力に対する必要壁量を以下の計算式を使って求めます。

> 地震力用必要壁量 ＝ 床面積 × 地震力用係数[※1]

ここで、床面積には基準法で用いる各階の床面積を用います。地震力用係数は、建物の種類に対応して表1.1-1から該当する値を用います。
例えば、瓦葺きの場合は「重い屋根」に該当します。

※1 地震力用係数とは、本書で用いている用語で法令では「床面積に乗ずる値」のことです。

表1.1-1 地震力用係数（床面積に乗ずる値）

建物の種類	地震力用係数 (cm/m^2)	
軽い屋根 ・金属板 ・スレート葺き 等	平家建て　11	2階建て　15／29
重い屋根等 ・土蔵造 ・瓦葺き 等	平家建て　15	2階建て　21／33

ポイント1　壁量ってなんだろう

壁量とは、耐力壁の倍率を1.0に換算した壁長さのことで、例えば壁倍率2.0の耐力壁が0.91m存在した場合、その壁量は2.0 × 0.91 ＝ 1.82mとなります。

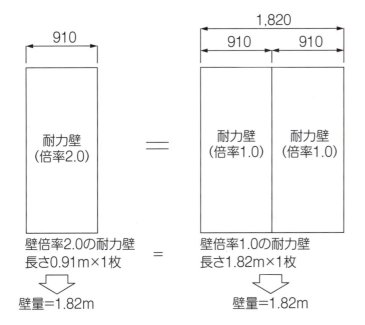

図1.1-1 壁倍率と壁量の関係

ポイント2　小屋裏収納等がある場合の床面積への加算方法

小屋裏収納を設ける場合は、平12建告第1351号に基づき小屋裏収納面積が直下階の床面積の1/8以上ある場合に、以下の式で計算された値を各階の床面積に加える必要がありますので注意してください。

$$a = \frac{h}{2.1} \times A$$

a：各階の床面積に加える面積
h：小屋裏収納の平均の天井高さ
A：小屋裏収納の水平投影面積

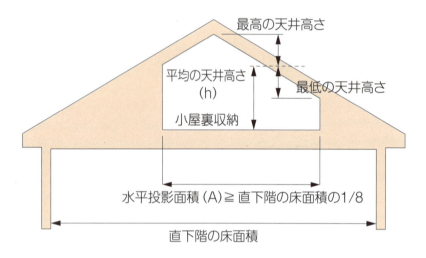

図 1.1-2　小屋裏収納面積の算入方法

☕ コーヒーブレイク　小屋裏収納を 1、2 階の床面積に加算する

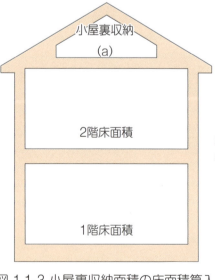

小屋裏収納がある建物の、各階の地震力に対する必要壁量を求める場合の床面積は、各階の床面積にそれぞれ小屋裏収納の床面積（図のa）を加えます。

2階地震力用必要壁量 ＝（2階床面積+a）×地震力用係数

1階地震力用必要壁量 ＝（1階床面積+a）×地震力用係数

図 1.1-3　小屋裏収納面積の床面積算入

大橋好光 齊藤年男、「木造住宅設計者のための構造再入門」P24。日経BP社、2007 より転載

ひとりでやってみよう 1
地震力に対する必要壁量を求めます。

演習シート1、2、4、8ページを使用します。

求め方の手順
1 各階床面積を求めます。
2 地震力用係数を選択します。
3 地震力に対する必要壁量を求めます。

2階を例に求め方を説明します

1 各階の床面積を求めます。

1) 求積図を作成します。（演習では、求積図は予め作成しています。演習シート4ページを確認して下さい。）
2) 外壁線とバルコニー外郭線を描き出します（下図の ── 線です。）。
3) 外壁線で囲まれた内側を長方形の集りになるように分割します。このとき、吹抜けがある場合は、その部分を独立して分割させます（吹抜けは④です）。また、バルコニー部分も独立して分割します（バルコニー部分は⑤です）。
4) 分割した区画ごとに通し番号を振ります（下図のように①～⑤に分割しました。）。
5) 階ごとに長方形に区切った面積を合計して求めます。

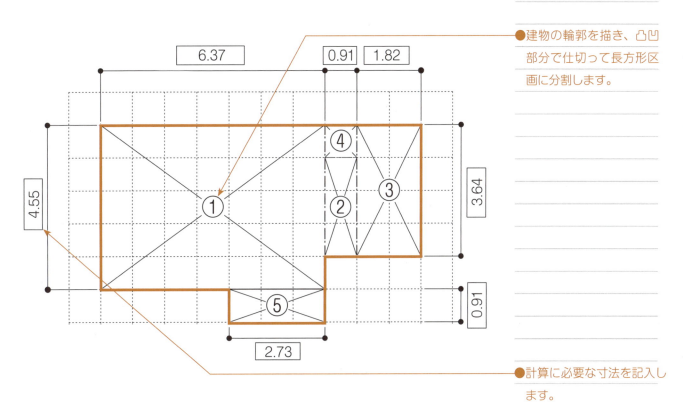

2階求積図

● 建物の輪郭を描き、凸凹部分で仕切って長方形区画に分割します。

● 計算に必要な寸法を記入します。

6) 演習シート4ページ下段（■床面積等準備計算表）に計算式を記入し、区画番号ごとに面積を求めます。計算結果は、小数点第3位を切り上げしています。

階	区画番号	計　算　式	面積（㎡）
2階	①	6.37×4.55　＝	28.99
	②	0.91×2.73　＝	2.49
	③	1.82×3.64　＝	6.63
	④	0.91×0.91　＝	0.83
	⑤	2.73×0.91　＝	2.49

- 計算結果は小数点3位を切り上げます。
- 性能表示制度で使用します。
- 区画ごとに面積を求めます。
- 求める区画の番号を記入します。

※ 一般に、床面積は小数点第3位を切り捨てまたは四捨五入となりますが、本書では、壁量計算に用いる値のため、安全側の観点から、小数点第3位を切り上げています。

7) 演習シート1ページの表（モデルプラン計画概要）の「床面積」欄に、区画面積を合計して各階の床面積を記入します。このとき、吹抜けやバルコニーの面積は算入しませんので注意してください。

床面積	1階	
	2階	38.11m²
	延面積	

2階床面積＝①＋②＋③＝38.11m²
となります。

2 地震力用係数を選択します。

屋根の種類に応じた、地震力用係数を求めます。
モデルプランの屋根は、瓦屋根としていますので、P.21ページの表1.1-1から「重い屋根等の2階建て」の2階部分の21cm/m²を選択します。

3 地震力に対する必要壁量を求めます。

演習シート8ページ上段の表（■基準法　必要壁量）に、1で求めた床面積と2で選択した地震力用係数を記入し、地震力に対する必要壁量を求めます。

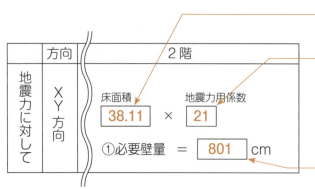

- 求積図で求めた床面積を記入します。
- 屋根の種類と階数に応じて、表1.1-1より床面積に乗ずる値を選択します。
- 小数点以下を切り上げています。

1階の必要壁量を求めてみましょう

1.2 基準法　風圧力に対する必要壁量の算定

風圧力に対する必要壁量を以下の計算式を使って求めます。

> 風圧力用必要壁量　＝　見つけ面積　×　風圧力用係数[※1]

　見つけ面積は建物の立面図から求めます。計算に用いる見つけ面積とは、各階の床高さから1.35mより上の面積で、壁の厚さや屋根の厚さも考慮して求める必要があります。

　また、見つけ面積に乗ずる値（風圧力用係数）は表1.2-1から選択します。建設地によって値が異なりますので、特定行政庁で確認する必要があります。

表1.2-1 見つけ面積に乗ずる値

区　域	見つけ面積に乗ずる値（cm/m²）
特定行政庁が特に強い風が吹くとして定めた地域	50～75の間で特定行政庁が定めた値
その他の地域	50

※1 風圧力用係数とは、本書で用いている用語で、法令では「見つけ面積に乗ずる値」のことです。

ポイント1　見つけ面積と耐力壁の関係に注意しよう[※2]

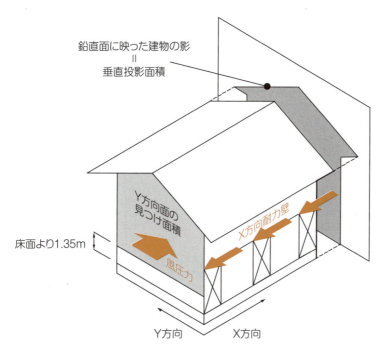

図1.2-1　風圧力と耐力壁

※2 垂直投影面積は鉛直面に映った建物の影です。見つけ面積は、垂直投影面積から1.35mの部分を引いた面積です。

● Y方向面の見つけ面積が受ける風圧力を支えるのはX方向の耐力壁となるので注意してください。

memo

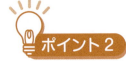

ポイント2 見つけ面積は余裕を持った値としよう

見つけ面積は、各階の床高さから1.35mを除いた面積で、外郭線は柱心間隔ではなく壁の厚さや屋根の厚さも考慮して求めます。

見つけ面積の計算方法は性能表示でも同じ計算となります。

1階用見つけ面積
1,350
1F.L
1階
2階用見つけ面積
1,350
2F.L
2階

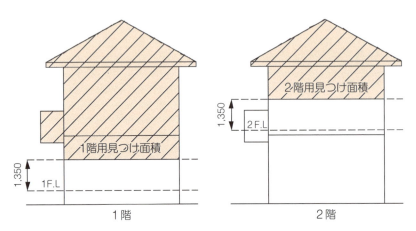

図 1.2-2 階数ごとの見つけ面積

コーヒーブレイク 見つけ面積の取り方

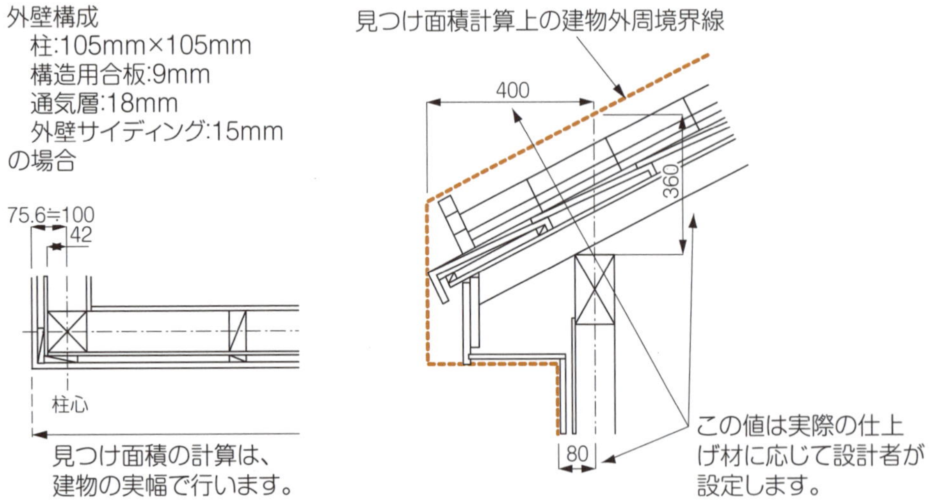

外壁構成
柱:105mm×105mm
構造用合板:9mm
通気層:18mm
外壁サイディング:15mm
の場合
75.6≒100
42
柱心
見つけ面積の計算は、
建物の実幅で行います。
見つけ面積計算上の建物外周境界線
400
360
80
この値は実際の仕上げ材に応じて設計者が設定します。

図 1.2-3 外壁・屋根の算出例

大橋好光 齊藤年男、「木造住宅設計者のための構造再入門」P26、日経BP社、2007 より転載

ひとりでやってみよう 2
風圧力に対する必要壁量を求めます。

演習シート 1、3、5、6、7、8 ページを使用します。

求め方の手順
1. 見つけ面積を求めます。
2. 風圧力用係数を選択します。
3. 風圧力に対する必要壁量を計算します。

西（東）面の見つけ面積、X 方向の必要壁量の求め方を説明します

1 見つけ面積を求めます。

1) 1 階の見つけ面積を求めます。

　イ) 立面図から、建物の輪郭線を写し取ります。
　ロ) 演習シート 3 ページの立面図から建物の輪郭を写し取ったものが演習シート 5 ページ上段です。
　ハ) 1 階の床高さから 1.35m で分割します（下図の ― 線です。）。
　ニ) 床高さから 1.35m 以上の部分を、面積を計算しやすい範囲に分割し、寸法を記入します。
　ホ) 分割した区画ごとに区画番号を付けます（下図のように①〜④に分割しました。）。

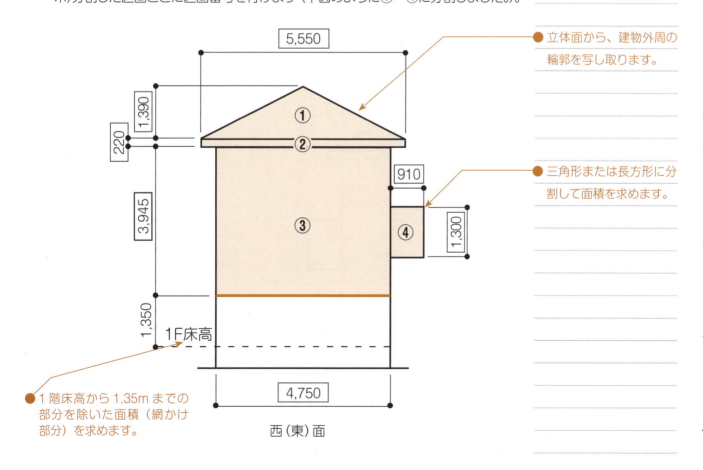

ヘ) 演習シート7ページ（■見つけ面積計算表）に計算式を記入し、区画番号ご	memo
　 とに面積を計算します。計算結果は小数点第3位を切り上げています。
ト) 区画番号ごとに求めた面積を合計します。

1階

見つけ面	区 画	計 算 式	面積（m²）
西（東）面	①	5.55×1.39÷2　＝	3.86
	②	5.55×0.22　＝	1.23
	③	4.75×3.945　＝	18.74
	④	0.91×1.30　＝	1.19
	合　計		25.02

● 計算結果は小数点3位を切り上げます。

● 上記区画ごとに面積を求めます。
● 求める区画の番号を記入します。

2) 2階の見つけ面積を求めます。

イ) 1階と同様に、立面図から、建物の輪郭線を写し取ります。
ロ) 演習シート3ページの立面図から建物の輪郭を写し取ったものが演習シート6ページ上段です。
ハ) 2階の床高さから1.35mで分割します（下図の ― 線です。）。
ニ) 床高さから1.35m以上の部分を、面積を計算しやすい範囲に分割し、寸法を記入します。
ホ) 分割した区画ごとに区画番号をつけます（右図のように①、②、⑨に分割しました。①、②は1階の見つけ面積を求めた時と同じです。⑤〜⑧は、この解説では使用していませんが、1階の南北面を計算するときに使用します。演習シート5、6ページを確認してください。）。

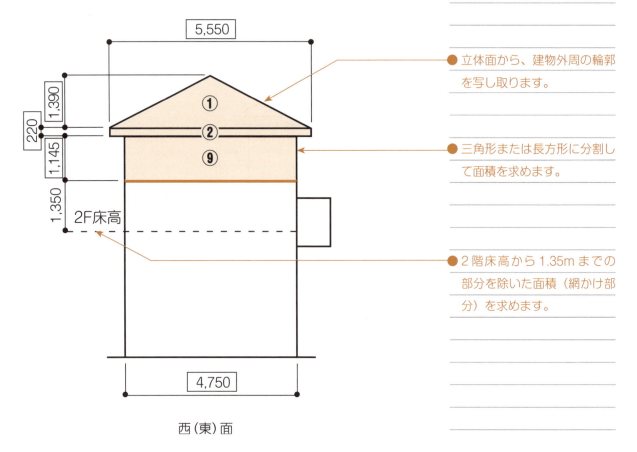

● 立体面から、建物外周の輪郭を写し取ります。

● 三角形または長方形に分割して面積を求めます。

● 2階床高から1.35mまでの部分を除いた面積（網かけ部分）を求めます。

西（東）面

ヘ）演習シート7ページ（■見つけ面積計算表）に、計算式を記入し、区画番号ごとに面積を計算します。計算結果は小数点第3位を切り上げています。
ト）区画番号ごとに求めた面積を合計します。

2階

見つけ面	区　画	計　算　式	面積（m²）
西（東）面	①	5.55×1.39÷2　＝	3.86
	②	5.55×0.22　＝	1.23
	⑨	4.75×1.145　＝	5.44
	合　計		10.53

- 求める区画の番号を記入します。
- 上記区画ごとに面積を求めます。
- 計算結果は小数点3位を切り上げます。

チ）演習シート1ページの計画概要書に、求めた見つけ面積を記入します。

見つけ面積	1階	東西面	25.02m²
		南西面	
	2階	東西面	10.53m²
		南西面	

☕ コーヒーブレイク　3階建ての仕様規定

木造3階建ての構造設計において、仕様規定への適合確認で必要な壁量計算では、地震力用係数は表1.2-2の値を用い、風圧力に対する必要壁量の算出では図1.2-4のような見つけ面積を用います。

表1.2-2　3階建ての地震力係数

地震用係数（cm/m²）	
18 / 34 / 46	24 / 39 / 50
3階建て	3階建て
建物の種類	軽い屋根・金属板・スレート葺き等	重い屋根・土蔵造り・瓦葺き等

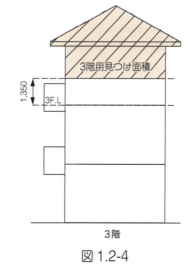

図1.2-4

② 風圧力用係数を選択します。

P.25ページ表1.2-1より、風圧力用係数を選択します。モデルプランの場合、建設予定地を管轄する特定行政庁が特に指定していないと仮定していますので、50cm/m²を用います。

③ 風圧力に対する必要壁量を選択します。

演習シート8ページ上段の表（■基準法　必要壁量）に、①で求めた見つけ面積と②で選択した風圧力用係数を記入し、風圧力に対する必要壁量を求めます。

● X（南北）方向の必要壁量を
　求める時はY（東西）面の
　見つけ面積を記入します。

● 表1.1-2より、見つけ面積
　に乗ずる値を選択します。

● 小数点以下を切り上げてい
　ます。

風圧力に対して	方向	1階		2階	
	X方向	Y（西）面の1階見つけ面積	風圧力用係数	Y（西）面の2階見つけ面積	風圧力用係数
		25.02 × 50		10.53 × 50	
		③必要壁量 = 1,251 cm		④必要壁量 = 527 cm	
	Y方向	X（南）面の1階見つけ面積	風圧力用係数	X（南）面の2階見つけ面積	風圧力用係数
		☐ × ☐		☐ × ☐	
		⑤必要壁量 = ☐ cm		⑥必要壁量 = ☐ cm	

● X・Y方向それぞれについて
　求めます。

南（北）面の見つけ面積を求め、Y方向の必要壁量を求めてみましょう

memo

30

1.3 基準法　存在壁量の算定

　壁量設計では、建物に配置された「存在壁量」が「必要壁量」を満足することを確認します。存在壁量は、まず、個々の壁ごとに、「壁倍率」と「壁長さ」を乗じて単体の壁の壁量を求め、次に、それを方向ごとに平面全体の壁を合計して算出します。簡便な方法ですが、これが日本の住宅の耐震性の向上に果たした役割は計り知れません。近年の地震で、しばしば「新しい建物には被害は少ない」と報道されることがありますが、この壁量設計の成果といえます。

　壁には、仕様(種類)ごとに「壁倍率」が定められています。「壁倍率」は壁の強さを表しています。「壁倍率」は、壁長さ1m当たりの強度を表す数値です。図1.3-1のように、壁倍率1.0は、許容せん断耐力では1.96kN/mに相当します。倍率2.0は、3.92kN/mということになります。

→参考資料「14.8　壁倍率（壁の強さ）の求め方」を参照

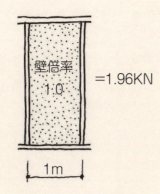

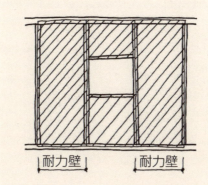

図1.3-1 壁倍率と許容せん断耐力　　図1.3-2 耐力壁と見なせる部分

壁長さの取り方

　存在壁量を求めるには、「壁倍率」に「壁長さ」を乗じます。図1.3-2のように、壁の長さは、軸組構法では、一般に柱から柱までですが、その間隔がいくら小さくてもよいというわけではありません。

　壁は、地震力を受けると平行四辺形に変形するとして、その強さが設定されています。平行四辺形に変形することを、「せん断変形」と呼びます。一方、図1.3-3のように、柱間隔が小さくなると、壁が、弓のように曲がって変形する性質が出てきます。この変形を、「曲げ変形」と呼びます。柱間隔が狭くなると、曲げ変形が大きくなって、前提条件と異なってくるため、狭いものは同じ強度と見なせなくなります。

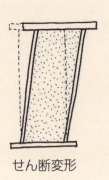 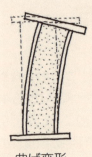

図 1.3-3 耐力壁のせん断変形と曲げ変形

　また、筋かいでは、傾きが起きてくると、鉛直方向 (上向きや下向き) の力が大きくなって、土台や桁などの横架材へのめり込みが大きくなります。そして、壁の長さとの比例関係が崩れてきます。

　一般に、図 1.3-4 のように、筋かいの入った軸組の場合には 90cm 程度以上、構造用合板などの面材壁の場合には 60cm 程度以上、のものを耐力壁として算入してよいとしています。これより短いものは、参入することができません。ただし、面材系の耐力壁で、隣接する壁が同じ仕様の場合には、連続した端から端までの長さを、「壁長さ」として採用することができます。ただし、これにも条件があって、一般的には、大壁仕様のものに限るとされています。

→参考資料「14.9　建物の重量と雑壁の耐力」を参照
→参考資料「14.10　近年の地震と建築基準法」を参照
→参考資料「14.11　壁倍率の変遷」を参照

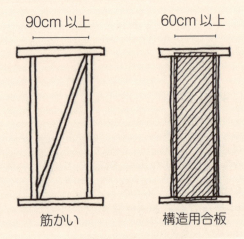

図 1.3-4 耐力壁の長さ

1.3.1 耐力壁の種類（特徴）と倍率

次に、前節で求めた必要壁量以上の耐力壁を建物に設置します。耐力壁として有効なものは、施行令第46条第4項ならびに昭56建告第1100号に例示されているほか、国土交通大臣の認定を取得したものを用いることができます[※1]。以下に代表的な耐力壁を示します。

※1 いわゆる面材耐力壁は、昭和40年代から開発されたので、告示で追加されたものです。

1) 基準法及び告示に示されている耐力壁の種類

①施行令第46条に規定された軸組の種類

表 1.3-1 耐力壁の種類（施行令第46条第4項より抜粋）

	軸組の種類	倍率
（一）	土塗壁又は木ずりその他これに類するものを柱及び間柱の片面に打ち付けた壁を設けた軸組	0.5
（二）	木ずりその他これに類するものを柱及び間柱の両面に打ち付けた壁を設けた軸組 厚さ1.5cm以上で幅9cm以上の木材又は径9mm以上の鉄筋の筋かいを入れた軸組	1.0
（三）	厚さ3cm以上で幅9cm以上の木材の筋かいを入れた軸組	1.5
（四）	厚さ4.5cm以上で幅9cm以上の木材の筋かいを入れた軸組	2.0
（五）	9cm角以上の木材の筋かいを入れた軸組	3.0
（六）	（二）から（四）までに掲げる筋かいをたすき掛けに入れた軸組	（二）から（四）までのそれぞれの数値の2倍
（七）	（五）に掲げる筋かいをたすき掛けに入れた軸組	5.0
（八）	その他（一）から（七）までに掲げる軸組と同等以上の耐力を有するものとして国土交通大臣が定めた構造方法を用いるもの又は国土交通大臣の認定を受けたもの	0.5から5までの範囲内において国土交通大臣が定める数値
（九）	（一）又は（二）に掲げる壁と（二）から（六）までに掲げる筋かいとを併用した軸組	（一）又は（二）のそれぞれの数値と（二）から（六）までのそれぞれの数値との和

②表 1.3-2 耐力壁の種類（昭56建告第1100号 別表第一（面材張り大壁）より抜粋、一部省略）

	（い）	（ろ）		（は）
	材料	釘打ちの方法		倍率
		釘の種類	釘の間隔	
（一）	構造用パーティクルボード（JIS A5908-2015（パーティクルボード）に規定する構造用パーティクルボードに限る。）又は構造用MDF（JIS A5905-2014（繊維板）に規定する構造用MDFに限る。）	N50	1枚の壁材につき外周部分は7.5cm以下、その他の部分は15cm以下	4.3
（二）	構造用合板又は化粧ばり構造用合板（合板の日本農林規格（平成15年農林水産省告示第233号）に規定するもの（屋外に面する壁又は常時湿潤の状態となるおそれのある壁（以下「屋外壁等」という。）に用いる場合は特類に限る。）で、厚さが9mm以上のものに限る。）	CN50		3.7
（三）	構造用パネル（構造用パネルの日本農林規格（昭和62年農林水産省告示第360号）に規定するもので、厚さが9mm以上のものに限る。）	N50		3.7
（四）	構造用合板又は化粧ばり構造用合板（合板の日本農林規格に規定するもの（屋外壁に用いる場合は特類に限る。）で、厚さが5mm（屋外壁等においては、表面単板をフェノール樹脂加工した場合又はこれと同等以上の安全上必要な耐候措置を講じた場合を除き、7.5mm）以上のものに限る。）			2.5
（五）	パーティクルボード（JIS A5908-1994（パーティクルボード）に適合するもの（曲げ強さによる区分が8タイプであるものを除く。）で厚さが12mm以上のものに限る。）、構造用パーティクルボード（JIS A5908-2015（パーティクルボード）に規定する構造用パーティクルボードに限る。）、構造用MDF（JIS A5905-2014（繊維板）に規定する構造用MDFに限る。）又は構造用パネル（構造用パネルの日本農林規格に規定するものに限る。）	N50	15cm以下	2.5

（六）	ハードボード（JIS A5907-1977（硬質繊維板）に定める450又は350で厚さが5mm以上のものに限る）			2.0
（七）	硬質木片セメント板（JIS A5417-1985（木片セメント板）に定める0.9Cで厚さが12mm以上のものに限る。）			2.0
（八）	炭酸マグネシウム板（JIS A6701-1983（炭酸マグネシウム板）に適合するもので厚さ12mm以上のものに限る。）	GNF40又はGNC40		2.0
（九）	パルプセメント板（JIS A5414-1988（パルプセメント板）に適合するもので厚さが8mm以上のものに限る）			1.5
（十）	構造用せっこうボードA種（JIS A6901-2005（せっこうボード製品）に定める構造用せっこうボードA種で厚さが12mm以上のものに限る。）（屋外壁等以外に用いる場合に限る。）			1.7
（十一）	構造用せっこうボードB種（JIS A6901-2005（せっこうボード製品）に定める構造用せっこうボードB種で厚さが12mm以上のものに限る。）（屋外壁等以外に用いる場合に限る。）	GNF40又はGNC40	15cm以下	1.2
（十二）	せっこうボード（JIS A6901-2005（せっこうボード製品）に定めるせっこうボードで厚さが12mm以上のものに限る。）（屋外壁等以外に用いる場合に限る。）又は強化せっこうボードJIS A6901-2005（せっこうボード製品）に定める強化せっこうボードで厚さが12mm以上のものに限る。）（屋外壁等以外に用いる場合に限る。）			0.9
（十三）	シージングボード（JIS A5905-1979（軟質繊維板）に定めるシージングインシュレーションボードで厚さが12mm以上のものに限る。）	SN40	1枚の壁材につき外周部分は10cm以下、その他の部分は20cm以下	1.0
（十四）	ラスシート（JIS A5524-1977（ラスシート（角波亜鉛鉄板ラス））に定めるもののうち角波亜鉛鉄板の厚さが0.4mm以上、メタルラスの厚さが0.6mm以上のものに限る）	N38	15cm以下	1.0

1. この表において、N38、N50、CN50、GNF40、GNC40及びSN40は、それぞれJIS A5508 − 2005（くぎ）に定めるN38、N50、CN50、GNF40、GNC40及びSN40又はこれらと同等以上の品質を有するくぎをいう。
2. 表中（い）欄に掲げる材料（（十）項から（十二）項までに掲げるものを除く。）を地面から1m以内の部分に用いる場合には、必要に応じて防腐措置及びしろありその他の虫による被害を防ぐための措置を講ずるものとする。
3. 2以上の項に該当する場合は、これらのうち（は）欄に掲げる数値が最も大きいものである項に該当するものとする。

memo

ポイント1　耐力壁とみなせる壁の目安

　筋かいの寸法さえ守れば、どこに取り付けても所定の壁倍率として計算して良いわけではありません。基準法には細かく規定されていませんが、以下の例を参考にして適切な設定をしてください。

※1 柱間隔の寸法は一例です。筋かいの入る柱間隔は910mm～1,820mmの範囲を目安としましょう。

筋かい※1

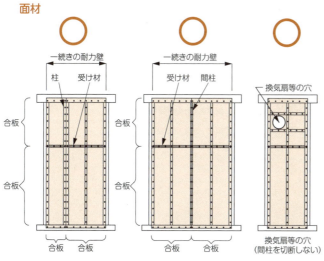

図 1.3-5 耐力壁とみなせる例

ポイント2 耐力壁とはみなせない例

　以下のような例は耐力壁とはみなせません。ただし、構造用合板等では、以下のような形式であっても製造メーカーや販売会社にて独自に国土交通大臣の認定を取得しているものがあります。そのような場合は、認定書に記載された仕様を遵守することで、指定された壁倍率を使うことができます。

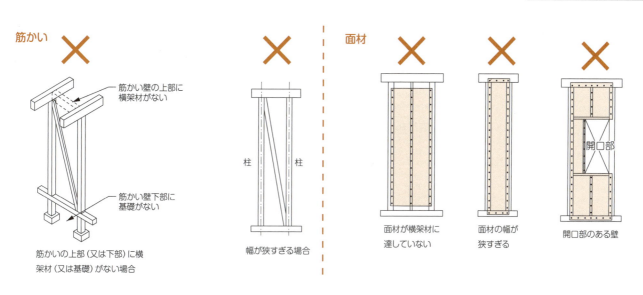

図 1.3-6 耐力壁とはみなせない例

考え方のアドバイス 1　2階バルコニーに面した外壁について

　バルコニーの納まりは様々ですので、バルコニーに面した外壁が必ずしも耐力壁となるわけではありません。

　計算例では、2階バルコニーは床梁を持ち出す方法で、かつ、床構面を横架材に直張りすると仮定しているため、バルコニーに面した外壁は耐力壁にはなりませんが、評価方法基準の準耐力壁[※1]としています。

memo

※1　9.3（P.105ページ）を参照して下さい。

● 床合板が先に取り付けられた場合、外壁合板の下側が横架材に届かないので、面材耐力壁とは見なせません。

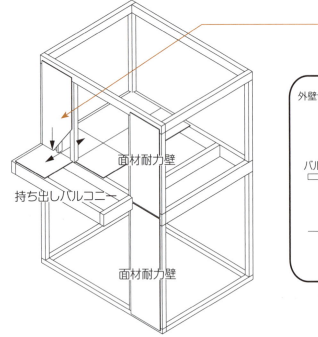
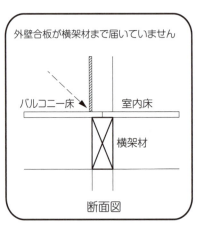

図 1.3-7 バルコニー上の構造用面材納まり例（耐力壁にできない例）

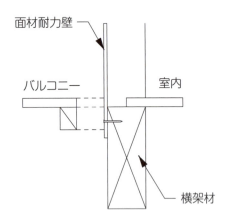
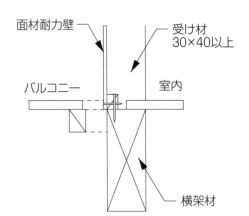

図 1.3-8 耐力壁とできる納まり例

大橋好光 齊藤年男、「木造住宅設計者のための構造再入門」P38、日経BP社、2007　より転載

考え方のアドバイス 2　1階の屋根が2階の外壁に取り付く部分

　2階の壁量計算をする時に、2階平面図だけを見ていると、部分2階の場合の1階屋根が取り付く外壁も耐力壁としてカウントしやすいので注意しましょう。

　ただし、2階の外壁合板をたる木の取り付け前に張る施工手順とする場合は、耐力壁とすることができる場合もあります。

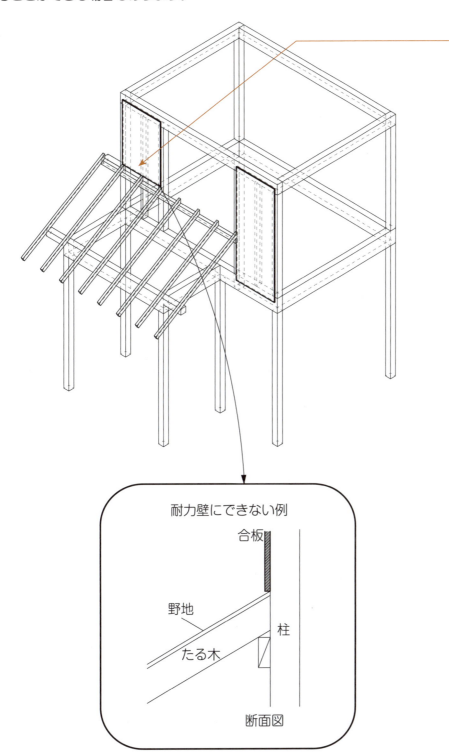

●一般的には、たる木が先に取り付けられるため、面材はたる木上までしか張り下ろせません。

図1.3-9 下屋と2階外壁の取り合い（耐力壁にできない例）

1.3.2 柱壁位置図に耐力壁を配置します

　演習シート9ページは筋かい（45×90）と面材耐力壁（構造用合板）を用いた場合の設置例です。

　外壁の下地に用いる構造用合板を面材耐力壁と兼ねていますので、建物外周部で開口部のない壁が該当します。2階で平面図上は開口部のない壁のように見えても、1階の下屋が取り付く部分は外壁下地としての構造用合板は下屋のたる木と外壁の接点までしか張られませんので、耐力壁としては見なせません。

　また、間仕切壁内部には筋かいをバランスよく配置します。2000年の基準法改正以降は、筋かいを固定する金物の仕様が決められたことで、所定の耐力が確実に得られることから、筋かいの配置は必ずしも左右同数になっていなければならないわけではありませんが、全て同じ方向にするなどといった極端な配置は避けましょう。

　耐力壁は外周部、内部に満遍なく配置することが望ましいです。たとえ外周部の構造用合板だけで必要壁量を満たしたとしても、内壁の通りに耐力壁がないと、建物に加わる地震力や風圧力が外周部の耐力壁に伝達されにくくなります。耐力壁は3〜4m間隔を目安に内壁にも配置することを心がけてください。

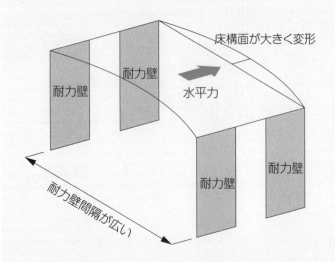

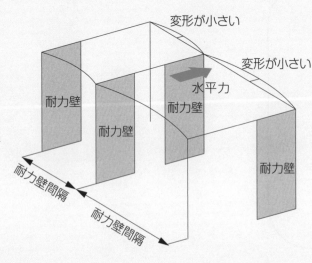

図 1.3-10 耐力壁の配置

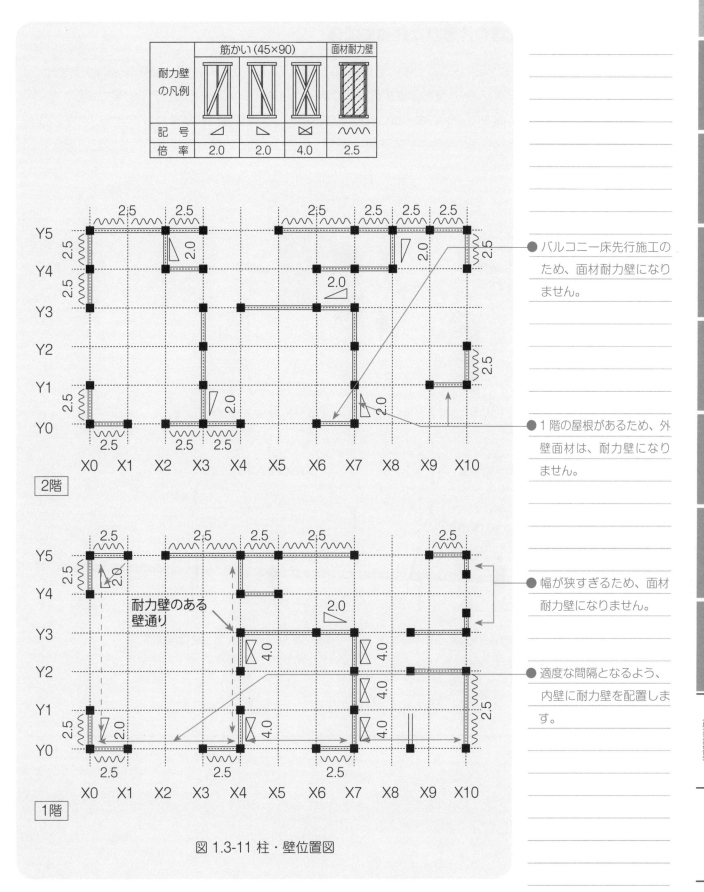

図 1.3-11 柱・壁位置図

☕ コーヒーブレイク　壁配置の片寄りと建物の関係

　地震力や風圧力などの水平力に対して、全体の壁量は満たしていても、配置が片寄り過ぎてはいけません。片寄りの検討は次節で行いますが、耐力壁を配置する段階であらかじめバランスを考えておく必要があります。
　耐力壁の片寄りから生じる建物の変形には、ねじれとゆがみがあり、通常は両者が複合して出現します。ねじれは耐力壁間隔に比べて水平構面の剛性が比較的高い場合に発生し、ゆがみは水平構面の剛性が低い場合に起こりやすいのが特徴です。

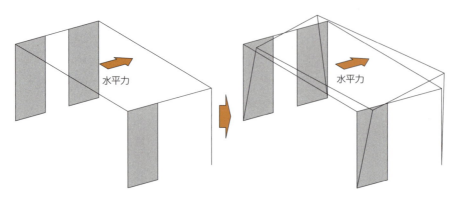

耐力壁が片寄っている建物に水平力が加わると、ねじれながらゆがむ変形が発生します。

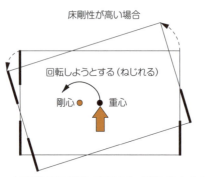

水平構面の剛性が高いと、剛心を中心として回転しようとします。

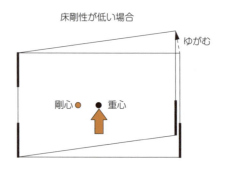

水平構面の剛性が低いと、水平構面自体が変形してしまいます。

図 1.3-12 耐力壁の片寄り

1.3.3 存在壁量を合計します

建物に配置した耐力壁に対して、各階・各方向の壁量の合計を下式によって求めます。

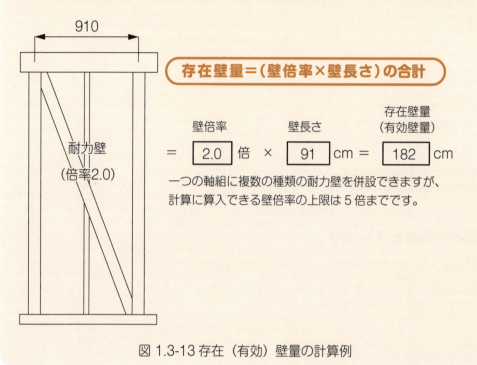

存在壁量＝（壁倍率×壁長さ）の合計

壁倍率　　　壁長さ　　　存在壁量（有効壁量）
= 2.0 倍 × 91 cm = 182 cm

一つの軸組に複数の種類の耐力壁を併設できますが、計算に算入できる壁倍率の上限は5倍までです。

図 1.3-13 存在（有効）壁量の計算例

☕ コーヒーブレイク　壁倍率をたし合わせるときの上限

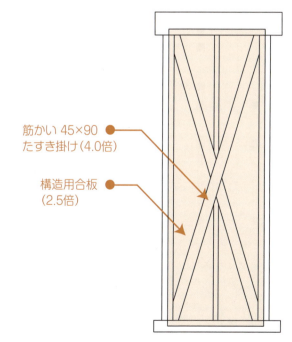

筋かい 45×90
たすき掛け（4.0倍）

構造用合板
（2.5倍）

壁倍率の合計＝4.0倍＋2.5倍＝6.5倍となりますが、表 1.3-1（ハ）より、上限は 5.0 倍のため壁量計算時は 5.0 倍とします。

ただし、柱の引抜き力計算時（N 値計算）は 6.5 倍として、接合金物を選択するのが安全な設計になります。

図 1.3-14 壁倍率の上限

ひとりでやってみよう 3

存在壁量を求めます。

演習シート 9、10 ページを使用します。

求め方の手順
1. 柱壁位置図に耐力壁の位置と倍率を記入します。
2. 通りごと、同じ倍率ごとに壁量（壁倍率×壁長さ）を求めます。

1階X方向を例にして求め方を説明します

1 柱壁位置図に耐力壁の位置と倍率を記入します。

柱壁位置図に耐力壁の位置と倍率を記入したものが演習シート9ページになります（本来であれば、設計者が耐力壁の位置・倍率を決定しますが、演習では予め設定しています。）。

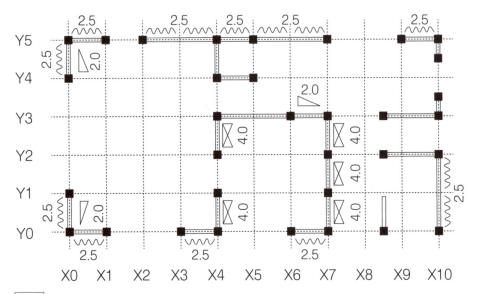

柱壁位置図

memo

2 各通りごと、同じ倍率ごとに壁量（壁倍率×壁長さ）を求めます。

演習シート10ページ上段の表（■基準法　存在壁量）に、耐力壁がある通りごと・壁倍率ごとに耐力壁の長さを記入し、合計を集計します。

1) Y0、Y3、Y5通りに耐力壁があることを確認します。
2) Y0通りは、倍率2.5の耐力壁91cmが3か所あるので、壁長さの合計は91cm×3=273cmとなります。したがってY0通りの壁量は2.5×273=682cmとなります。
3) 同様にY3通りは、倍率2.0の耐力壁91cmが1か所ですので、Y3通りの壁量は2.0×91=182cmとなります。
4) Y5通りは、倍率2.5の耐力壁長さの合計は637cmですので、Y5通りの壁量は2.5×637=1,592cmとなります。

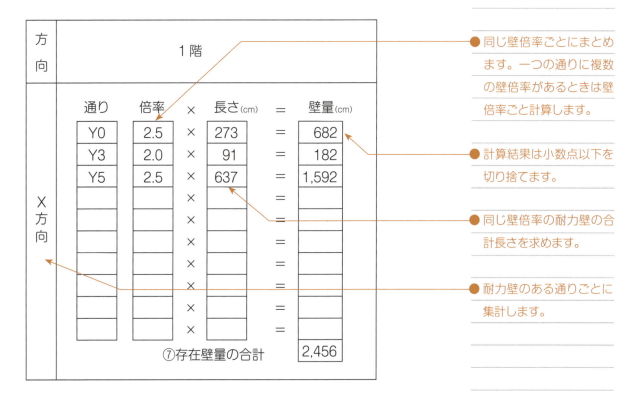

1階Y方向、2階の存在壁量を求めてみましょう

1.4 基準法　壁量の検定

必要壁量と存在壁量の検定は、各階・各方向で行い、全てが OK でなければなりません。

存在壁量　≧　必要壁量　であれば次に進みます。

ひとりでやってみよう 4
存在壁量が必要壁量以上であるかを確認します。

演習シート 8、10 ページを使用します。

求め方の手順
1 存在壁量を記入します。
2 地震力と風圧力に対する必要壁量を記入します。
3 存在壁量の合計が必要壁量以上であることを確認します。

1 階 X 方向を例に求め方を説明します

1 存在壁量を記入します。

演習シート 10 ページ下段の表（■基準法　壁量判定）に演習シート 10 ページ上段で求めた存在壁量を記入します。

2 地震力と風圧力に対する必要壁量を記入します。

表に演習シート 8 ページ上段で求めた地震力に対する必要壁量と風圧力に対する必要壁量を記入します。

memo

3 存在壁量の合計が必要壁量以上であることを確認します。

存在壁量の合計が必要壁量未満の場合は前に戻ってOKとなるまで、耐力壁を増設しなければなりません。

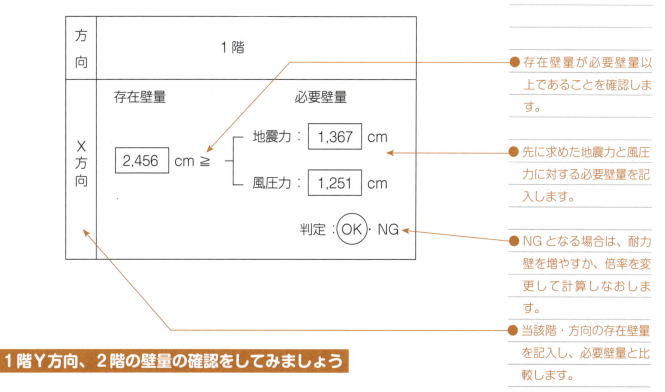

- 存在壁量が必要壁量以上であることを確認します。
- 先に求めた地震力と風圧力に対する必要壁量を記入します。
- NGとなる場合は、耐力壁を増やすか、倍率を変更して計算しなおします。
- 当該階・方向の存在壁量を記入し、必要壁量と比較します。

1階Y方向、2階の壁量の確認をしてみましょう

2【基準法】耐力壁のバランス検定（四分割法）

壁の平面配置（釣り合い）

　建物が地震で揺れる時、床面が十分に剛く、一様に水平に変位するのであれば、その階の壁の変位量はみな同一です。しかし、壁の平面の配置（釣り合い）が悪いと、部分的に大きな変形を生じます。これを「ねじれ」といいます。

　地震時にねじれが生じるのを避けるために、設計時に壁の配置の釣り合いの良否を確認しておきます。

　ちなみに、図2.0-1のように、床面が柔らかい場合には、床面自体が弓なりに変形するなど、ねじれとは異なった障害も起き易くなりますが、基準法では、床面は十分に剛いことを求めていますので、床面の剛性は確保されるとして、ここでは、ねじれについて考えます。

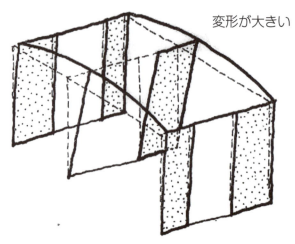

図 2.0-1 床が柔らかいときの変形

　壁の平面的な釣り合いの確認で重要なのは、「重心」と「剛心」の位置です。重心は、建物の重さの中心のことで、地震力の作用点と考えられます。一方、剛心は、壁などの耐力要素が地震などの水平力に抵抗する力の中心のことです。図2.0-2のように、重心と剛心がずれている建物に水平力（地震力）が加わるとねじれが生じます。ずれが大きければ大きいほど、ねじれやすくなります。

　建物のねじれやすさを確かめる方法として、基準法では、2つの方法が設定されています。一つは、いわゆる「四分割法」で、もう一つが「偏心率計算による方法」です。

　一般的に、「木造建物に用いなさい」と指定されているのは「四分割法」です。壁の平面的な配置を検証する簡易な検証方法として、2000年の基準法改正に合わせて作られました。一方、「偏心率計算による方法」は、「四分割法」より計算が複雑で、木造建物では、「四分割法に代わるものとして用いてもよい」、という位置づけです。偏心率の値は、基準法では、木造では0.3以下、鉄筋コンクリート造等では0.15以下が求められています[※1]。

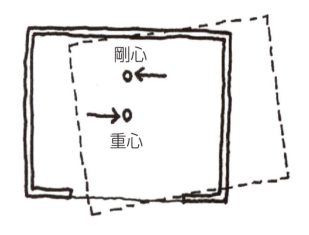

図 2.0-2 ねじれの考え方

※1 鉄筋コンクリート造等で偏心率の計算を行なうのは、いわゆるルート2以上の場合です。

四分割法

　四分割法は、前述のように、耐力壁の配置を確認する簡便な方法として、2000年の基準法改正に定められました。主に住宅などの2階建てまでの木造建物に用いられています。

　図2.0-3のように、建物の平面を短冊状に4つに分割して、左端と右端それぞれの部分で必要な壁量を満足しているかを確認するものです。ここで、4つに分割した両端の部分を「側端部分」と呼び、また、側端部分の、存在壁量の必要壁量に対する割合を、「充足率」と呼びます。

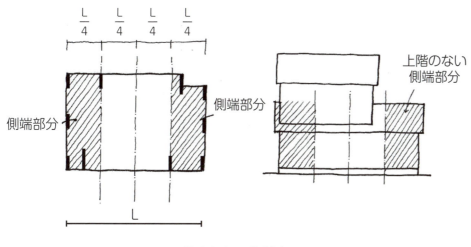

図 2.0-3 四分割法

$$充足率 = \frac{側端部分の存在壁量}{側端部分の必要壁量}$$

　4つに分割することから、「四分割法」と呼ばれています。もちろん、左右方向だけでなく、上下方向も同様の確認を行います[※1]。

　四分割法の考え方は、偏心している建物の多くは、片側に壁が片寄っているので、左右で充足率が大きく異なるはずというわけです。

　さて、側端部分の充足率から、「小さい方の充足率／大きい方の充足率」を求めます。これを「壁率比」と呼びます。この「壁率比」が 0.5 以上であればよいとされています。簡単に言えば、「片側の壁量は、せめて反対側の半分以上は入っていて欲しい」ということです。

$$\frac{小さい方の壁量充足率}{大きい方の壁量充足率} = 壁率比$$

$$壁率比 \geqq 0.5$$

　なお、このルールには、「ただしがき」があって、壁率比が 0.5 未満であっても、両方の壁量充足率が 1.0 を超えていればそれでもよいとされています。両側端部分とも必要壁量を満足している場合には、全体の壁量は、かなり多くなっていることが期待できるので、多少偏心していても、よかろうということです。実際には、「四分割法」のルールは、「偏心率計算による方法」の「偏心率 0.3 以下」というルールより、かなり安全側に設定されていることが明らかになっています。

　また、「四分割法」の側端部分の充足率を求める時の「壁量」は、「必要壁量」も「存在壁量」も、施行令第 46 条に定める必要壁量です。例えば、「存在壁量」に、いわゆる「準耐力壁等」を加えることはできません[※2]。また、例えば、図 2.0-3 のように、部分2階建ての建物で、側端部分の上に2階部分がない場合には、必要壁量は「平家建て」の壁量を用います。なぜなら、その部分は2階を支えていないので、そもそも多くの壁量は必要ないこと、そして、この方が壁率比を判定するときに、安全側になるからです。

→参考資料「14.12　四分割法と偏心率」を参照

※1 縦に分割した時には、たて方向の壁の量で充足率を求めます。横に分割したい場合は横方向の壁のみを数えます。

※2「準耐力壁等」は、品確法性能表示で使われる壁のことです。基準法の壁量計算では耐力はありません。ゼロです。

2.1 四分割法　側端部分の必要壁量の算定

四分割法では、各階・各方向別に地震力に対してのみ検討します。
建物の最外周壁から1/4の長さの範囲にある建物の床面積を求め、地震力に対する必要壁量を計算します。

側端部分の必要壁量 ＝ 側端部分の床面積 × 地震力用係数

表 2.1-1 地震力用係数（床面積に乗ずる値）

建物の種類	地震力用係数 (cm/m²)	
軽い屋根 ・金属板 ・スレート葺き 等	平家建て　11	2階建て　15 / 29
重い屋根等 ・土蔵造 ・瓦葺き 等	平家建て　15	2階建て　21 / 33

この地震力用係数は、壁量計算で用いた値（表1.1-1）と同じです。

ポイント1　壁の片寄りの検討は階ごと、方向ごとに行います。

建物全体幅を四分割して外側それぞれ1/4の範囲にある建物の部分を側端部分といいます。
必要壁量は側端部分ごとに求めます。

1) X方向のバランスの検討

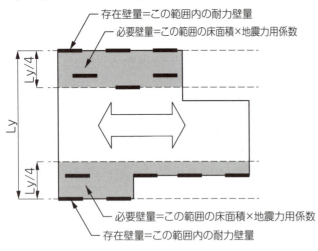

2) Y方向のバランスの検討

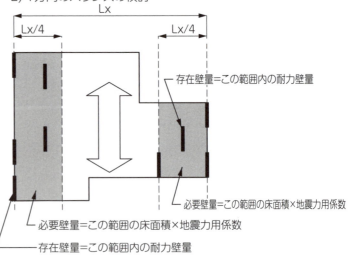

図 2.1-1 柱壁位置図

ポイント2 側端部分の地震力用係数の選び方

側端部分の床面積に乗ずる地震力用係数は表2.1-1から選びますが、求める側端部分の上部に上階が載っているかどうかを確認します。

例えば、図2.1-2の部分2階建ての場合の1階では、側端部分の上部に2階が載っている場合は2階建ての1階の値を、側端部分の上部に2階が載っていない場合は平家建ての値を選択します。

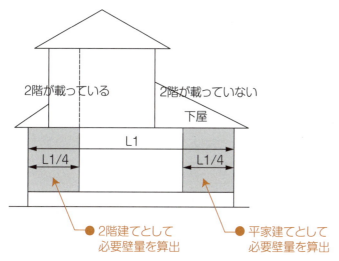

図2.1-2 1階部分の地震用係数の選び方

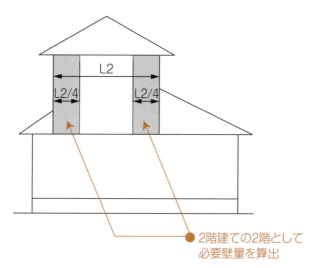

図2.1-3 2階部分の地震力用係数の選び方

ひとりでやってみよう 5

側端部分の必要壁量を求めます。

演習シート 11、12、13、14 ページを使用します。

求め方の手順

1. 建物の平面を 1/4 ごとに区切り、両端の 1/4 部分（側端部分といいます。）の床面積を求めます。
2. 側端部分の階数・屋根の仕上げに応じて施行令第 46 条第 4 項表二（表 2.1-1）より選択した、地震力用係数を乗じて側端部分の必要壁量を求めます。

2 階 X 方向を例に求め方を説明します

1 建物の平面を 1/4 ごとに区切り、両端の 1/4 部分（側端部分といいます。）の床面積を求めます。

1) 演習シート 11 ページ（■側端部分求積図・耐力壁位置図（X 方向））に側端部分の寸法を記入し面積を求めます（四分割した外側で、図の網掛け部分です。）。このとき、長方形の集まりになるように分割します。また、網掛け部分の中に吹抜けが含まれている場合は、吹抜け面積を側端部分の面積に算入しなくても構いません（下図の ─── 線が吹抜けです。）。

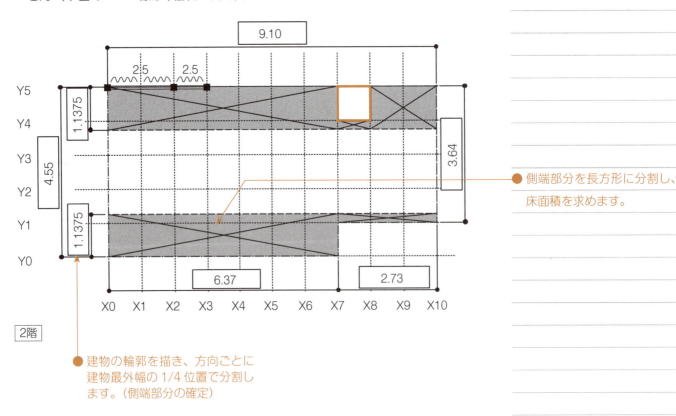

● 側端部分を長方形に分割し、床面積を求めます。

● 建物の輪郭を描き、方向ごとに建物最外幅の 1/4 位置で分割します。（側端部分の確定）

2)演習シート 13 ページ上段の表（■基準法（四分割法）側端部分求積表）に側端部分の各部の寸法を記入し床面積を求めます。

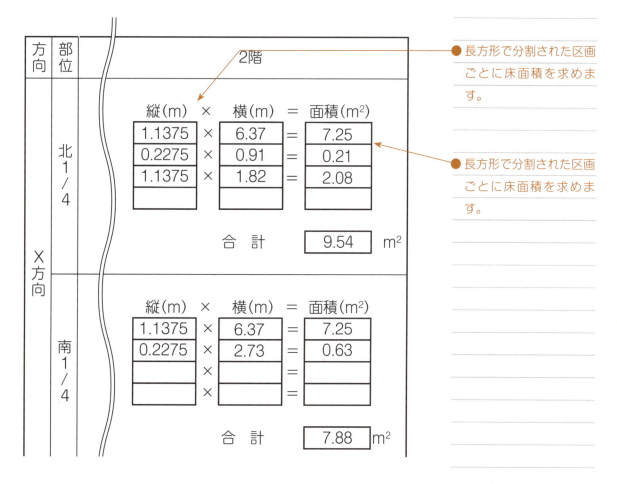

2 側端部分の階数・屋根の仕上げに応じて施行令第 46 条表二（表 2.1-1）より選択した、地震力用係数を乗じて側端部分の必要壁量を求めます。

演習シート 14 ページ上段の表（■基準法（四分割法）必要壁量）に、演習シート 13 ページで求めた側端部分の床面積と、P.48 表 2.1-1 から選択した、地震力用係数を記入し、必要壁量を算出します。

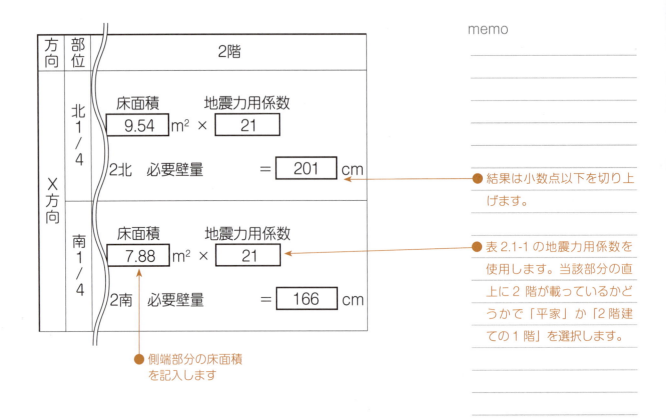

| 考え方の アドバイス 1 | 吹抜け面積の側端部分 |

吹抜け面積の側端部分の面積に占める割合が大きい場合は、床面積に算入するのが良いでしょう。

| 考え方の アドバイス 2 | 平面形状がコの字型 |

平面形状がコの字型や極端に凹凸がある建物は、四分割法ではなく偏心率による方法で確認すると良いでしょう。

1階、2階Y方向の側端部分の必要壁量を求めてみましょう

2.2 四分割法　側端部分存在壁量の算定

各階・各方向の側端部分の範囲内にある耐力壁の有効長さの合計（側端部分の存在壁量）を求めます。

> 側端部分の存在壁量 ＝（壁倍率×壁長さ）の合計

ひとりでやってみよう 6

側端部分の存在壁量を求めます。

演習シート9、11、12、14ページを使用します。

求め方の手順
1. 建物の側端部分の範囲内にある耐力壁を記入します。
2. 描き出された耐力壁の存在壁量を求めます。

1階X方向を例に求め方を説明します

1 建物の側端部分の範囲内にある耐力壁を記入します。

演習シート11ページ（側端部分求積図・耐力壁位置図）に、演習シート9ページから側端部分の耐力壁を描き出します。描き出す耐力壁は、当該側端部分の階・方向に一致するものだけです。1/4分割線上にある耐力壁も側端部の耐力壁量に算入します。

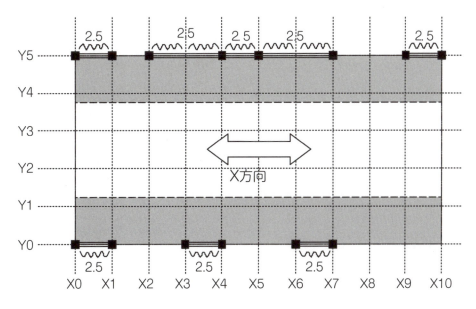

2 描き出された耐力壁の存在壁量を求めます。

演習シート14ページ下段の表（■基準法（四分割法）存在壁量）に、①で描き出した耐力壁の倍率と長さを記入し、壁量を算出します。

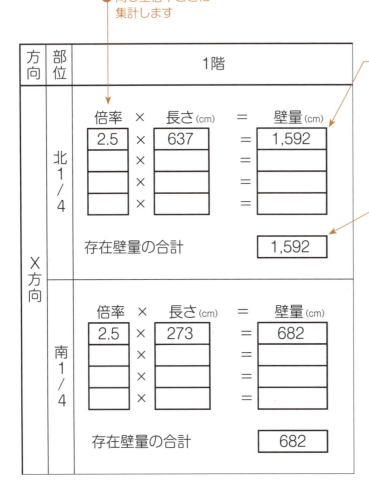

● 同じ壁倍率ごとに集計します

● 同じ壁倍率の合計の壁長さを記入します

● 結果は小数点以下を切り捨てます

1階Y方向、2階の側端部分の存在壁量を求めてみましょう

2.3 四分割法 壁量充足率の算定

各階・各方向の側端部分に対して、存在壁量を必要壁量で除した値（壁量充足率）を求めます。

$$壁量充足率 = \frac{側端部分の存在壁量}{側端部分の必要壁量}$$

ひとりでやってみよう 7

側端部分の充足率を求めます。

演習シート 14、15 ページを使用します。

求め方の手順
1. 存在壁量と必要壁量を記入します。
2. 充足率を算出します。

1階 X方向を例に求め方を説明します

1 存在壁量と必要壁量を記入します。

演習シート 15 ページ上段の表（■基準法 （四分割法）充足率）に、演習シート 14 ページで求めた、存在壁量、必要壁量を記入します。

2 充足率を算出します。

存在壁量を必要壁量で割り、充足率を算出します。

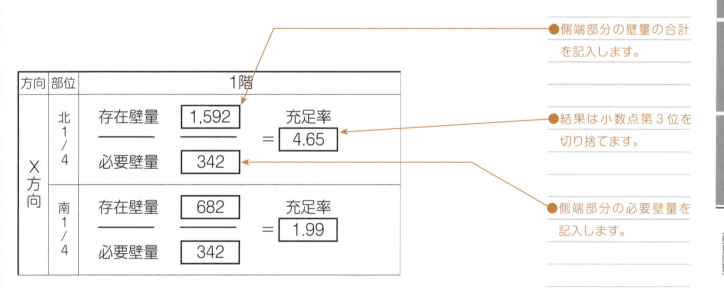

● 側端部分の壁量の合計を記入します。

● 結果は小数点第 3 位を切り捨てます。

● 側端部分の必要壁量を記入します。

1階 Y方向、2階の充足率を求めてみましょう

2.4 四分割法　壁のかたよりの検定

四分割法の検定は2段階に設定されています。「検定1」を満たせばその時点で検定は終了します。
「検定1」を満たさない場合は「検定2」を行い、条件を満たしていれば終了となります。どちらも満たさない場合は、側端部分にある耐力壁を増やすなどの修正が必要です。

① 検定1：

小さい方の壁量充足率を大きい方の壁量充足率で割った値（壁率比という）が、0.5以上であることを確認します。

$$\frac{\text{小さい方の壁量充足率}}{\text{大きい方の壁量充足率}} = \text{壁率比}$$

$$\text{壁率比} \geqq 0.5$$

② 検定2：

「検定1」を満たさない部分がある場合でも、各階・各方向の側端部分に対して壁量充足率が1.0を超えていれば良いことになっています[※1]。

$$\text{側端部分の壁量充足率} > 1.0$$

※1 「検定2」は各側端部分の壁量充足率を求めたときに確認することができるので、実質的には「検定2」を先に確認することができます。

ひとりでやってみよう 8

四分割法の検定を行います。

演習シート15ページを使用します。

求め方の手順

① 「検定1」を行います。
② 壁率比が0.5未満の場合のみ検定2を行います。

1階X方向を例に求め方を説明します

１ 「検定1」を行います。

演習シート15ページ中段の表（■基準法（四分割法）判定）に、演習シート15ページ上段で求めた側端部分の充足率のうち、いずれか大きい値（北1/4 = 4.65）を

分母に、小さい値（南1/4 = 1.99）を分子に記入し、壁率比を計算によって求めます。壁率比が0.5以上であればOKと判断します。1階X方向の場合、壁率比が0.5未満ですので、検定2を行います。

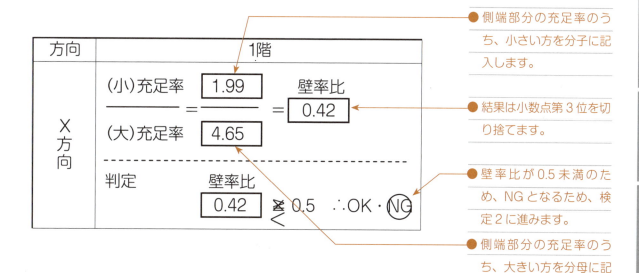

2 壁率比が0.5未満の場合のみ検定2を行います。

壁率比が0.5未満の場合、演習シート15ページ下段の表を用いて「判定2」を行います。

「判定2」では、各方向の側端部分の充足率が1.0を超えていることが確認できればOKと判断し、検定を終了します。

1階Y方向、2階の検定をやってみましょう

3 【基準法】接合部の設計

検討すべき接合部の箇所

　木造住宅は、面積が小さい割には、構造部材が非常にたくさん入っています。その数は、面積あたりでいえば、鉄筋コンクリート造や鉄骨造などよりも格段に多いと言えます。そして、構造部材が多いので、それに応じて、大量の接合部があります。これは、木造軸組構法住宅の大きな構造的な特徴の一つで、また、これまで、詳細な構造計算を困難にしてきた理由の一つでもあります。

　そこで、例えば、母屋やたる木などの接合部のように、同種の部材・接合部が繰り返されている場合には、従来、安全なように1種類の接合方法を定め、すべての同種の部材に適用してきました。一方、同じ部材でも、地震や強風時にのみ、特に大きな力が加わる部材では、できるだけ個別に仕様を決めるのが、合理的、かつ経済的です。梁や桁などの接合部は、そのようにして、種類や寸法を決めてきました。

　軸組構法住宅で、特に注意して設計しなければならない接合部は、図3.0-1のように、3種類です。①筋かい端部接合部、②柱頭・柱脚接合部、③横架材の継ぎ手・仕口、です。中でも、水平荷重時に重要な、①筋かい端部と②柱頭・柱脚の仕様は、2000年の建築基準法の改正時に、仕様規定で定められました[※1]。③横架材の接合部は、基準法では具体的な仕様を定めていませんが、性能表示では確認することが求められています。

※1 平12建告第1460号

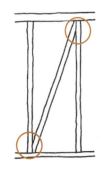 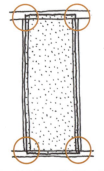 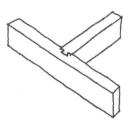

　　筋かい端部　　耐力壁端柱の柱頭・柱脚　　横架材接合部

図3.0-1 注意する接合箇所

筋かい端部接合部

　筋かいは、軸組構法住宅の主要な耐力要素でしたが、近年は、外周壁には構造用合板を用いる住宅が増えています。しかし、そうした住宅でも、内部間仕切り壁の耐力壁は、筋かいが一般的です。

　筋かいは、横架材と柱の交点で、両方に接するように取つけるのが一般的です。基準法施行令第45条の3にも、「筋かいは、その端部を、柱とはりその他の横架材との仕口に接近して、ボルト、かすがい、釘その他の金物で緊結しなければならない」と記されています。

　基準法では、筋かい端部の接合金物の種類を、平12建告第1460号に定めています。筋かいには、その断面の大きさ毎に壁倍率が定められていますが、接合金物も、その強さ毎に、つまり断面の大きさ毎に定められています。

　筋かいは、水平力の方向によって、圧縮に効く場合と引張に効く場合があります[1]。圧縮に効く時には、筋かいの端部には、めり込みを生じ、最終的には、座屈破壊します。一方、引張に効く時には、筋かいの耐力は、接合金物の引張耐力になります。

　その圧縮と引張は、耐力も変形性能も異なるので、注意が必要です。一般的には、圧縮の方が大きな耐力を負担できるとされています。

　ところで、筋かいの壁倍率は、圧縮と引張の平均として与えられています。そして、接合金物の種類は、筋かいが引張の時に必要な耐力に見合うように定められています。したがって、一般に金物の引張耐力は、筋かいの壁倍率より、性能は低いということになります。例えば、壁倍率2.0倍の筋かいに用いる接合金物は、1.5倍相当の耐力があればよいとされています。圧縮は2.5倍相当の耐力があるとしています。平均すると2.0倍となります[2]。

　また、筋かい金物の選定で注意することは、後述する「柱頭柱脚接合部」の必要引張耐力は、周辺の耐力壁の配置によって変わるのに対して、筋かい金物の必要な引張耐力は、筋かいの強さ（断面）によって一義的に決定されるということです。これは、柱の引抜き力は、柱の左右の耐力壁の強さによって生じ、また、鉛直荷重を負担していることから、それらの組み合わせによって決定されるためです。一方、筋かいは、鉛直荷重を負担しないので、水平荷重時にのみ、かつ、筋かい耐力による力のみが発生するためです。

→参考資料「14.13　筋かい接合部」を参照

柱頭柱脚接合部

　耐力壁の両端の柱には、地震時・強風時に、特に大きな引抜き力が生じます。阪神淡路大震災の地震被害調査や、その後の実物大振動実験により、柱頭・柱脚が、不十分な接合の場合、柱が浮き上がって外れてしまうことが明らかになりました。

　柱に生じる引抜き力は、次のように考えます。まず、壁の耐力が大きいほど、引抜

---

[1] 立面で見たときに左方向、及び右方向の加力方向があります。

[2] N値計算では、圧縮と引張で強度が異なることから、補正を行います。

き力は大きくなります。また、柱の両側に耐力壁がある場合には、その両側の耐力壁の差が柱の引抜き力になります。また、梁や床板が拘束することによって、引抜き力は、柱頭と柱脚で分担するようになって、柱脚自体の引き抜き力は、小さくなります。また、柱に上載荷重がある場合には、引抜き力は、相殺されて小さくなります。以上が原則ですが、詳細は P.71 の「考え方のアドバイス 1」を参照してください。

柱頭・柱脚の接合の仕様を決める方法として、2 つの方法があります。

基準法の仕様規定では、平 12 建告第 1460 号で、耐力壁の鉛直構面上の組み合わせによって、金物の仕様（形状、寸法、材質など）を決めています。（い）や（ろ）、（は）などと場合分けしています。たとえば、耐力壁がどちら側にあるか、隅柱か平部分の柱か、1 階の柱か 2 階の柱か、などの組み合わせごとに、種類が指定されています。なお、（公財）日本住宅・木材技術センターから、配置による金物選択の解説書が出ていますので、参照して下さい。また、それぞれに相当する許容耐力の数値が設定されていますので、実験を行って性能を確認することで、どれに相当する性能の金物かを決めることができます。

また、この配置ごとに定められている仕様に代わるものとして、「N 値法」というものを使って、必要な耐力を算出してもよいとされています[1]。N 値法は、比較的簡便な計算で、引抜き力を計算することができます。前述の配置ごとの仕様は、一定の仮定の下で、この N 値法により算出したものです。

なお、N 値法で計算すると、多少、配置による仕様よりも、やや耐力が小さくてよいという結果が得られる場合が多いようです。

N 値の計算では「壁倍率の差」を用いることに注目して下さい。この式では、壁量をいくら余裕をもって入れていても、接合部は仕様を軽減することができません。これは、接合部が壁よりも先には壊れないようにするためです。前述のように、壁量計算では壁が先に壊れるようにするために、多少壁量の充足率が大きくても、柱頭・柱脚の接合を軽くすることはできません。

→参考資料「14.18　存在応力と柱頭・柱脚接合部」を参照

横架材接合部

基準法の仕様規定には、横架材の接合部に関する詳細な規定はありません。それは、従来、ここが、大工の技術が最も発揮される部分であり、それぞれが形状や寸法を工夫していて、規格化するのは難しかったためです。また、地震等においても、横架材接合部に起因する被害は多くはなかったという実績もあります。

ただしこれは、以前の建物が、壁などの鉛直構面の強度が小さく、まずその部分で、

※ 1 「2015 年版 建築物の構造関係技術基準解説書」

地震時に被害を生じてしまっていたためです。近年は、前述のように、壁倍率の大きな壁が用いられるようになっており、併せて、柱頭柱脚接合部などがかなり性能の高い仕様となってきています。相対的に、床構面とそれを支える横架材の接合部の強度が重要になりつつあります。

　そこで、性能表示は、建物が「基準法よりも上の性能を表示する制度」という主旨から、上位の構造性能に相応しい横架材接合部の性能があることを確認することを求めています。

3.1 筋かい端部接合金物の選択

筋かい端部と柱・横架材の接合は、表3.1-1に示す筋かいの種類に応じて指定された仕様の金物を使わなければなりません。

memo

※図3.1-1のように接合部に引抜きが発生する場合は、図3.1-2のように接合部に金物を使わなければなりません。

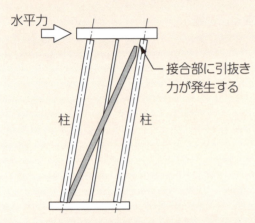
図3.1-1 筋かいの変形イメージ

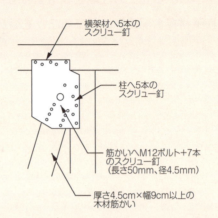
図3.1-2 筋かいの金物（BP-2）の概要

表3.1-1 筋かい端部接合金物（平12建告第1460号より抜粋、一部省略）

筋かいの種類	接合部の仕様
鉄筋（径9mm以上）【1.0倍】	柱又は横架材を貫通した鉄筋を、三角座金を介してナット締めとしたもの又は当該鉄筋に止め付けた鋼板添え板に柱及び横架材に対して長さ9cmの太め鉄丸くぎを8本打ち付けたもの。
木製筋かい（1.5cm×9cm）【1.0倍】	柱及び横架材を欠き込み、柱及び横架材に対してそれぞれ長さ6.5cmの鉄丸くぎを5本平打ちしたもの。
木製筋かい（3cm×9cm）【1.5倍】	厚さ1.6mmの鋼板添え板を、筋かいに対して径12mmのボルト締め及び長さ6.5cmの太め鉄丸くぎを3本平打ち、柱に対して長さ6.5cmの太め鉄丸くぎを3本平打ち、横架材に対して長さ6.5cmの太め鉄丸くぎを4本平打ちとしたもの。
	参考：Zマーク表示金物筋かいプレート〔BP〕等
木製筋かい（4.5cm×9cm）【2.0倍】	厚さ2.3mm以上の鋼板添え板を、筋かいに対して径12mmのボルト締め及び長さ50mm、径4.5mmのスクリューくぎ7本の平打ち、柱及び横架材に対してそれぞれ長さ50mm、径4.5mmのスクリューくぎ5本の平打ちとしたもの。
	参考：Zマーク表示金物筋かいプレート〔BP-2〕等
木製筋かい（9cm×9cm）【3.0倍】	柱または横架材に径12mmのボルトを用いた一面せん断接合としたもの。

☕ コーヒーブレイク　接合金物の目安

筋かい端部の接合金物は、（公財）日本住宅・木材技術センターのZマーク表示金物の他、金物メーカー各社で同等製品が各種販売されています。

（公財）日本住宅・木材技術センター
「木造住宅用接合金物の使い方」2005より転載

3.2 柱頭・柱脚接合部の検討

耐力壁端部の柱の接合金物を決定する方法は2種あります。平12建告第1460号の仕様による選択と通称N値法と呼ばれている簡易な計算によって求める方法です。
3.2.1で告示の仕様による選定を、3.2.2でN値計算法を説明します。

3.2.1 告示仕様による選択

平12建告第1460号（表3.2-1、表3.2-2）に、取り付く耐力壁の壁倍率に応じた柱頭・柱脚の接合部金物の記号（柱の上下は同じ金物を使用）が記載されており、表3.2-3から接合金物を引き当てます。

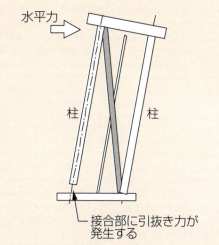

図 3.2-1 筋かいの変形イメージ（柱の引抜き）

表 3.2-1 平家部分または最上階の柱（平12建告第1460号表1）

倍率※1	軸組の種類		出隅の柱	その他の軸組端部の柱
0.5～1.0	木ずりその他これに類するものを柱及び間柱の片面又は両面に打ち付けた壁を設けた軸組		(い)	(い)
1.0	厚さ1.5cm以上幅9cm以上の木材の筋かい又は径9mm以上の鉄筋の筋かいを入れた軸組		(ろ)	(い)
1.5	厚さ3cm以上幅9cm以上の木材の筋かいを入れた軸組	筋かいの下部が取り付く柱	(ろ)	(い)
		その他の柱	(に)	(ろ)
2.0	厚さ1.5cm以上幅9cm以上の木材の筋かいをたすき掛けに入れた軸組又は径9mm以上の鉄筋の筋かいをたすき掛けに入れた軸組		(に)	(ろ)
2.0	厚さ4.5cm以上幅9cm以上の木材の筋かいを入れた軸組	筋かいの下部が取り付く柱	(は)	(ろ)
		その他の柱	(ほ)	
2.5	構造用合板等を昭和56年建設省告示第1100号別表第一（一）項又は（二）項に定める方法で打ち付けた壁を設けた軸組		(ほ)	(ろ)
3.0	厚さ3cm以上幅9cm以上の木材の筋かいをたすき掛けに入れた軸組		(と)	(は)
4.0	厚さ4.5cm以上幅9cm以上の木材の筋かいをたすき掛けに入れた軸組		(と)	(に)

※1 倍率は軸組の種類を参考に加筆したものです。

表 3.2-2 平家部分または最上階以外の柱（平12建告第1460号表2）

倍率※1	軸組の種類	上階及び当該階の柱が共に出隅の柱の場合 上階：出隅 下階：出隅	上階の柱が出隅の柱であり、当該階の柱が出隅の柱でない場合 上階：出隅 下階：平部	上階及び当該階の柱が共に出隅の柱でない場合 上階：平部 下階：平部
0.5～1.0	木ずりその他これに類するものを柱及び間柱の片面又は両面に打ち付けた壁を設けた軸組	(い)	(い)	(い)
1.0	厚さ1.5cm以上幅9cm以上の木材の筋かい又は径9mm以上の鉄筋の筋かいを入れた軸組	(ろ)	(い)	(い)
1.5	厚さ3cm以上幅9cm以上の木材の筋かいを入れた軸組	(に)	(ろ)	(い)
2.0	厚さ1.5cm以上幅9cm以上の木材の筋かいをたすき掛けに入れた軸組又は径9mm以上の鉄筋をたすき掛けに入れた軸組	(と)	(は)	(ろ)
2.0	厚さ4.5cm以上幅9cm以上の木材の筋かいを入れた軸組	(と)	(は)	(ろ)
2.5	構造用合板等を昭和56年建設省告示第1100号別表第一（一）項又は（二）項に定める方法で打ち付けた壁を設けた軸組	(ち)	(へ)	(は)
3.0	厚さ3cm以上幅9cm以上の木材の筋かいをたすき掛けに入れた軸組	(り)	(と)	(に)
4.0	厚さ4.5cm以上幅9cm以上の木材の筋かいをたすき掛けに入れた軸組	(ぬ)	(ち)	(と)

※1 倍率は軸組の種類を参考に加筆したものです。

表 3.2-3 接合部の仕様と接合部倍率（平 12 建告第 1460 号表 3 より引用）

記号	仕様
（い）	短ほぞ差し、かすがい打ち又はこれらと同等以上の接合方法としたもの
（ろ）	長ほぞ差し込み栓打ち若しくは厚さ 2.3mm の L 字型の鋼板添え板を、柱及び横架材に対してそれぞれ長さ 6.5cm の太め鉄丸くぎを 5 本平打ちとしたもの又はこれらと同等以上の接合方法としたもの
	参考：Z マーク表示金物 CP-L
（は）	厚さ 2.3mm の T 字型の鋼板添え板を用い、柱及び横架材にそれぞれ長さ 6.5cm の太め鉄丸くぎを 5 本平打ちしたもの若しくは厚さ 2.3mm の V 字型の鋼板添え板を用い、柱及び横架材にそれぞれ長さ 9cm の太め鉄丸くぎを 4 本平打ちとしたもの又はこれらと同等以上の接合方法としたもの
	参考：Z マーク表示金物 CP-T、山形プレート VP
（に）	厚さ 3.2mm の鋼板添え板に径 12mm のボルトを溶接した金物を用い、柱に対して径 12mm のボルト締め、横架材に対して厚さ 4.5mm、40mm 角の角座金を介してナット締めをしたもの若しくは厚さ 3.2mm の鋼板添え板を用い、上下階の連続する柱に対してそれぞれ径 12mm のボルト締めとしたもの又はこれらと同等以上の接合方法としたもの
	参考：羽子板ボルト又は短ざく金物（スクリュー釘なし）
（ほ）	厚さ 3.2mm の鋼板添え板に径 12mm のボルトを溶接した金物を用い、柱に対して径 12mm のボルト締め及び長さ 50mm、径 4.5mm のスクリュー釘打ち、横架材に対して厚さ 4.5mm、40mm 角の角座金を介してナット締めしたもの又は厚さ 3.2mm の鋼板添え板を用い、上下階の連続する柱に対してそれぞれ径 12mm のボルト締め及び長さ 50mm、径 4.5mm のスクリュー釘打ちとしたもの又はこれらと同等以上の接合方法としたもの
	参考：羽子板ボルト又は短ざく金物（スクリュー釘あり）
（へ）	厚さ 3.2mm の鋼板添え板を用い、柱に対して径 12mm のボルト 2 本、横架材、布基礎若しくは上下階の連続する柱に対して当該鋼板添え板に止め付けた径 16mm のボルトを介して緊結したもの又はこれと同等以上の接合方法としたもの
	参考：引き寄せ金物 HD-B10（S-HD10）
（と）	厚さ 3.2mm の鋼板添え板を用い、柱に対して径 12mm のボルト 3 本、横架材（土台を除く。）、布基礎若しくは上下階の連続する柱に対して当該鋼板添え板に止め付けた径 16mm のボルトを介して緊結したもの又はこれと同等以上の接合方法としたもの
	参考：引き寄せ金物 HD-B15（S-HD15）
（ち）	厚さ 3.2mm の鋼板添え板を用い、柱に対して径 12mm のボルト 4 本、横架材（土台を除く。）、布基礎若しくは上下階の連続する柱に対して当該鋼板添え板に止め付けた径 16mm のボルトを介して緊結したもの又はこれと同等以上の接合方法としたもの
	参考：引き寄せ金物 HD-B20（S-HD20）
（り）	厚さ 3.2mm の鋼板添え板を用い、柱に対して径 12mm のボルト 5 本、横架材（土台を除く。）、布基礎若しくは上下階の連続する柱に対して当該鋼板添え板に止め付けた径 16mm のボルトを介して緊結したもの又はこれと同等以上の接合方法としたもの
	参考：引き寄せ金物 HD-B25（S-HD25）
（ぬ）	（と）に掲げる仕口を 2 組用いたもの
	参考：引き寄せ金物 HD-B15（S-HD15）× 2 個

ポイント1　出隅と平部

　告示では、柱の種類を出隅と出隅でない柱に区分していますが、この本では出隅以外の柱を平部と呼んで併記しています。

　1階耐力壁端部の柱の上部に2階の柱がない場合でも、柱があるものとみなして表から選びます。

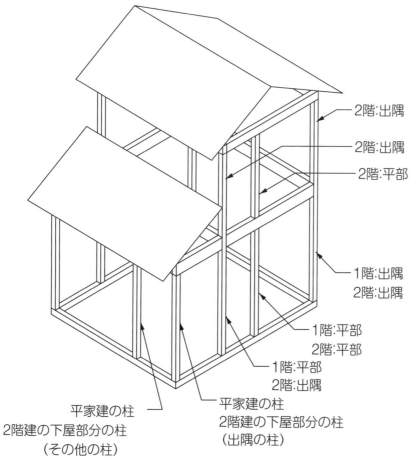

図 3.2-2 出隅と平部

ポイント2　接合部の金物例

　表3.2-3 接合部の仕様と接合部倍率（平12建告第1460号表3より引用）に記載されている仕様と同等の金物として、（公財）日本住宅・木材技術センターのＺマーク表示金物があります。これらの金物の他、金物メーカー各社にて同等の接合金物が多数販売されています。

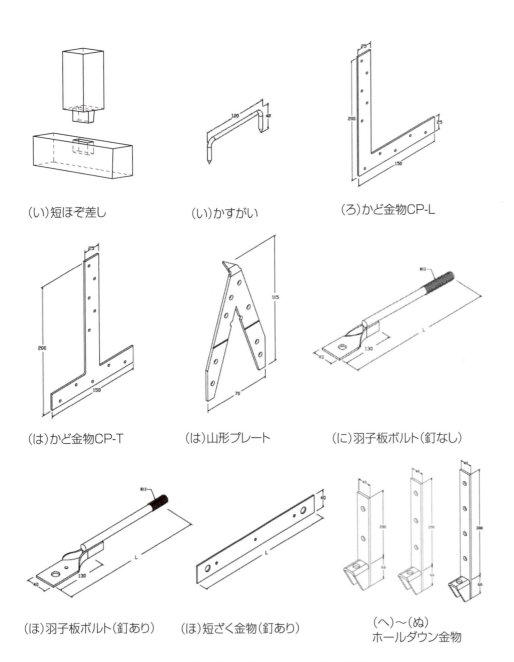

図3.2-3　接合金物例（Ｚマーク表示金物等）

考え方のアドバイス 1　複数の耐力壁が集まる柱の引抜き力の考え方

　柱に両方向から耐力壁が取り付いている場合には、各方向の壁倍率のうち大きい方の倍率に応じた金物を、当該柱の金物とします。

　また、柱脚金物のうち、引抜耐力が10kNを超えるホールダウン金物を使用する場合は、基礎と直接アンカーボルトで緊結しなければなりません。

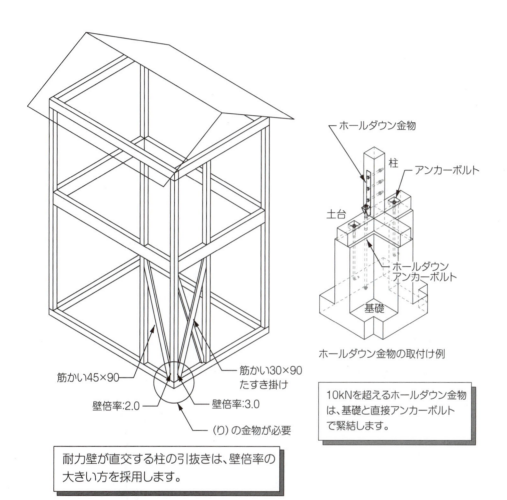

図 3.2-4 直交する耐力壁端部の柱

3.2.2 N値計算による確認

柱頭・柱脚接合部のN値計算

　基準法の仕様規定では、前述のように、柱頭・柱脚接合部は、耐力壁や階数・隅柱などの組み合わせにより、接合の種類を選択することとされています。しかし、より詳細に接合部の金物を選択したい人のために、計算による方法を選択してもよいこととされています。これが、「N値法」と呼ばれるものです。「N値計算法」と呼ぶこともあります。

　N値法は、ある柱に注目して、引抜き力を、①両側の壁の強度、②壁上の梁や床構面による押さえ効果、③柱に加わる鉛直荷重、の3つの要因から算出するものです[1]。

　式で示すと、以下の通りです。接合部が備えていなければならない耐力を、「N」という値で示しています。そこで、「N値法」と呼ばれています。「N」の値が1.0は、許容耐力では5.3kNを意味しています[2]。

　なお、筋かいを用いた耐力壁の場合には、補正が必要です。筋かいは、圧縮と引っ張りで、強度の特性が異なるためです。

①平家の柱、2階建ての2階の柱

$$N \geq A1 \times B1 - L$$

N　：接合部倍率
A1　：両側の壁の、壁倍率の差
（ただし、筋かいの場合、表3.2-4の補正値表の補正値を加える。）
B1　：出隅の場合0.8、その他の場合0.5
L　：出隅の場合0.4、その他の場合0.6

②2階建ての1階の柱

$$N \geq A1 \times B1 + A2 \times B2 - L$$

N、A1、B1　：①に同じ
　　　　A2　：上階柱の両側の壁の、壁倍率の差
　　　　（ただし、筋かいの場合、表3.2-4の補正値表の補正値を加える。）
　　　　B2　：出隅の場合0.8、その他の場合0.5
　　　　L　：出隅の場合1.0、その他の場合1.6

---

memo

※1 詳細はP.71の「考え方のアドバイス1　柱頭・柱脚の引き抜き力算定の考え方」を参照

※2 N値とは、標準的な高さで壁倍率1.0の耐力壁において、梁などによる押さえ効果、及び鉛直荷重がない場合に生じる引き抜き力のことです。根拠は以下のとおり

1.96kN（＝1.0倍）

$$T = 1.96 \times \frac{2730}{1000} \fallingdotseq 5.3$$

0点回りの
つり合い条件式　ΣM＝0

$$1.96 \times 2.73 + T \times 1.0 = 0$$

$$T = -1.96 \times \frac{2.73}{1.0}$$

表 3.2-4 筋かいの端部柱の計算時に加える補正値

①筋かいが片側から取付く柱

取付く位置 筋かいの種類	柱頭部	柱脚部	備考	図例
厚さ15mm以上×幅90mm 以上の木材又はφ9mm以 上の鉄筋	0.0	0.0	たすき掛けの筋かいの場合 には、0とする。	
厚さ30mm以上×幅90mm 以上の木材	0.5	− 0.5		
厚さ45mm以上×幅90mm 以上の木材	0.5	− 0.5		
厚さ90mm以上×幅90mm 以上の木材	2.0	− 2.0		

②筋かいが両側から取付く柱
a）両側が片筋かいの場合（いずれも柱頭部に取付く場合）

一方の筋かい 他方の筋かい	厚さ15mm以 上×幅90mm 以上の木材 又はφ9mm 以上の鉄筋	厚さ30mm以 上×幅90mm 以上の木材	厚さ45mm以 上×幅90mm 以上の木材	厚さ90mm以 上×幅90mm 以上の木材	備考	図例
厚さ15mm以上×幅90mm 以上の木材又はφ9mm以 上の鉄筋	0	0.5	0.5	2.0	両筋かいがとも に柱脚部に取付 く場合には、加 算する数値を0 とする。	
厚さ30mm以上×幅90mm 以上の木材	0.5	1.0	1.0	2.5		
厚さ45mm以上×幅90mm 以上の木材	0.5	1.0	1.0	2.5		
厚さ90mm以上×幅90mm 以上の木材	2.0	2.5	2.5	4.0		

a'）両側が片筋かいの場合（一方の筋かいが柱頭部に、他方の筋かいが柱脚部に取付く場合）

柱脚部に取付く 筋かい 柱頭部に 取付く筋かい	厚さ15mm 以上×幅 90mm以上 の木材又は φ9mm以上 の鉄筋	厚さ30mm 以上×幅 90mm以上 の木材	厚さ45mm 以上×幅 90mm以上 の木材	厚さ90mm 以上×幅 90mm以上 の木材	備考	図例
厚さ15mm以上×幅 90mm以上の木材又は φ9mm以上の鉄筋	0	− 0.5	− 0.5	2.0	両筋かいがとも に柱脚部に 取付く場合に は、加算する 数値を0とす る。	
厚さ30mm以上×幅 90mm以上の木材	0.5	0.5	0	1.5		
厚さ45mm以上×幅 90mm以上の木材	0.5	0.5	0.5	1.5		
厚さ90mm以上×幅 90mm以上の木材	2.0	1.5	1.5	2.0		

b) 一方がたすき掛けの筋かい、他方が柱頭部に取付く片筋かいの場合

たすき掛けの筋かい ＼ 片筋かい	厚さ15mm以上×幅90mm以上の木材又はφ9mm以上の鉄筋	厚さ30mm以上×幅90mm以上の木材	厚さ45mm以上×幅90mm以上の木材	厚さ90mm以上×幅90mm以上の木材	図例
厚さ15mm以上×幅90mm以上の木材又はφ9mm以上の鉄筋	0	0.5	0.5	2.0	
厚さ30mm以上×幅90mm以上の木材	0	0.5	0.5	2.0	
厚さ45mm以上×幅90mm以上の木材	0	0.5	0.5	2.0	
厚さ90mm以上×幅90mm以上の木材	0	0.5	0.5	2.0	

b') 一方がたすき掛けの筋かい、他方が柱脚部に取付く片筋かいの場合
加算しない。

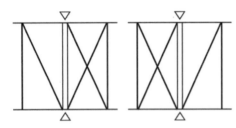

c) 両側がたす掛けの筋かいの場合
加算しない。

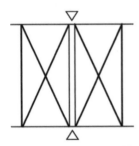

「2015年版 建築物の構造関係技術基準解説書」 全国官報販売協同組合 より転載（図例を付加し改変）

表 3.2-5 接合部の仕様

告示 表（三）	N 値	必要耐力 (kN)	継手・仕口の仕様（例）
（い）	0.0 以下	0.0.	短ほぞ差し又はかすがい打ち
（ろ）	0.65 以下	3.4	長ほぞ差し込み栓又はかど金物 CP・L
（は）	1.0 以下	5.1	かど金物 CP・T
			山形プレート VP
（に）	1.4 以下	7.5	羽子板ボルト又は短ざく金物（スクリュー釘なし）
（ほ）	1.6 以下	8.5	羽子板ボルト又は短ざく金物（スクリュー釘あり）
（へ）	1.8 以下	10.0	引き寄せ金物 HD－B10（S－HD10）
（と）	2.8 以下	15.0	引き寄せ金物 HD－B15（S－HD15）
（ち）	3.7 以下	20.0	引き寄せ金物 HD－B20（S－HD20）
（り）	4.7 以下	25.0	引き寄せ金物 HD－B25（S－HD25）
（ぬ）	5.6 以下	30.0	引き寄せ金物 HD－B15（S－HD15）×2 個
－	5.6 超	N×5.3	

大橋好光 齊藤年男、「木造住宅設計者のための構造再入門」P71、日経 BP 社、2007 より転載

memo

柱頭・柱脚の引抜き力算定の考え方

柱頭・柱脚の引抜き力算定の考え方の概略は前述の通りですが、もう少し詳しく説明しましょう。

N 値計算の平家の柱の計算式を再度示します。

$N \geq A1 \times B1 - L$

N ：接合部倍率
A1：両側の壁の、壁倍率の差
（ただし、筋かいの場合、表 3.2-4 の補正値表の補正値を加える。）
B1：出隅の場合 0.8、その他の場合 0.5
L ：出隅の場合 0.4、その他の場合 0.6

まず、図 3.2-5 のように、壁に水平方向の力を加えると、力を加えた側の柱脚部に引抜き力が生じます。この引抜き力（T）は、加えた力と、壁の幅（長さ）と高さの比率で決まります。ここで、壁に加えてよい（P）は、壁倍率の大きさに比例します。そこで、引抜き力は、壁倍率と壁の幅と高さから求めることができる、と言い換えてもよいわけです。

なお、この時、壁の反対側の圧縮側には、引抜き力と同じ大きさの圧縮力が生じています。ちなみに、この引抜き力と圧縮力は、「偶力」の関係にあります。「偶力」とは、「大きさが同じで、向きが逆方向の 1 対の力」です。この偶力モーメントと頂部に加えられた力による柱脚のモーメントが釣り合います。

次に、図 3.2-6 のように、柱の両側に耐力壁がある場合の引抜き力は、両側の壁による引張力と圧縮力の差ということになります。前述のように、単独の壁の場合の考え方が、柱を挟んで両側にある、と考えればよいわけです。

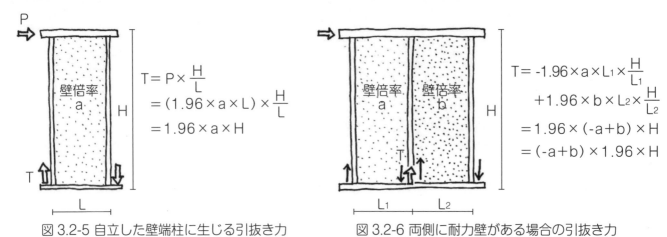

図 3.2-5 自立した壁端柱に生じる引抜き力　　図 3.2-6 両側に耐力壁がある場合の引抜き力

　第3は、壁の上端が横架材や床に拘束されていると、柱に生じる引抜き力は小さくなります。これは、図 3.2-7 のように、ちょうど、片持ち柱の曲げモーメントが、上端の拘束の程度によって変化するのと同様に考えることができます。柱上部の梁などの拘束効果が大きいと、柱頭部でのモーメントの負担が大きくなり、逆に、柱脚部のモーメントは小さくなります。前述のように、壁両側の柱脚に生じる軸力は、図の柱脚モーメントと釣り合う偶力になっています。柱脚モーメントを壁の幅で割ると、引抜き力を求めることができます。柱脚部のモーメントが小さくなると、それだけ、引抜き力が小さくなります。

　第4に、図 3.2-8 のように、引抜き力 (T) は、柱にかかる鉛直荷重 (N) によって押さえ込まれ、相殺されます。支えている荷重は、相殺するように働きます。また、上の階に柱がある場合には、上階の柱に生じる圧縮力や引抜き力が加算されます。図 3.2-9 は、「出隅」と「その他」の位置を示しています。また、図 3.2-10 は L の値を設定したときのそれぞれの負担面積を示しています。

　柱脚の引抜き力は、以上のような考え方で求めます。

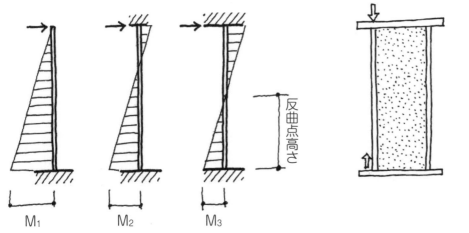

図 3.2-7 柱脚の引抜きの大きさ　　図 3.2-8 鉛直荷重による引抜き力の相殺

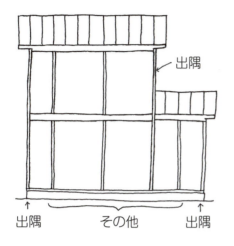

図 3.2-9 「出隅」と「その他」の位置

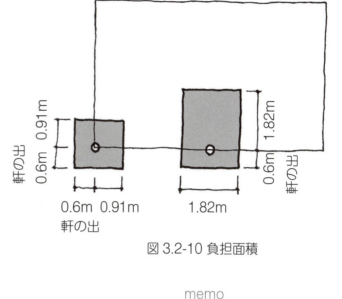

図 3.2-10 負担面積

考え方のアドバイス 2　耐力壁が交差する端部柱の考え方

　耐力壁が直交している交点にある柱については、X・Y 各方向の N 値を計算し、いずれか大きい方の値をその柱の N 値とします。

　例えば、平家建てにおいて X 方向に 30 × 90 たすき掛け筋かい、Y 方向に片筋かい 45 × 90 と構造用合板の耐力壁が交わる隅柱は、X 方向の N 値＝ 2.0、Y 方向の N 値＝ 2.8 となることから、大きい方の値 2.8 を当該柱の N 値とします。表 3.2-5 より、N ≦ 2.8 の金物として（と）引き寄せ金物 HD-B15(S-HD) の金物を引き当てることができます。

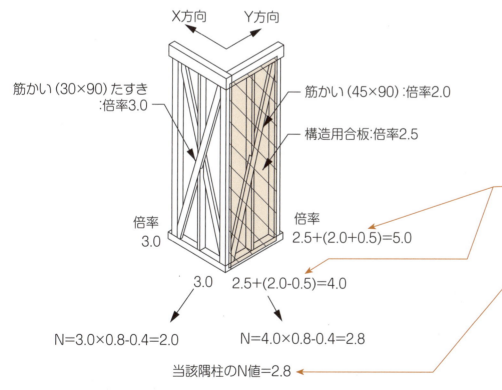

● 筋かい端部柱の補正値
P.69 表 3.2-4 補正値表

● X 方向の N 値 2.0 と Y 方向の N 値 2.8 のうち、大きい方を当該柱の N 値とします。この場合、Y 方向の N 値 2.8 が、この柱の N 値となります。

図 3.2-11 耐力壁が直交する端部柱の N 値

考え方のアドバイス 3 　2階建ての計算例と2階の柱と1階の柱が揃っていない場合の考え方

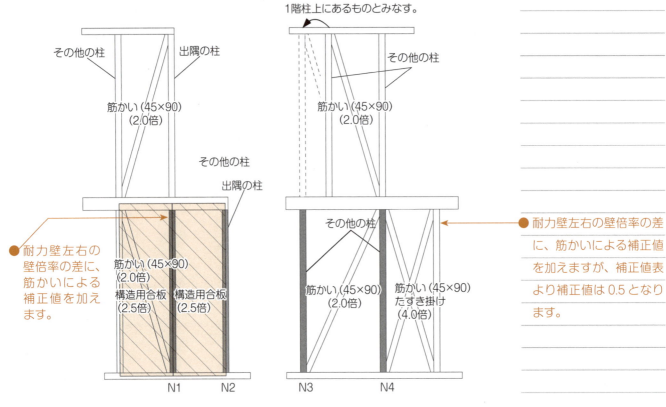

N1 = [{2.5+ (2.0-0.5)}-2.5] ×0.5+ (2.0+0.5) ×0.8-1.6=0.75+2.0-1.6=1.15
N2 = 2.5×0.8-0.4=1.6
N3 = (2.0-0.5) ×0.5+ (2.0+0.5) ×0.5-1.6=0.75+1.25-1.6=0.4
N4 = {(4.0-2.0) +0.5}×0.5+ (2.0-0.5) ×0.5-1.6=1.25+0.75-1.6=0.40

図 3.2-12 耐力壁が連続する場合の N 値

ひとりでやってみよう 9

N値計算を行います。

演習シート 16、17、18、19、20 ページを使用します。

求め方の手順
① A1、B1、A2、B2、L の値を求め、記入します。
② N 値を計算します。
③ 金物を選定します。

1 階 X0Y0 の柱を例に求め方を説明します

① A1、B1、A2、B2、L の値を求め、記入します。

1) 演習シート 16 ページの柱・壁位置図から 1 階 X0Y0 の柱を確認します。1 階 X0Y0 柱は、「2 階建ての 1 階の柱」ですので、演習シート 17 ページの「■その他の柱」の計算式（N＝A1 × B1 ＋ A2 × B2 － L）を用いて N 値を求めます。

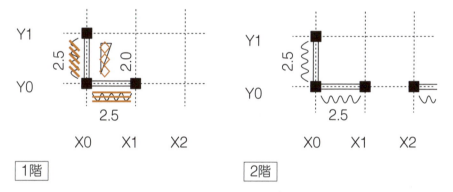

2) X0Y0 柱の X 方向について A1、B1、A2、B2、L を求めます。記入表（演習シート 18 ～ 20 ページ）に各値を記入します。記入表は、各柱ごとに上下 2 段になっています。上段は、X 方向の耐力壁が取り付く場合、下段は Y 方向の耐力壁が取り付く場合に使用します。

　イ）X0Y0 柱の X 方向には、片側に耐力壁（壁倍率 2.5）がありますので（図の ≡ です。）、A1 は、2.5 － 0 ＝ 2.5 となります。
　ロ）X0Y0 柱は隅柱ですので、B1 は、0.8 となります。
　ハ）上階の X0Y0 柱の X 方向の壁倍率の差も 2.5 － 0 ＝ 2.5 となりますので、A2 は 2.5 となります。
　ニ）上階の X0Y0 柱も隅柱なので、B2 は 0.8 となります。
　ホ）X0Y0 柱は出隅なので L は 1.0 となります。

memo

3）X0Y0 柱の Y 方向について 2）と同様に A1、B1、A2、B2、L を求めます。

イ）X0Y0 柱の Y 方向には、片側に耐力壁（壁倍率 2.5）と筋かいがあります（図中の ///// と、◇◇◇ です。）。X0Y0 柱と筋かいの関係は、P.69 ページの補正値表、柱脚部、45×90 に該当しますので A1 は（2.5 － 0）＋｛（2.0 － 0）－ 0.5｝＝ 4.0 となります。

ロ）X0Y0 柱は隅柱ですので、B1 は、0.8 となります。

ハ）上階の X0Y0 柱の Y 方向の壁倍率の差も 2.5 － 0 ＝ 2.5 となりますので、A2 は 2.5 となります。

二）上階の X0Y0 柱も隅柱なので、B2 は 0.8 となります。

ホ）X0Y0 柱は出隅なので L は 1.0 となります

階	耐力壁端部の柱		A1	B1	A2	B2	L	N	Nmax（X、Y軸方向のNの最大値）	接合金物
			X軸方向							柱頭部
			Y軸方向							柱脚部
2	X9	Y5	0.0	0.5			0.6	-0.60	-0.60	い
										い
2	X10	Y1							1.60	ほ
			2.5	0.8			0.4	1.60		ほ
2	X10	Y2							0.65	ろ
			2.5	0.5			0.6	0.65		通し柱
2	X10	Y4							0.65	ろ
			2.5	0.5			0.6	0.65		ろ
2	X10	Y5	2.5	0.8			0.4	1.60	1.60	ほ
			2.5	0.8			0.4	1.60		通し柱
1	X0	Y0	2.5	0.8	2.5	0.8	1.0	3.00	4.20	通し柱
			4.0	0.8	2.5	0.8	1.0	4.20		り
1	X0	Y1							2.15	と
			5.0	0.5	2.5	0.5	1.6	2.15		と

柱頭と柱脚の金物は同じものを使います。通し柱の場合は、2 階柱脚・1 階柱頭部は柱が連続していますので、金物は取り付きませんので、「通し柱」と記入します。

当該柱左右の壁倍率の差に、筋かいの場合は補正値を加えた値を記入します。そこで、4.5 でなく 4.0 になります。

当該柱が隅柱の場合は 0.8、隅柱以外の場合は 0.5 を記入します。

上階柱が隅柱の場合は 0.8、隅柱以外の場合は 0.5 を記入します。

上階柱左右の壁倍率の差に、筋かいの場合は補正値を加えた値を記入します。

当該柱の位置によって以下の値を記入します。平家建て、2 階建ての 2 階出隅の場合 0.4、その他の場合 0.6、2 階建ての 1 階の柱出隅の場合 1.0、その他の場合 1.6

2 N 値を計算します。

N 値を計算し、N の欄に結果を記入します。X 方向、Y 方向の N 値のうち大きい値を Nmax 欄に記入します。

3 金物を選定します。

Nmax 欄の値に対応した金物仕様を演習シート 17 ページの「■接合部の仕様」から選択して、い・ろ・は・…の記号で記入します。通し柱の場合は「通し柱」と記入します（柱頭と柱脚の金物は通し柱以外は同じでなければなりません。）。

1 階 X0Y0 柱以外の柱の計算をしてみましょう

memo

4 【基準法】 水平構面の役割とその重要性

　床や屋根を「水平構面」と呼びます。立方体は、6つの面で囲まれていますが、建物も同様に考えることができます。「水平構面」は、6面体の水平面に相当するものです。水平構面は、人や家具などの重量を支え、柱や壁に力を伝達する役割のほかに、地震力や風圧力など、建物に加わる水平力を、下階の耐力壁に伝える役割があります。

水平構面の規定

　床の強度・剛性は木造住宅の耐震性能を評価する上で、非常に重要です。特に、近年、その役割は高まっているといってもよいでしょう。その理由として、以下の4点をあげることができます。

① 壁量設計・偏心の確認は床が剛を前提としていること、

② 壁の倍率が高まったこと、

③ 吹抜けを設ける住宅が増えたこと、

④ 様々な仕様の床を用いるようになったこと、

　一方、現在の建築基準法の仕様規定には、床の強度・剛性に関する規定は多くない。「床組及び小屋ばり組には木板その他これに類するものを国土交通大臣が定める基準に従って打ち付け（施行令第46条第3項）」、という規定があるだけです[1]。しかし、火打ちの役割は時代とともに変わってきました。現在では、多くの場合、火打ちを設ける必要性は薄れています。

※1 平28国交告第691号で「木板その他これに類するもの」の基準が定められた。

　床の強度は、性能表示の評価方法基準や許容応力度計算では、計算で確認することが求められています。壁量設計では、前述のように、具体的な計算は求められていませんが、性能表示と同様な考え方で確認するか、あるいは、少なくとも、構造用合板を張って床の剛性を確保するように心がける、などの対応が必要です。

→参考資料「14.15　水平構面の重要性」を参照。

→参考資料「14.16　火打ち材のない仕様」を参照。

現代の床の仕様

　現在、床の仕様は大きな変化の中にあります。以前は、根太に荒板を釘打ちしたものが主流でしたが、その後、構造用合板が普及し、現在は、構造用合板の長辺は本ざねで、釘打ちしない構法が大勢を占めています。また、近年、24〜30mmの厚い合板を、小梁に直接釘打ちする構法が広がっています。根太を省略して、省力化を図ったものです。集成材を機械プレカットすることで、実現できた構法です。

memo

☕ コーヒーブレイク　火打ち材の配置例

施行令第46条3項では「床組み及び小屋ばり組みの隅角部」には火打ち材を設置することが記載されており、次に掲げる位置を参考にバランスよく設置することが必要です。

①火打ち土台
- 建物外周の出隅・入り隅部
- 土台と土台の交差部

②2階床火打ち
- 建物外周の出隅・入り隅部
- 1階壁上の梁の交差部
- 1階内壁と外壁の交差部

③小屋火打ち
- 建物外周の出隅・入り隅部
- 2階壁上の梁の交差部
- 2階内壁と外壁の交差部

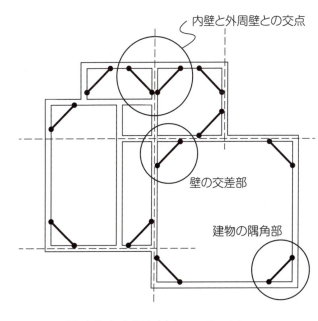

図 4.0-1 火打ち材の設置箇所例

大橋好光 齊藤年男、「木造住宅設計者のための構造再入門」P55、日経BP社、2007　より転載

5 【基準法】木材の品質、筋かいの品質

5.1 木材の品質（施行令第41条）

構造耐力上主要な部分に用いる木材の品質は節、腐れ、繊維の傾斜、丸身等による耐力上の欠点がないものでなくてはなりません。

5.2 筋かいの品質（施行令第45条）

原則として、筋かいには欠込みをしてはいけません。筋かいと間柱が交差する部分は間柱を欠込んでください。また、筋かいをたすき掛けにする場合でも交差部は欠込まないようにしてください。ただし、やむを得ず欠込まなければならない場合は補強をしなければなりません。

たすき掛け筋かいの交差部の補強方法例

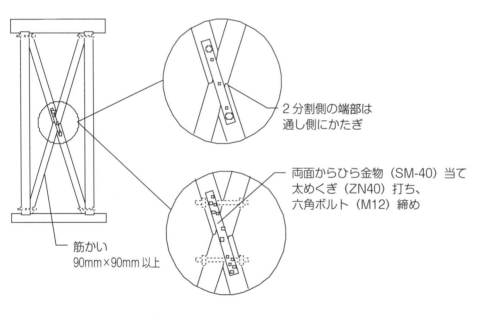

図5.2-1 たすき掛け筋かい交差部の補強方法例

日本建築学会「建築工事標準仕様書・同解説 JASS11 木工事」2005 より転載

6 【基準法】 柱の小径

6.1 柱の小径 (施行令第 43 条第 1 項)

　構造耐力上主要な部分である柱の小径は、建物の階数、屋根材や外壁材の仕様に応じて最低限の寸法が定められています。横架材相互間の距離に対する柱の小径の比率を表 6.1-1 に示します。

表 6.1-1　横架材相互間の距離に対する柱の小径の比率 (施行令第 43 条第 1 項の表)

柱 建築物		張り間方向又はけた行方向に相互の間隔が 10 メートル以上の柱又は学校、保育所、劇場、映画館、演芸場、観覧場、公会堂、集会場、物品販売業を営む店舗 (床面積の合計が 10 平方メートル以内のものを除く。) 若しくは公衆浴場の用途に供する建築物の柱		左欄以外の柱	
		最上階又は階数が一の建築物の柱	その他の階の柱	最上階又は階数が一の建築物の柱	その他の階の柱
(1)	土蔵造の建築物その他これに類する壁の重量が特に大きい建築物	22 分の 1	20 分の 1	25 分の 1	22 分の 1
(2)	(1) に掲げる建築物以外の建築物で屋根を金属板、石板、木板その他これらに類する軽い材料でふいたもの	30 分の 1	25 分の 1	33 分の 1	30 分の 1
(3)	(1) 及び (2) に掲げる建築物以外の建築物	25 分の 1	22 分の 1	30 分の 1	28 分の 1

6.2 柱の細長比（施行令第43条第6項）

> 構造耐力上主要な部分である柱の有効細長比（断面の最小二次半径に対する座屈長さの比をいう。以下同じ。）は、150以下としなければなりません。

これを式で表すと以下のようになります。

$$\frac{\ell_k}{i} \leq 150$$

i ：断面の最小二次半径（$\sqrt{\frac{I}{A}}$）

A ：柱の断面積（b×h）

I ：柱の断面二次モーメント $\frac{b \cdot h^3}{12}$

ℓ_k ：座屈長さ（木造の柱の場合は横架材間内法長さ）

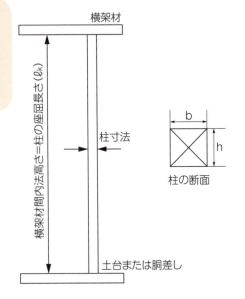

図6.2-1 柱の座屈長さ

ポイント1　柱の小径及び細長比

柱の小径及び細長比は、構造計算する場合には不要です。構造計算中で、柱の座屈計算を行うためです。

考え方のアドバイス1　計算を簡単にするために

計算を簡単にするため、柱の断面二次モーメント $I=\frac{b \cdot h^3}{12}$、柱の断面積 $A=b \cdot h$ として断面の最小二次半径に代入すると、$i=\sqrt{\frac{I}{A}}=\frac{h}{\sqrt{12}}$ となります。

これを $\frac{\ell_k}{i} \leq 150$ に代入すると、$\frac{\ell_k}{h} \leq 43.3$ となり、柱は通常の場合正方形（b＝h）ですから、柱の小径と柱長さの関係に整理することができます。

例えば、横架材間内法長さ＝269.5cm、柱寸法10.5cm×10.5cmとすると、

$\frac{269.5}{10.5}=25.67<43.3 \therefore OK$

ということになります[※1]。

※1

$$\frac{\ell_k}{i}=\frac{\ell_k}{\frac{h}{\sqrt{12}}}=\sqrt{12} \cdot \frac{\ell_k}{h}$$

$$\therefore \sqrt{12} \cdot \frac{\ell_k}{h} \leq 150$$

$$\frac{\ell_k}{h} \leq \frac{150}{\sqrt{12}}$$

$$\leq 43.3$$

$\therefore h=10.5 \rightarrow 454.6cm$ 以下
　$h=12.0 \rightarrow 519.6cm$ 以下

ひとりでやってみよう 10

柱の小径の検討を行います。

演演習シート3、21 ページを使用します。

求め方の手順
1. 柱の小径の確認を行います。
2. 細長比の確認を行います。

1階を例に求め方を説明します

1 柱の小径の確認を行います。

1) 横架材間距離を記入します。
   演習シート3ページで横架材間内法高さを確認し、演習シート21ページの「① 柱の小径（施行令第43条第1項）」に記入します。

2) 表6.1-1（P.81ページ）から、柱小径の横架材に対する割合を求めます。
   モデルプランは、表6.1-1 の、「建築物（3）」、「左欄以外の柱」、「その他の階の柱」に該当しますので、横架材間内法長さの28分の1以上であることがわかります。
   演習シート21ページに数値「28」を記入します。

3) 必要最小寸法を計算し、実際の柱の寸法と比較します。
   最小寸法を計算し、実際に使用する柱の寸法（□10.5cm×10.5cm）の妥当性を確認します。

$$1階 \quad \frac{横架材間距離(cm) \ 269.5}{28} = 9.625 < 柱の小径 \ 10.5 \ cm \quad 判定 \ \widehat{OK} \cdot NG$$

2 細長比の確認を行います。

1)「横架材間内法長さと断面最小二次半径」との関係式を「横架材間内法長さと柱小径」との関係に変換します。

   計算を簡単にするため、柱の断面二次モーメント $I = \frac{b \cdot h^3}{12}$、柱の断面積 $A = b \cdot h$ として断面の最小二次半径に代入すると、$i = \sqrt{\frac{I}{A}} = \frac{h}{\sqrt{12}}$ となります。

   これを $\frac{\ell_k}{i} \leq 150$ に代入すると、$\frac{\ell_k}{h} \leq 43.3$ となり、柱は通常の場合正方形ですから b=h なので、柱の小径と柱長さの関係に整理することができます。

2) 演習シート21ページに、「横架材間内法長さ」、「柱の小径」を記入します。
3) 細長比を算出し、妥当性を確認します。

2階の柱の小径の検討を行ってみましょう

| 考え方の アドバイス 2 | **吹抜けに面した通し柱に注意** |

　吹抜けに面した壁の中に通し柱を設置する場合、壁の方向（図のY方向）には胴差しが取り付くことから、柱の座屈長さは土台〜胴差し、胴差し〜軒桁となりますが、吹抜け方向（図のX方向）には通し柱の変形を拘束するものがないため、座屈長さは土台〜軒桁となりますので、注意してください。

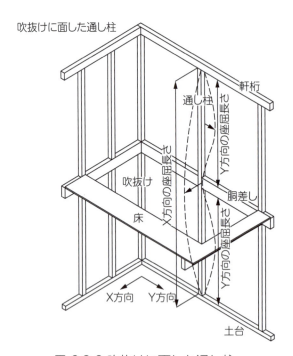

図 6.2-2 吹抜けに面した通し柱

一般の住宅の場合、柱の断面寸法ごとの最大柱長さを逆算すると表 6.2-1 になります。

表 6.2-1 施行令第 43 条第 1 項（柱の小径）、第 6 項 (柱の細長比) の最大柱長さ

		柱の小径（正方形断面とした場合の１辺の長さ [mm]）							
		90		105		120		135	
		最上階または階数が１の建築物	その他の階の柱	最上階または階数が１の建築物	その他の階の柱	最上階または階数が１の建築物	その他の階の柱	最上階または階数が１の建築物	その他の階の柱
（1）	土蔵造の建築物その他これに類する壁の重量が特に大きい建築物	2,250	1,980	2,625	2,310	3,000	2,640	3,375	2,970
（2）	（1）に掲げる建築物以外の建築物で屋根を金属板、石板、木板その他これらに類する軽い材料でふいたもの	2,970	2,700	3,465	3,150	3,960	3,600	4,455	4,050
（3）	（1）および（2）に掲げる建築物以外の建築物	2,700	2,520	3,150	2,940	3,600	3,360	4,050	3,780
施行令第 43 条第 6 項 柱の細長比の場合		3,897		4,546		5,196		5,845	

☕ コーヒーブレイク　柱の有効細長比の別解

柱の細長比を、そのまま計算すると以下のようになります。

検討する部材の寸法
　　柱の断面寸法を 10.5cm × 10.5cm、
　　柱の座屈長さを 269.5cm とすると、

準備計算
柱の断面積を求めます。 A=10.5 × 10.5=110.25cm^2

柱の断面二次モーメントを求めます。$I = \dfrac{10.5^4}{12} = 1012.9 \text{cm}^4$

これから断面の最小二次半径を求めます。

最小二次半径 $i = \sqrt{\dfrac{I}{A}} = \sqrt{\dfrac{1012.9}{110.25}} = 3.03\text{cm}$

これを、$\dfrac{\ell_k}{i} \leq 150$ に代入します。

$\dfrac{269.5}{3.03} = 88.94 \leq 150$　∴OK

となるのがわかります。

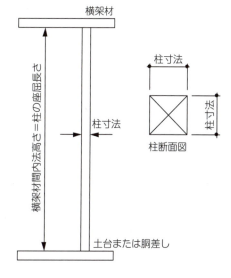

図 6.2-3 柱の断面と長さ

7【基準法】その他の仕様

7.1 断面欠損（施行令第43条第4項）

　柱を1/3以上欠き取る場合は、その部分を補強しなければなりません。
　梁や桁などの横架材の中央部付近の下部には耐力上支障のある欠込みをしてはいけません。

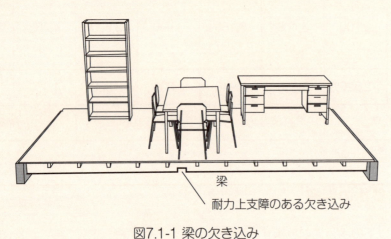

図7.1-1 梁の欠き込み

7.2 通し柱（施行令第43条第5項）

　2階建ての隅柱またはこれに準ずる柱は、通し柱としなければなりません。ただし、接合部（1階柱頭と胴差し、胴差しと2階柱脚）を通し柱と同等以上の耐力を有するように補強した場合にはこの限りではありません。

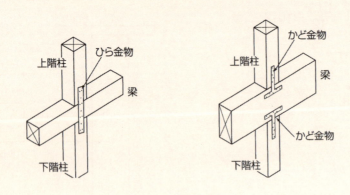

図7.2-1 柱の補強例[※1]

※1 「2015年版 建築物の構造関係技術基準解説書」

7.3 部材の品質（施行令第37条、第41条）

　構造耐力上主要な部分で特に腐食・腐朽・摩損のおそれのあるものには、腐食・腐朽・摩損しにくい材料を使用するか、有効なさび止め・防腐・摩損措置をした材料を用いなければなりません。（施行令第37条）

　また、構造耐力上主要な部分に用いる木材の品質は節・腐れ・繊維の傾斜・丸み等による耐力上の欠点がないものでなければなりません。（施行令第41条）

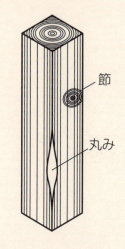

図7.3-1 部材の品質

7.4 耐久性・防腐措置（施行令第49条）

　木造の外壁のうち、鉄網モルタル塗その他軸組が腐りやすい構造である部分の下地には、防水紙その他これに類するものを使用しなければなりません。

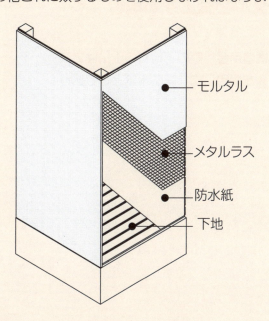

図7.4-1 モルタル外壁の防水紙規定

また、構造耐力上主要な部分である柱、筋かい及び土台のうち、地面から1メートル以内の部分には、有効な防腐措置を講ずるとともに、必要に応じて、しろありその他の虫による害を防ぐための措置を講じなければなりません。

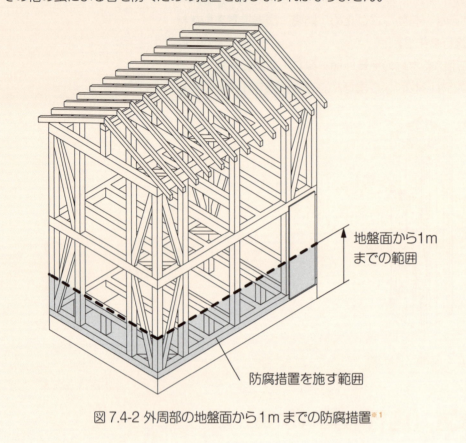

図 7.4-2 外周部の地盤面から1mまでの防腐措置[※1]

考え方のアドバイス 1　外壁下地材に直接モルタルを施工する場合

　外壁下地材に直接モルタルを施工する場合は、構造用合板等の下地材の上にはアスファルト系の防水シートを隙間なく張った上にラスを固定します。防水紙として透湿防水シートを使用しないでください。

※1 薬剤による「防腐処理」を強制するものではありません。近年は薬剤によらない措置も広まってきています。

8【基準法】基礎の設計

平12建告第1347号に基礎の仕様が規定されています。概要は以下の通りです。
構造計算する場合には不要です。

8.1 基礎の構造

建物の基礎の構造は地盤の許容応力度に応じて決定します。これを表8.1-1に示します。
また、この告示では基礎の種類別の仕様が規定されています。

表8.1-1 地盤の許容応力度と基礎の構造

地盤の長期に生ずる力に対する許容応力度（地盤改良後）	基礎の構造
20kN/m^2 未満	基礎ぐい
20kN/m^2 以上 30kN/m^2 未満	基礎ぐい、べた基礎
30kN/m^2 以上	基礎ぐい、べた基礎、布基礎

1) 木造の茶室、あずまや、延べ面積10m^{2}以内の建物を除く。
2) 地盤の長期に生ずる力に対する許容応力度が70kN/m^{2}以上の場合の木造建築物
　 等で、令第42条ただし書きの規定により土台を設けないものに用いる基礎を除く。
3) 門、塀等の基礎を除く

8.2 基礎ぐい

基礎ぐいの構造は表8.2-1のとおりとします。
　木造等（平家建てで延べ面積が50m^{2}以下を除く）で土台の下は一体の鉄筋コンクリート造の基礎ばりを設置することが求められます。

表8.2-1 基礎ぐいの構造

基礎ぐいの構造	仕様
場所打ちコンクリートぐい	(1) 主筋には異形鉄筋6本以上かつ帯筋と緊結 (2) 主筋の鉄筋比0.4%以上
高強度プレストレストコンクリートぐい	日本工業規格 A5337 − 1995 に適合するもの
遠心力鉄筋コンクリートぐい	日本工業規格 A5310 − 1995 に適合するもの
鋼管ぐい	杭の肉厚6mm以上かつ杭の直径の1/100以上

☕ **コーヒーブレイク** 　**基礎ぐいと地盤改良杭**

「基礎ぐい」と「地盤改良杭」は違います。
一般的な木造2階建て程度の建物では、地盤が軟弱な場合にソイルセメントコラムや鋼管を使った、「地盤改良工事」を行います。この方法は、一見すると杭のように見えますが、ことば通り「地盤改良」として用いているものがほとんどです。杭として建物荷重を直接支えるためには、表8.2-1の仕様を満たす材料を使うか、国土交通大臣の認定を取得した工法でなければなりませんので注意してください。

8.3 べた基礎

　一体の鉄筋コンクリート造とします。（地盤の長期に生ずる力に対する許容応力度が 70kN/m² 以上かつ密実な砂質地盤その他著しい不同沈下を生ずるおそれのない地盤にあり、基礎に損傷を生ずるおそれのない場合にあっては無筋コンクリート造とすることができます。）

　木造等の建築物の土台の下には連続した立ち上がり部分を設けます。

　立ち上がり部分の高さは地上部分で 30cm 以上、立ち上がり部分の厚さは 12cm 以上、底盤の厚さは 12cm 以上とします。

　根入れ深さは 12cm 以上かつ凍結深度以下とします。（基礎の底部が密実で良好な地盤に達して雨水等の影響を受けるおそれのない場合を除く）

表 8.3-1 鉄筋コンクリート造とする場合

立ち上がり部の主筋	異形鉄筋 12mm 以上を立ち上がりの上下端に 1 本以上設置。補強筋と緊結
立ち上がり部の補強筋	径 9mm 以上の鉄筋を間隔 30cm 以下で縦に設置
底盤補強筋	径 9mm 以上の鉄筋を間隔 30cm 以下で縦横に設置
換気口	周辺を径 9mm 以上の鉄筋で補強

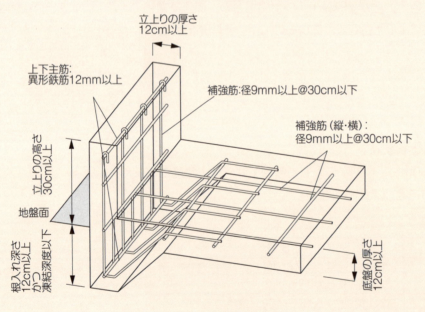

図 8.3-1 べた基礎配筋例

8.4 布基礎

1) 一体の鉄筋コンクリート造とします。（地盤の長期に生ずる力に対する許容応力度が 70kN/m² 以上かつ密実な砂質地盤その他著しい不同沈下を生ずるおそれのない地盤にあり、基礎に損傷を生ずるおそれのない場合には無筋コンクリート造とすることができます。）
2) 木造等の建築物の土台の下には連続した立ち上がり部分を設けます。
3) 立ち上がり部分の高さは地上部分で 30cm 以上、立ち上がり部分の厚さは 12cm 以上、底盤の厚さは 15cm 以上とします。
4) 根入れ深さは 24cm 以上かつ凍結深度以下とします。（基礎の底部が密実で良好な地盤に達して雨水等の影響を受けるおそれのない場合を除く）

表 8.4-1 地盤の許容応力度と底盤の幅（基礎ぐいを用いた場合以外）

地盤の長期に生ずる力に対する許容応力度	木造等 平家建て	木造等 2階建て	その他の建築物
30kN/m² 以上 50kN/m² 未満	30	45	60
50kN/m² 以上 70kN/m² 未満	24	36	45
70kN/m² 以上	18	24	30

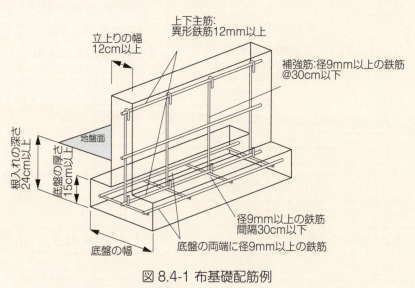

図 8.4-1 布基礎配筋例

大橋好光 齊藤年男、「木造住宅設計者のための構造再入門」P82、日経 BP 社、2007 より転載

☕ コーヒーブレイク　鉄筋の告示仕様と実際

国土交通省告示では最低限守らなければならない基礎の仕様が例示されています。例えば異形鉄筋に径が 12mm という規格はありませんので、実際には D13 が最低仕様となります。基礎は建物の重量を地盤に伝える重要な役割をしていますので、余裕を持った仕様を心がけましょう。

第2章
品確法・性能表示による設計

この章では、品確法・性能表示における安全を確認する方法のうち、基準法・仕様規定に加えて新たに検討しなければならない項目について解説します。

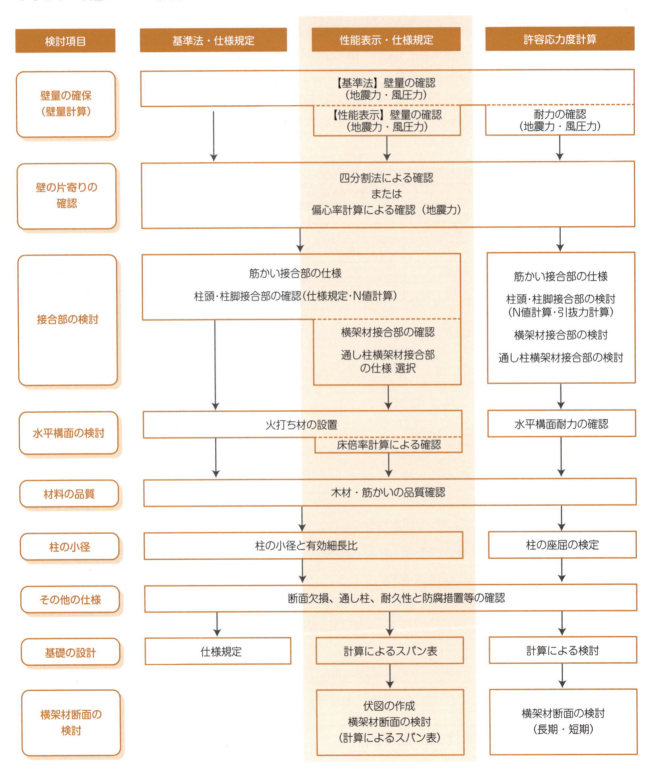

9 【性能表示】壁量計算

　性能表示制度で、等級を判定するための評価方法を「評価方法基準」と言います。そして、それには、前述のように、仕様規定による方法と構造計算による方法があります。2階建てまでは、一般に、仕様規定による方法を用います。

　その仕様規定の評価基準には、基準法の仕様規定と同様の、壁量設計が含まれています。ただし、その壁量設計は、基準法と内容が少し異なっていて、やや複雑なものになっています。それは、第一には、性能表示制度が、最低基準である基準法よりも、上の性能を表示するものだということです。そのために、できるだけ正確に判定できるものでなければならなかったということです。そして、第二には、性能表示は任意の制度で、しかも、新しくできた制度なので、基準法の壁量設計を改訂するときのように、継続性にとらわれることなく、基準法壁量設計で課題とされる点に、改良を加えることができたのです。

　まず、性能表示の壁量設計でも、必要壁量があります。性能表示の必要壁量は、地震は等級2と等級3、強風には等級2があります。ちなみに、等級1は、地震も強風も、基準法を満足したレベルのことです。ですから、混乱しやすいのは、等級1は、基準法の必要壁量を満足していればよく、等級2や等級3になると、性能表示の壁量を満足しなければならないということです。

※1　長期優良住宅の認定には、耐震等級2以上が求められます。

地震力用係数

　性能表示の地震に対する評価項目にも、「中地震に対する損傷防止」と「大地震に対する倒壊等防止」の2つの項目があります。しかし、基準法仕様規定の壁量と同様に、その両方を満足するように、一つの地震力用係数が与えられています。これを、表9.0-1に示します。前述のように、精度を高めるため、基準法の壁量設計の地震力用係数より複雑な式になっています。

　必要壁量には、基準法の壁量設計と比べると、大きく以下の4点が改良されています。

　まず、想定する建物の重さを見直しています。前述のように、地震力は建物の重さに比例しますので、とても重要です。基準法の地震力用係数が前提としている建物の重さは、現代の実際の建物よりもやや軽い値を採用しているとされています。そこで、表9.0-2のように、それをできるだけ実状に合わせて、壁量を求め直しています。結果的に、基準法の仕様規定よりも、必要壁量が増えることになります[※2]。

※2　「14.14 基準法と性能表示の壁量」を参照。

表9.0-1　性能表示（等級2）の地震力用係数（cm/m²）

		一般地域	多雪区域		
			積雪深1m	1～2m	積雪深2m
軽い屋根	1階	$45 \cdot K_1 \cdot Z$	$(45 \cdot K_1 + 16) \cdot Z$	直線補間	$(45 \cdot K_1 + 32) \cdot Z$
	2階	$18 \cdot K_2 \cdot Z$	$34 \cdot K_2 \cdot Z$		$50 \cdot K_2 \cdot Z$
重い屋根	1階	$58 \cdot K_1 \cdot Z$	$(58 \cdot K_1 + 16) \cdot Z$		$(58 \cdot K_1 + 32) \cdot Z$
	2階	$25 \cdot K_2 \cdot Z$	$41 \cdot K_2 \cdot Z$		$57 \cdot K_2 \cdot Z$

$K_1 = 0.4 + 0.6 R_f$　$K_2 = 1.3 + 0.07/R_f$　R_f=2階床面積/1階床面積　Z:地震地域係数

表9.0-2　地震力用係数の前提としている建物の重さ（N/m²）

	建築基準法（1981年以降）	性能表示
軽い屋根	588	931
重い屋根	882	1,274
壁	588	外壁　735 内壁　196
床	490	588
積載	588	588

第2は、積雪荷重を考慮したことです。基準法・壁量設計の必要壁量には、多雪区域でも積雪による壁量の割り増しがありません。地震力は、建物の重さに比例しますから、雪が積もっている建物では、その分、地震力が大きくなります。性能表示の壁量設計では、それを改良して取り入れています。したがって、多雪区域では、基準法の必要壁量よりも大きくなります。

　第3は、部分2階建てにおける地震力の違いを取り入れたことです。図9.0-1のように、部分2階建ての場合、1階の支えている荷重は、総2階建てよりも小さいので、1階の必要壁量は総2階建てよりも小さくてよいことになります。また逆に、図9.0-2のように、部分2階建ての2階部分は、その重量が小さいので、総2階建てよりも大きく振られる可能性があります。面積あたりの地震力では、大きくなる可能性があります。そうした影響を考慮できる計算式としています。ちなみに、基準法の壁量設計の地震力用係数は、総2階建てを想定して作られています。

　　　図9.0-1 総2階建てと部分2階建て　　　　　図9.0-2 総2階建てと部分2階建ての揺れ

　第4は、地震地域係数の考え方を取り込んでいることです。これは、構造計算の場合には考慮することになっている係数で、地震の活動度を考慮した係数です。図9.0-3のように、一般に、地震の多い東日本は1.0で、北日本や、西日本・九州ではそれよりも小さくなります。ちなみに、基準法の壁量設計の地震力用係数は、安全側になるように、1.0を採用していると言われています。

　また、必要壁量は、「地震力用係数×床面積」で求めますが、床面積の求め方も基準法壁量設計の場合とやや異なっています。図9.0-4のように、基準法地震力用係数の場合には、その階の基準法上の床面積を採用していますが、性能表示では、むしろ上を向いたときの面積を採用することにしています。これは図9.0-5のように、当該階より上の重量による地震力を、その階の壁が負担しているからです。たとえば、吹抜けは、基準法上は、面積がありませんが、吹抜けであっても一般の床でも、同じように屋根はあります。2階の壁は屋根の重さによる地震力を負担するので、床がある場合と同じとする方が正確です。より力学に基づいた方法と言えます。以上のように、性能表示の必要壁量算定用の床面積は、基準法上の床面積とは異なります。

　また、図9.0-6のように、バルコニーや柱で支えられた屋根などの自重も考慮することとし、その算入方法が示されています。簡便な方法ですが、実際にかかってくる地震力は算入されるように、改良されています。

　これらの結果、基準法必要壁量に比べ、計算式はやや複雑になりましたが、構造計算を行った場合に近い必要耐力を求めることができるようになりました。

図 9.0-3 地震地域係数

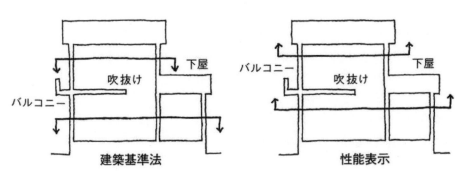

図 9.0-4 床面積の取り方

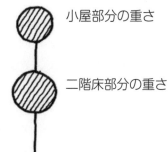

図 9.0-5 建物のモデル化

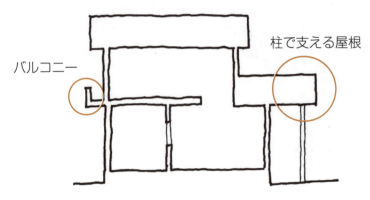

図 9.0-6 バルコニーや柱で支えられた屋根

風圧力用係数

　性能表示の風圧力用係数は、表 9.0-3 のように、基準風速に応じて設定されています。耐風等級は、等級 2 のみが設定されています[※1]。耐風等級 2 は、基準法レベルの 1.2 倍の耐力を有するものとされています。基準法の必要壁量における風圧力用係数は、特に行政庁が定めた場合を除いて、一律 50cm/m^2 です。

表 9.0-3　性能表示（耐風等級 2）の風圧力用係数（抜粋）

等級2	V0の数値					
	30m	32m	34m	36m	38m	40m
	53	60	67	76	84	93

V0:基準風速（m）

　「基準風速」とは、その地域で、予想される最大平均風速のことで、強い台風が頻繁にくる地域では大きな値となります。構造計算する場合には、風圧力は、「速度圧」に、「風力係数」、および「見つけ面積」を乗じて求めます。そして、そのうちの「速度圧」は風速の 2 乗に比例します。したがって、基準風速は、風圧力を求める際の最も重要な、かつ基本的な値です。そこで、性能表示の壁量設計では、この基準風速ごとに、見つけ面積に乗ずる係数を定めています。つまり、風圧力の地域係数を採用したことになります。

　なお、この性能表示の、「風圧力用係数」は、構造計算における風圧力の算定方法を用いて、建物を 2 階建て、屋根の平均高さ 7.1m、などの仮定の下で算出したものです。それによると、この「見つけ面積に乗ずる係数（風圧力用係数）」は、概ね基準風速が 32m/ 秒を超える地域では、基準法・壁量設計における値を上回っています。すなわち、それらの地域では、基準法よりも多くの壁が必要だということになります。そして、性能表示の耐風等級 2 の「風圧力用係数」は、そのようにして求めた数値を 1.2 倍したものです[※2]。

※1 再現期待値が風と地震で異なるためです。地震は、再現期間を長くとると、大きな地震になりますが、台風は、50年に一度の台風も500年に一度の台風もそれほど違わないためです。

※2 表 9.0-3 を 1.2 で割ってみると、32m/ 秒の地域が 60/1.2 = 50 で基準法の 50cm と同じであることが分かります。

計算ルートの整理

性能表示制度では、基準法の仕様規定に加えて下記右側の項目についてのチェックが必要となっています。以下の章では、性能表示必要壁量、性能表示存在壁量、水平構面耐力、横架材接合部と通し柱横架材接合部の項目について、解説します。

なお、基礎の設計については、本書では扱っていません。

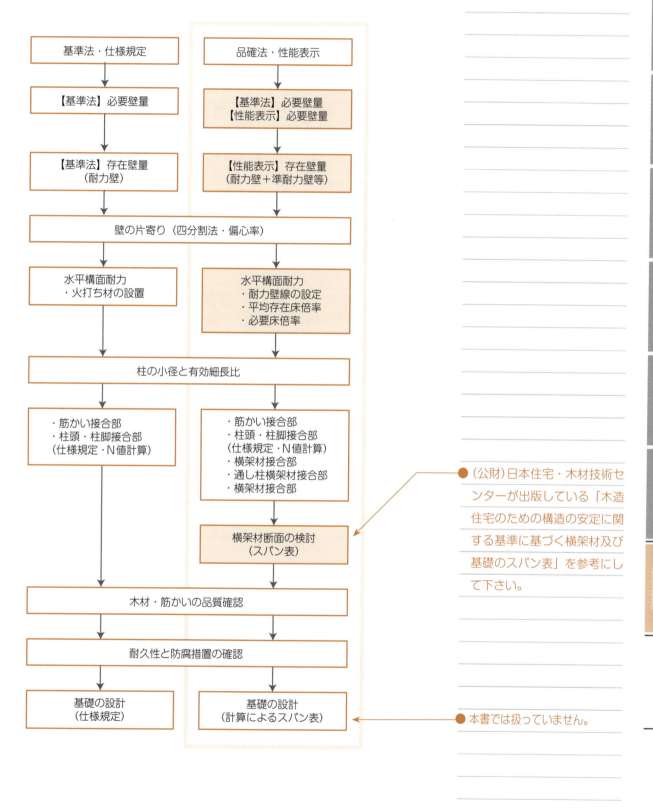

● (公財)日本住宅・木材技術センターが出版している「木造住宅のための構造の安定に関する基準に基づく横架材及び基礎のスパン表」を参考にして下さい。

● 本書では扱っていません。

9.1 性能表示 地震力に対する必要壁量の算定

品確法の性能表示制度における、地震力に関する必要壁量の計算は、下式で求めます。

> 性能表示地震力用必要壁量 ＝ 性能表示用床面積 × 性能表示地震力用係数

1階性能表示用床面積（S1）＝基準法床面積＋ポーチ面積＋オーバーハング部水平投影面積＋（バルコニー面積×0.4）
2階性能表示用床面積（S2）＝基準法床面積＋吹抜け面積

※性能表示の壁量計算用床面積は、基準法に規定された床面積に1階では2階のオーバーハング面積と玄関ポーチ面積、バルコニー面積の40％を、2階では吹抜け面積を加えた値となります。

※S1、S2の面積は壁位置で水平に切ったとして、その切り口から上を見上げたときの上方への投影面積となります。

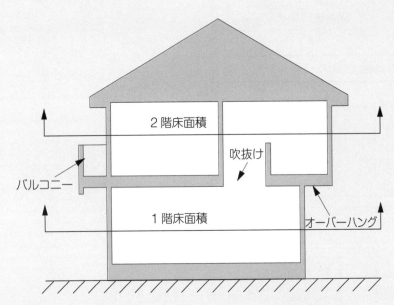

図9.1-1 性能表示用床面積の考え方

性能表示地震力用係数は以下の手順で求めます。

(1) 2階床面積の1階床面積に対する割合（R_f）を求めます。

$$R_f = \frac{2階壁量計算用床面積（S2）}{1階壁量計算用床面積（S1）}$$

(2) 係数 K_1、K_2 を求めます。

この係数は、2階床面積の1階床面積に対する割合が、建物の構造上の特性に与える影響を表す係数で、次式により求めます。

$$K_1 = 0.4 + 0.6 \times R_f$$

$$K_2 = 1.3 + \frac{0.07}{R_f} \qquad [R_f < 0.1 の場合は K_2 = 2.0]$$

(3)性能表示地震力用係数を求めます。

　性能表示制度では、目標とする等級に応じて、一般地域では表9.1-1、多雪区域では表9.1-2に示す式を用いて必要壁量を求めます。

表9.1-1 一般地域の地震に関する性能表示地震力用係数計算式

屋根の仕様			等級2	等級3
平家		軽い屋根	$18 \cdot Z$	$22 \cdot Z$
		重い屋根	$25 \cdot Z$	$30 \cdot Z$
2階建	1階	軽い屋根	$45 \cdot K_1 \cdot Z$	$54 \cdot K_1 \cdot Z$
		重い屋根	$58 \cdot K_1 \cdot Z$	$69 \cdot K_1 \cdot Z$
	2階	軽い屋根	$18 \cdot K_2 \cdot Z$	$22 \cdot K_2 \cdot Z$
		重い屋根	$25 \cdot K_2 \cdot Z$	$30 \cdot K_2 \cdot Z$

表9.1-2 多雪区域の地震に関する性能表示地震力用係数の計算式

		屋根の仕様	等級2	等級3
平屋	最深積雪量＝1m	軽い屋根	$34 \cdot Z$	$41 \cdot Z$
		重い屋根	$41 \cdot Z$	$50 \cdot Z$
	最深積雪量＝1.5m	軽い屋根	$42 \cdot Z$	$50.5 \cdot Z$
		重い屋根	$49 \cdot Z$	$59.5 \cdot Z$
	最深積雪量＝2m	軽い屋根	$50 \cdot Z$	$60 \cdot Z$
		重い屋根	$57 \cdot Z$	$69 \cdot Z$
2階建て	最深積雪量＝1m	1階 軽い屋根	$(45 \cdot K_1 + 16) \cdot Z$	$(54 \cdot K_1 + 20) \cdot Z$
		1階 重い屋根	$(58 \cdot K_1 + 16) \cdot Z$	$(69 \cdot K_1 + 20) \cdot Z$
		2階 軽い屋根	$34 \cdot K_2 \cdot Z$	$41 \cdot K_2 \cdot Z$
		2階 重い屋根	$41 \cdot K_2 \cdot Z$	$50 \cdot K_2 \cdot Z$
	最深積雪量＝1.5m	1階 軽い屋根	$(45 \cdot K_1 + 24) \cdot Z$	$(54 \cdot K_1 + 29.5) \cdot Z$
		1階 重い屋根	$(58 \cdot K_1 + 24) \cdot Z$	$(69 \cdot K_1 + 29.5) \cdot Z$
		2階 軽い屋根	$42 \cdot K_2 \cdot Z$	$50.5 \cdot K_2 \cdot Z$
		2階 重い屋根	$49 \cdot K_2 \cdot Z$	$59.5 \cdot K_2 \cdot Z$
	最深積雪量＝2m	1階 軽い屋根	$(45 \cdot K_1 + 32) \cdot Z$	$(54 \cdot K_1 + 39) \cdot Z$
		1階 重い屋根	$(58 \cdot K_1 + 32) \times Z$	$(69 \cdot K_1 + 39) \cdot Z$
		2階 軽い屋根	$50 \cdot K_2 \cdot Z$	$60 \cdot K_2 \cdot Z$
		2階 重い屋根	$57 \cdot K_2 \cdot Z$	$69 \cdot K_2 \cdot Z$

　性能表示制度の評価方法基準では、積雪量1mと2mの計算式が規定されています。その間の積雪量の計算は1mの必要壁量と2mの必要壁量を直線的に補間した値とすることになっています。表9.1-2では1.5mを例示しています。

memo

※ Zは地震地域係数で、昭55建告第1793号第1に定められた表から選択します。

※ 多雪地方においては、屋根に雪止めが無く、かつその勾配が20度を超える住宅、または雪下ろしの慣習のある地方の住宅では、基準法に定める構造計算と同様に施行令86条第4項、第6項の垂直積雪量を適用し、積雪荷重を低減することができます。

☕ コーヒーブレイク　R_f と K_1、K_2 の関係

　R_f は1階の床面積に対する2階の床面積の比ですから、総2階が最大で1.0となります。

　K_1 は、R_f が大きい（総2階に近い）ほど大きくなり、結果として1階の必要壁量が多くなります。これとは逆に K_2 は、R_f が小さいほど大きい値となり、2階の必要壁量が多くなる事がわかります。

ひとりでやってみよう 11

地震力に対する必要壁量を求めます。

演習シート1、8ページを使用します。

求め方の手順

1. 地震に関する性能表示地震力係数の計算式を確認します。
2. 性能表示用床面積を求めます。
3. R_f、K_1、Z を求め、性能表示地震力用係数を求めます。
4. 性能表示地震力用必要壁量を求めます。

1階を例に求め方を説明します

1 地震に関する性能表示地震力用係数の計算式を確認します。

モデルプランは、一般地域、重い屋根に該当します。耐震等級3を取得するための、2階建ての1階の性能表示地震力用係数の計算式は、P.99ページの表 9.1-1 から、「69・K_1・Z」となることがわかります。

2 性能表示用床面積を求めます。

地震力計算用床面積を求めます（P.98ページの計算式を参照してください）。

吹抜け面積 ＝ $\boxed{0.91}$ × $\boxed{0.91}$ ＝ $\boxed{0.83}$ m² （小数第3位切り上げ）

バルコニー面積 ＝ 0.91 × $\boxed{2.73}$ ＝ $\boxed{2.49}$ m² （小数第3位切り上げ）

1階床面積（S1）＝ $\boxed{41.41}$ ＋ $\boxed{2.49}$ × 0.4 ＝ $\boxed{42.41}$ m²

2階床面積（S2）＝ $\boxed{38.11}$ ＋ $\boxed{0.83}$ ＝ $\boxed{38.94}$ m²

3 R_f、K_1、Z を求め、性能表示地震力用係数を求めます。

R_f、K_1 を求めます（P.98ページを参照してください）。

$$R_f = \frac{S2}{S1} = \frac{38.94}{42.41} = 0.919$$

$K_1 = 0.4 + 0.6 × \boxed{0.919} = \boxed{0.952}$ 。

Z は地震地域係数で、昭55建告第1793号から求めます。モデルプランでは 1.0 とします（P.12ページを参照してください。）。

演習シート8ページ下段の表（●性能表示　必要壁量（耐震等級3、耐風等級2）の表の左側、「地震力に対して」、「1階」）に、上記で求めた K_1、Z を記入し、性能表示地震力用係数を求めます。

100

4 性能表示地震力用必要壁量を求めます。

床面積と、性能表示地震力用係数を記入し地震力に対する必要壁量を求めます。

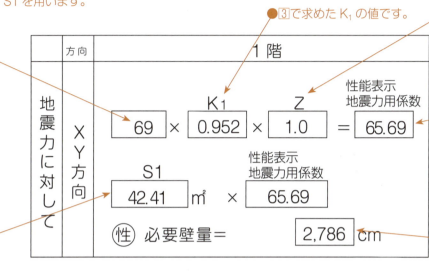

- 一般地域、2階建ての1階、重い屋根、等級3の計算式 $69 \times K_1 \times Z \times S_1$ を用います。
- ③で求めた K_1 の値です。
- 地震地域係数で、昭55 建告第1793号から求めます。
- 水平構面の検定において $69 \times K_1 \times Z$ 値を使うことから、ここで「性能表示地震力用係数」として計算しておきます。
- ②で求めた1階床面積を記入します。
- 結果は小数点以下を切り上げます。

2階の必要壁量を求めてみましょう

9.2 性能表示 風圧力に対する必要壁量の算定

品確法における、耐風等級は等級1と2のみです。等級1は基準法レベルなので、前章を参照してください。ここでは等級2の計算方法を説明します。
等級2の風圧力に関する必要壁量の計算は、下式で求めます。

> **性能表示風圧力用必要壁量 ＝ 見つけ面積×性能表示風圧力用係数**

見つけ面積は基準法の必要壁量算出に使った見つけ面積と同じ値で良く、その階の床面から1.35mまでの部分の面積を減じたものです。
性能表示制度における、性能表示風圧力用係数は下表から、その地域の基準風速（V0）（平12建告第1454号第2）に応じた値を選択します。

表9.2-1 性能表示（耐風等級2）風圧力用係数　　　　　　　　　　（cm/m²）

等級2	V0=30の地域	V0=32の地域	V0=34の地域	V0=36の地域	V0=38の地域	V0=40の地域	V0=42の地域	V0=44の地域	V0=46の地域
	53	60	67	76	84	93	103	113	123

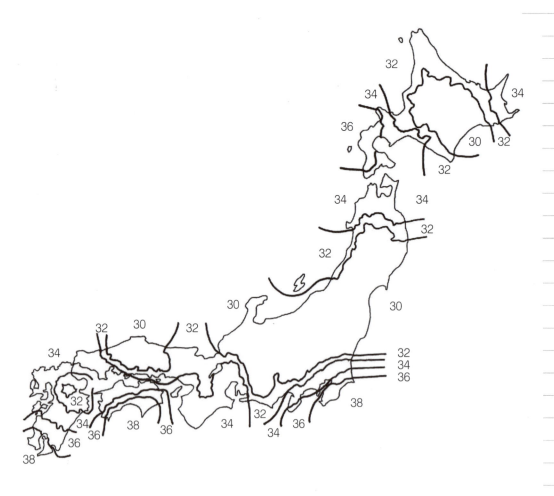

図9.2-1 基準風速（m/秒）

ひとりでやってみよう 12
風圧力に対する必要壁量を求めます。

演習シート 7、8 ページを使用します。

求め方の手順
1. 建物の見つけ面積を求めます。
2. 性能表示風圧力用係数を求めます。
3. 風圧力に対する必要壁量を求めます。

1 階を例に求め方を説明します

1 建物の見つけ面積を求めます。

　　見つけ面積は、基準法の壁量設計で求めた見つけ面積と同じです。演習シート 7 ページに記入しました。演習シート 8 ページの下段の表（●性能表示　必要壁量（耐震等級 3、耐風等級 2）の「風圧力に対して」、「1 階」、「X 方向」、「Y 方向」に、見つけ面積記入します。

2 性能表示風圧力用係数を求めます。

　　P.12 ページで、モデルプラン建設予定値の基準風速を確認します。基準風速に応じた性能表示風圧力用係数を P.102 ページの表 9.2-1 から求めます。演習シート 8 ページの下段に記入します。

memo

③ 風圧力に対する必要壁量を求めます。

必要壁量を算出します。

- X（南北）方向の必要壁量を求める時はY（東西）面の見つけ面積を使用します。基準法と同じ値です。
- 表9.2-1より、地域の基準風速に応じた風圧力用係数を選択します。ここでは東京23区でV0=34の値を選択しています。
- 小数点以下を切り上げます。
- X・Y方向それぞれについて求めます

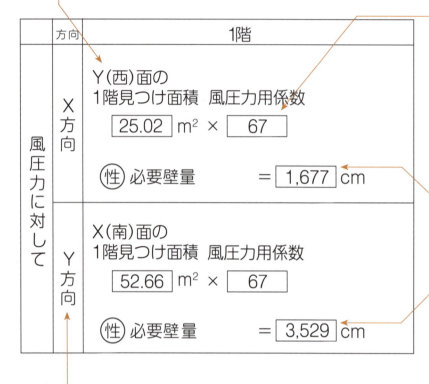

方向		1階
風圧力に対して	X方向	Y（西）面の1階見つけ面積　風圧力用係数 25.02 m² × 67 性 必要壁量 ＝ 1,677 cm
	Y方向	X（南）面の1階見つけ面積　風圧力用係数 52.66 m² × 67 性 必要壁量 ＝ 3,529 cm

2階の必要壁量を求めてみましょう

9.3 性能表示 存在壁量の算定

memo

性能表示で考慮する耐力要素

性能表示の存在壁量は、基準法の壁量設計と同様に、それぞれの壁の（壁倍率×壁長さ）を求め、それらを梁間方向・桁行方向毎に合計して算出します。

性能表示の存在壁量の算定で、基準法の壁量設計壁量と異なるのは、いわゆる耐力壁に加えて、「準耐力壁等」も評価できることです。ここでいう「耐力壁」とは、基準法の壁量設計で考慮することのできる壁のことで、いわゆる「壁倍率」を有している壁のことです。

性能表示では、これに加えて、「準耐力壁等」を加えることができます。「準耐力壁等」とは、石こうボードなどの面材壁について、耐力壁としての仕様（釘の打ち付け方法など）は満足していないが、一定の耐力が期待できる仕様の壁を、あたかも耐力壁と同様に扱うというものです。ちなみに、この準耐力壁等は、許容応力度計算でも、耐力を有する壁として、計算に算入することができます。

「準耐力壁等」を算入することができるのは、以下のような理由によっています。

阪神淡路大震災の被害調査や、その後行われた実物大振動台実験で、耐力壁以外の壁（これを、「雑壁」と呼びます。）の重要性が明らかになりました。基準法では、「雑壁」を非耐力としていますが、実際には、木造建物全体の 30 ～ 50% の性能を負担していることが分かってきました。そこで、それらの耐力を適切に見積もらないと、建物全体の耐力を正確に評価できないことになります。

以上のような結果を受けて、性能表示では、等価的に耐力壁とみなせる仕様のものを耐力壁と同等に扱うことにしたものです。

→参考資料「14.9　建物の重量と雑壁の耐力」を参照

準耐力壁等

「準耐力壁等」には、大きく 2 つのものがあります。「準耐力壁」と「垂れ壁・腰壁」です。これらを合わせて「準耐力壁等」と呼びます。これらはいずれも、壁倍率のある耐力壁と比べると、①面材が横架材まで達していない、②釘打ちの方法・個所が耐力壁の仕様を満足していない、などのために耐力壁とは認められていません。

①については、例えば、内装下地の石こうボードは、土台から横架材（胴差しや桁）まで張られて、所定の釘の仕様で打たれたものは、耐力壁として考えることができます。しかし、一般には、内装下地の面材は、天井の高さまでしか張られていません。そのため、非耐力とされてきました。しかし、これらの壁は、一定以上の高さがあれば、概ね壁の高さに比例して耐力を発揮できることが、実験で確認されています。

また、垂れ壁や腰壁の場合も、壁を張った部分の高さの比（これを、開口係数と呼ぶことがあります。）を乗じることで、耐力を推定できることが分かってきました。そこで、これを考慮してもよいこととしたものです。

なお、「垂れ壁・腰壁」の場合は、図 9.3-1 のように、開口を挟んで、両側に準耐力壁等があることが耐力算定の条件となります。これは、垂れ壁や腰壁脇の柱で、無開口の壁がない柱では、まぐさや窓台のところで柱が曲げ破壊を起こしてしまうためです[※]。

※図 9.3-1 の○印個所

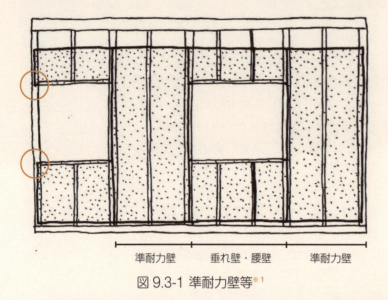

図 9.3-1 準耐力壁等[※1]

　②について、基準法の耐力壁では、釘の種類や間隔が定められています。また、面材の四周に釘打ちすることが求められています。しかし、一般的な雑壁（内壁の下地壁など）では、釘の仕様（種類、間隔）がバラバラな上に、一般に、図 9.3-2 のように、釘は縦方向にのみ打たれています。（このような打ち方を、「川の字打ち」と呼ぶことがあります。）この結果、打たれている釘の本数は、「四周打ち」に比べ 7 割程度に減っており、それに応じて耐力も低下します。性能表示の準耐力壁の壁量計算では、この「四周打ち」に対する「川の字打ち」の低下を、やや安全側に評価して、低減係数として 0.6 を乗じることとしています。

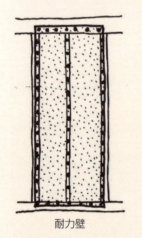 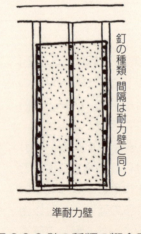 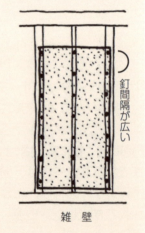

図 9.3-2 壁の種類の概念図

　なお、注意すべきことは、これまでのいわゆる「雑壁」が、そのまま準耐力壁になるわけではないということです。「川の字打ち」になりますが、釘の種類と間隔は耐力壁と同様の仕様でなければなりません。
　→参考資料「14.14　基準法と性能表示の壁量」を参照

※1 左端の垂れ壁・腰壁部分は「両側に準耐力壁等があること」を満足していないため、「垂れ壁・腰壁」として耐力を見込むことはできません。

9.3.1 準耐力壁の種類と倍率

■準耐力壁、垂れ壁・腰壁の考え方

　性能表示制度の評価方法基準では基準法で定められた耐力壁の他に、「準耐力壁等」を耐力要素として算入することができます。ここで、準耐力壁と垂れ壁・腰壁を「準耐力壁等」と呼びます。

　「準耐力壁」とは、耐力壁面材の上下が横架材まで達しない壁のうち、以下の条件を満たすものをいいます。

① 表9.3-1で定められた材料を用いていること[※1]。
② 材料の上下が横架材や枠材に釘打ちされていなくても良いが、柱・間柱、縦枠材に釘打ちされていること。
③ 材料が直接軸組に釘打ちされていること。（重ね張りの上側の面材および真壁は認められない）
④ 最小幅は90cm以上
⑤ 材料の張り高さが一続きで、横架材間内法寸法の80%以上であること。

※1 性能評価機関で認定を取得すれば、表以外の材料も使用することができます。

※2 ここでいう「基準倍率」は、基準法での「壁倍率」と同じ数値です。

表9.3-1 準耐力壁等として使うことのできる材料と基準倍率[※2]

種類		材料		最低厚さ(mm)	釘打ちの方法		基準倍率
					種類	最大間隔	
木摺り					―	―	0.5
大壁	軸組に釘打ち	構造用合板	屋外壁等で耐候措置なし	特類7.5	N50	15(cm)	2.5
			屋外壁等で耐候措置あり	特類5			
			上記以外	5			
		パーティクルボード		12			
		構造用パネル		5			
		石こうボード（屋内壁）		12	GNF40またはGNC40		0.9

「垂れ壁・腰壁」は、以下の要件を満たすものをいいます。

① 表9.3-1で定められた材料を用いていること。
② 材料の上下が横架材や枠材に釘打ちされていなくても良いが、柱・間柱、縦枠材に釘打ちされていること。
③ 材料が直接軸組に釘打ちされていること。（重ね張りの上側の面材および真壁は認められない）
④ 最小幅は90cm以上
⑤ 材料の張り高さが一続きで、横架材間内法寸法の80%未満しかないもの、およびその組み合わせ。
⑥ 両側に同種の木ずりまたは面材の耐力壁または準耐力壁があること
⑦ 一続きの材料の張り高さが36cm以上であること。
⑧ 一続きの材料の横幅が90cm以上2m以下であること。

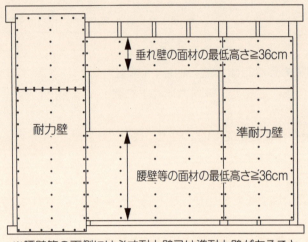

※腰壁等の両側には必ず耐力壁又は準耐力壁があること。

図 9.3-3 垂れ壁・腰壁

大橋好光 齊藤年男、「木造住宅設計者のための構造再入門」P103、日経 BP 社、2007　より転載

ポイント 1

　表 9.3-1 以外の面材は準耐力壁にはなりません。また、面材は同じでも、釘の種類・間隔が異なる場合も準耐力壁にはなりません。

　面材端部が入り隅にかかる部分は、面材を直接軸組に打ち付けられない場合がありますが、3cm × 4cm 以上の受け材を N75 @ 300 以内で打ち付けたものに取り付ければ準耐力壁と見なせます。

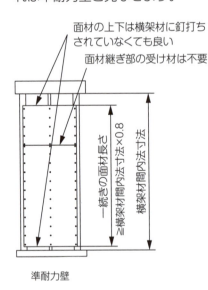
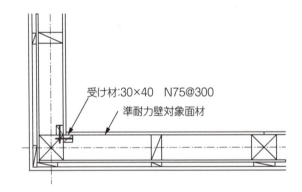

図 9.3-4 準耐力壁　　図 9.3-5 準耐力壁としてみなせる入り隅部の納まり例

大橋好光 齊藤年男、「木造住宅設計者のための構造再入門」P103、日経 BP 社、2007　より転載

考え方のアドバイス 1　準耐力壁とはみなせない例

　平面図上では壁に見えても、実際には階段下や階段上にある収納壁で、横架材間内法高さの80％に満たないものや、階段の側板などは納まりによっては石こうボード長さが不足する場合があるので注意が必要です。

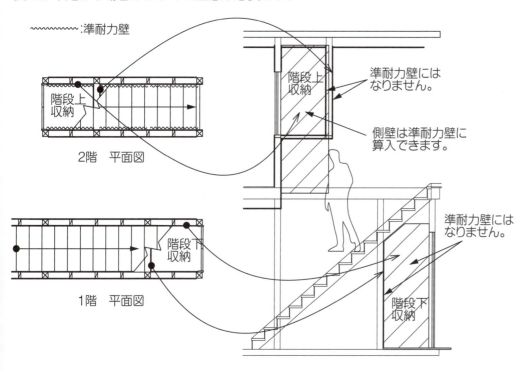

図 9.3-6 準耐力壁とはみなせない壁

　図9.3-7のように階段の側板を石こうボードより先に取り付けると、石こうボードが一続きとならないため、準耐力壁にはりません。また、幅2m以内で両側が同種の耐力壁または準耐力壁で挟まれているなど、条件を満たせば垂れ壁・腰壁とすることはできます。

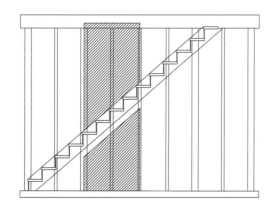

図 9.3-7 階段脇の石こうボード

大橋好光 齊藤年男、「木造住宅設計者のための構造再入門」P105、日経BP社、2007　より転載

9.3.2 準耐力壁等の壁倍率の算定

「準耐力壁」「垂れ壁・腰壁」の壁倍率は、面材の種類に応じて2通りあります。

材料が木ずり以外の場合＝ 0.6 × 基準倍率 × $\dfrac{面材高さの合計}{横架材間内法高さ}$

材料が木ずりの場合＝ 基準倍率[※1] × $\dfrac{木ずり高さの合計}{横架材間内法高さ}$

※1 ここでいう「基準倍率」は基準法の「壁倍率」と同じ数値です。

ひとりでやってみよう 13

準耐力壁等の壁倍率を求めます。

演習シート22ページを使用します。

■求め方の手順
① 開口部の高さを確認します。
② 下地張材全高を確認します。
③ 面材高さの合計を求めます。
④ 準耐力壁等の壁倍率、採用倍率を算出します。

2階の内壁、戸（掃出し）を例に求め方を説明します

① 開口部の高さを確認します。

演習シート22ページの上段（●性能表示　準耐力壁等の壁倍率）の「開口部高さ」欄で、開口部の高さを確認します。2階の内壁、戸の場合2000mmであることがわかります。

② 下地張材全高を確認します。

演習シート22ページの下段の図の「腰壁、垂れ壁等」において下地張材全高は、「天井高さ」に該当します。よって2,400mmであることがわかります。

③ 面材高さの合計を求めます。

「面材高さの合計」＝「下地張材全高」－「開口部の高さ」で求められるので、2,400 － 2,000 ＝ 400となります。これを「面材高さの合計」欄に記入します。

④ 準耐力壁等の壁倍率、採用倍率を算出。

2階の内壁は石こうボードであるため、9.3.2の「材料が木ずり以外の場合」の式を使用します。演習シート22ページの表より、基準倍率は0.9であることがわかります。また、同表、図から「横架材間内法寸法」は2,695mmであること

がわかります。「面材高さの合計」は③で求めました。

準耐力壁等の壁倍率＝0.6×0.9×400÷2,695＝0.080となります。これを「準耐力壁倍率」欄に記入します。また、安全を考慮し、少数第2位を切り捨てます。採用倍率は0.0となることがわかります。

memo

● Y0通りX6-X7の外壁下地は、バルコニーの床合板（厚さ24mm）が先行して張られていると仮定しているため下地張材全高＝2,695-24＝2,671となります。

● 性能表示　準耐力壁等の壁倍率

階	部位	横架材間内法寸法	下地張材全高	種類	基準倍率	開口部の種類	開口部高さ	面材高さの合計	準耐力壁倍率	採用倍率
2階	外壁	2,695	2,695	構造用合板	2.5	戸	2,000	695	0.386	0.3
						腰高(中)	1,200	1,495	0.832	0.8
						腰高(小)	1,000	1,695	0.943	0.9
			2,671			全壁	0	2,671	1.487	1.4
	内壁	2,695	2,400	石こうボード	0.9	戸	2,000	400	0.080	0.0
						腰高(中)	1,200	1,200	0.240	0.2
						腰高(小)	1,000	1,400	0.281	0.2
						全壁	0	2,400	0.481	0.4

1階の準耐力壁等の壁倍率を求めてみましょう

考え方のアドバイス 1

　準耐力壁等は、面材の種類ごとにそれぞれ計算します。また、面材は横架材間に止め付けられているものと、床勝ちや天井までしか張られていないものなど、納まりごとに分類する必要があります。

　モデルプランでは、1階の外壁には全壁（準耐力壁）はありませんが、2階ではバルコニー床の前にある壁が全壁（準耐力壁）となります。

☕ コーヒーブレイク　準耐力壁等の計算例

　設計する建物の高さや窓の種類ごとにあらかじめ壁倍率を計算します。また、横架材間内法寸法は上部の梁せいによって変わりますが、階ごとに最も長くなる寸法を用いることでより簡便になります。

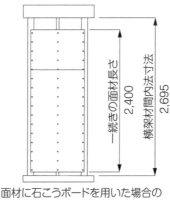

面材に石こうボードを用いた場合の準耐力壁等の倍率計算例

倍率＝0.9(倍)×0.6× $\dfrac{2,400}{2,695}$

＝0.9×0.6×0.89 ＝0.48≒0.4(倍)

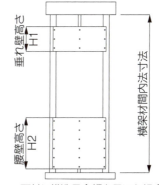

面材に構造用合板を用いた場合の準耐力壁等の倍率計算例

倍率＝2.5(倍)×0.6× $\dfrac{H1+H2}{横架材間内法寸法}$

図 9.3-8 準耐力壁の壁倍率の計算例

大橋好光 齊藤年男、「木造住宅設計者のための構造再入門」P106、日経BP社、2007 より転載

9.3.3 性能表示存在壁量の算定

性能表示制度における存在壁量は、建築基準法で定められた耐力壁による壁量の合計に、性能表示制度で新たに算入することができる準耐力壁等の壁量の合計を加えたもので、以下の式で求めます。

性能表示存在壁量 ＝ 基準法存在壁量の合計 ＋ （準耐力壁等壁倍率 × 壁長さ）の合計

ひとりでやってみよう 14

性能表示存在壁量を求めます。

演習シート 10、23、24 ページを使用します。

求め方の手順
1. 柱壁位置図を作成します。
2. 性能表示存在壁量の合計を求めます。

1 階 X 方向を例に求め方を説明します

1 柱壁位置図を作成します。

耐力壁と倍率、耐力壁が取り付く柱、準耐力壁、開口部の種類などを書き出します。（演習では、これらを予め設定しています。演習シート 23 ページを確認してください。）

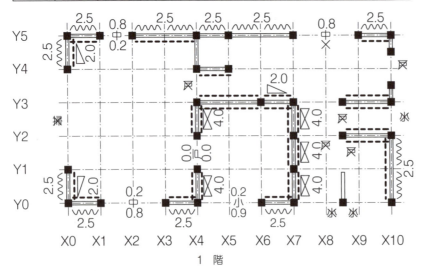

1 階

2 性能表示存在壁量の合計を求めます。

通りごとに準耐力壁等の存在壁量を集計し、基準法の耐力壁量と合計します。

1) 演習シート24（●性能表示 存在壁量）の「施行令第46条に係る耐力壁量」の欄に、演習シート10ページ「基準法の壁量計算」で求めた存在壁量の合計を記入します。
2) 準耐力壁がある通りごとに倍率と長さを記入します[※1]。
3) 壁量を計算します。
4) 存在壁量の合計を求めます。

1階

方向	通り	倍率	×	長さ(cm)	=	壁量(cm)
X方向	施行令46条に係る耐力壁量(⑦)					2,456 cm
	性能表示の準耐力壁等					
	Y0	0.4	×	273	=	109
	Y0	0.2	×	364	=	72
	Y0	0.8	×	182	=	145
	Y0	0.9	×	182	=	163
	Y2	0.4	×	273	=	109
	Y3	0.4	×	819	=	327
	Y4	0.4	×	91	=	36
	Y5	0.4	×	364	=	145
	Y5	0.2	×	91	=	18
	Y5	0.8	×	273	=	218
			×		=	
			×		=	
			×		=	
	準耐力壁等の合計(⑪)					1,342
	存在壁量の合計(⑦+⑪)					3,798

- 基準法の壁量計算で拾った耐力壁量を記入します。
- 結果は小数点以下を切り捨てます。
- 基準法の壁量と準耐力壁等の壁量の合計を合算します。
- 同じ倍率の壁長さの合計を記入します。
- 同じ倍率ごとに集計します。
- 準耐力壁等のある通りごとに集計します。

memo

※1 水平構面を検討する際の耐力壁線を指定する項目で、壁の通りごとの存在壁量が必要となるため、ここで通りごとに分割しておくと便利です。

1階Y方向、2階X、Y方向の存在壁量を求めてみましょう

9.4 性能表示 壁量の検定

必要壁量と存在壁量の検定は、各階・各方向でおこない、全てが OK でなければなりません。

$$存在壁量 \geqq 必要壁量$$

であれば次に進みます。

 ひとりでやってみよう 15

存在壁量の検定を行います。

演習シート 8、24 ページを使用します。

求め方の手順
1. 存在壁量を記入する。
2. 地震力と風圧力に対する必要壁量を記入する。
3. 存在壁量の合計が必要壁量以上であることを確認する。

1 階 X 方向を例に求め方を説明します

1 存在壁量を記入する。

演習シート 24 ページ下段の表（●性能表示　壁量判定）の「1 階」、「X 方向」に、演習シート 24 ページ上段で求めた存在壁量を記入します。

2 地震力と風圧力に対する必要壁量を記入する。

表に、演習シート 8 ページ下段で求めた地震力に対する必要壁量と風圧力に対する必要壁量を記入します。

3 存在壁量の合計が必要壁量以上であることを確認する。

NG になる場合は前に戻って OK となるまで、耐力壁または準耐力壁等を増設しなければなりません。

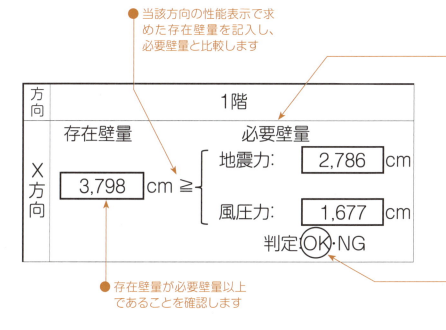

● 当該方向の性能表示で求めた存在壁量を記入し、必要壁量と比較します

● 性能表示で求めた地震力と風圧力の必要壁量を記入します。

● 存在壁量が必要壁量以上であることを確認します

● NG となる場合は、耐力壁を増やすか、倍率を変更して計算しなおします。

1階 Y 方向、2階 XY 方向の検定をしてみましょう

10【性能表示】存在床倍率の確認

　建築基準法の仕様規定に、床の強度に関する規定はほとんどありません。床の根太や梁の断面の大きさは、たわみによって決定されることが多く、曲げ破壊することはほとんどないこと、および、断面の大きさは、架構の組み方によるので簡単なルールには、まとめにくかったこと、などが理由と考えられます[※1]。

　以上は、床の鉛直荷重に対する性能です。これまで、床に必要な性能としては、このように鉛直荷重に対する性能が重要視されてきました。

　しかし、近年、鉛直荷重に加えて、床など水平構面の面内せん断性能の役割が重要になってきています。水平構面の面内せん断性能が、木造住宅の耐震性能を確保するために、大きな役割を果たしているからです。

　壁量設計や偏心率の計算は、床の強度が十分にあることを前提としています。床の強度が低いと、床が部分的に変形したり、ねじれたりします。結果的に、一部の耐力壁に地震力が集中し、接合部に過大な力が加わるなど、本来、期待していた耐震性能を確保できなくなります。床の強度が十分であれば、床が一体に移動するので、地震力は壁の強さに比例して配分され、壁が本来の耐震性能を発揮することができます。

　床の強度を、特に高めなければならないのは、耐力壁線間の距離が大きい建物です。また、吹抜けや階段には床がないので、残りの床面で強度を確保しなければなりません。たとえば、図10.0-1のように、吹抜けと階段を同じ耐力壁線の間に配置する場合です。この場合、残った床面だけで強度を確保しなければならないため、高い強度が必要です。吹抜けと階段の配置や、床の仕様の選定に配慮する必要があります。

※1 横架材の断面について、性能表示では、根拠の確かなスパン表に基づいて、決定することとしています。「13 横架材断面の検討」参照。

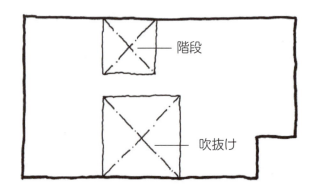

図10.0-1 注意すべき吹抜けと階段のある間取り

耐力壁線と床倍率

　そこで、性能表示では、床のせん断強度が一定以上であることを求めています。耐力壁のある通りに「耐力壁線」を設定し、耐力壁線で挟まれた床面ごとに強度を確認するというものです。大きな吹抜けや上下階の耐力壁線にずれがある場合などには、床の水平剛性が問題となるため、建物の平面形状から最低限の床剛性を定めたものです。

　性能表示では、「耐力壁線」や、水平構面の強さを示す「床倍率」という概念を導入して、床や屋根の強度を確認することとしています。検定の式は、以下の通りです。存在床倍率[※2]が必要床倍率以上であることを確認します。

※2 存在床倍率を平均床倍率と呼ぶこともあります。

$$存在床倍率 \geq 必要床倍率$$

水平構面の強度を確認するためには、まず、どこからどこまでが、一つの床構面なのか、その範囲を決めなければなりません。そこで、「耐力壁線」という概念が取り入れられました。この概念は、軸組構法を想定した基準法仕様規定にはありませんが、ツーバイフォーの建物では、昭和49年のいわゆるオープン化当初から設けられていました。ツーバイフォー構法は、「枠組壁工法」と呼ぶように、壁を中心とした構造で、耐力壁の並び、すなわち耐力壁線は、その構造性能を左右する重要な構造概念の一つです。一方、軸組構法は、自由なプランニングを特徴としていましたが、それは、逆に言えば、構造的には、問題が起こりやすいことを意味していました。

　耐力壁線とは、①建物の外周、②床長さの60％以上、かつ4m以上の有効壁量を有するもの、をいいます。ただし、この場合の有効壁量は、性能表示で定める壁量です。これで分かるように、軸組構法の耐力壁線は、建物を短冊状に分ける壁線です。もちろん、直交方向も、短冊状に分けて検討しますが、囲むという考え方ではありません。ツーバイフォー構法の場合は、「囲まれた面積」を一定以下に収めることを規定しています。

　この耐力壁線の間隔がどれくらい大きくできるかは、水平構面の耐力によります。軸組構法の水平構面の耐力は、ツーバイフォー構法に比べると、その種類が多いことが特徴です。そして、中には、耐力の小さいものもあります。

　性能表示の仕様規定では、耐力壁線の間隔は原則的に8m以下です。ただし、構造用合板のような靱性の高い壁を用いた建物の場合には、これを12mまでとすることができます。ちなみに、この12mという最大壁線間距離は、ツーバイフォー構法の技術基準における制限と同じです。

床倍率

　床や屋根面の耐力は、「床倍率」という数値で表します。これは「壁倍率」と同じようなものだと考えれば、分かりやすいでしょう。「床倍率」は、床の仕様によって決まっています。主に、面材の種類と、その留め付け方で決定されます。壁と異なるのは、面材が、梁や小屋組に直貼りされたものばかりでなく、多くの場合、床には根太、屋根には、たる木があることです。壁でいえば、胴縁に相当します。壁も、胴縁があると耐力が下がるように、床や屋根も、根太やたる木があると、図10.0-2のように、それらが横倒れ（ねじれ）を起こして、面材が、梁や小屋組の動きを直接に止めることができません。床倍率は、面材の種類と釘打ち間隔だけでなく、根太やたる木の仕様との組み合わせで示されています。

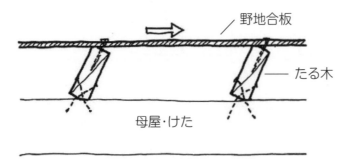

図10.0-2　屋根面の水平せん断耐力

必要床倍率の算定

耐力壁のある通りごとに「耐力壁線」を設定し、耐力壁線で挟まれた床面ごとに強度を検証します。その必要床倍率は、地震に対する必要床倍率と、暴風に対する必要床倍率の2つがあります。その大きい方を満足している必要があります。

1)地震に対する必要床倍率は以下の式で求めます[※1]。

$$\text{地震用必要床倍率} = α × \text{耐力壁線間隔} × CE$$

α ：耐力壁の上下関係で決まる係数
CE：性能表示地震力用係数 /200

2)風圧力に対する必要床倍率は以下の式で求めます

$$\text{風圧力用必要床倍率} = α × \frac{\text{耐力壁線間隔}}{\text{壁線方向長}} × CW$$

α ：耐力壁の上下関係で決まる係数
CW：(平家建て、最上階) ＝0.014 ×性能表示風圧力用係数
CW：(その他の階) ＝0.028 ×性能表示風圧力用係数

ここで、耐力壁の上下関係で決まる係数αは、上下階で耐力壁と床の関係を考慮したものです。性能表示では、3つのパターンで必要強さを分け、それをα（アルファ）という係数で表しています。図10.0-3のように、上階に壁線がなければ0.5、上階に壁線があれば1.0、上階に壁線があって下階の壁線が片側しかなければ2.0です。αが2のような場合には、上の階の耐力壁に加わった水平力を、基礎まで伝達するためには、床面を通して水平力を反対側の下階耐力壁に伝達しなければならないためです。係数αは、そうした「耐力壁の載りの悪さ」の度合いを示したものです。

※1 P.119 考え方のアドバイス1「必要な床のせん断耐力の考え方」を参照

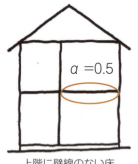
上階に壁線のない床

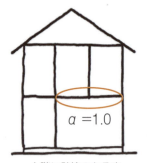
上階に壁線のある床

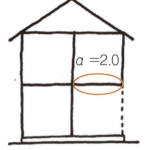
下階の片側に支持する壁線のない床

図 10.0-3 耐力壁の上下関係で決まる係数

床は、外力が大きいものほど、強度の高い床面としなければなりません。その外力は、壁線間隔が大きいほど大きくなります。地震でも強風でも同じです。一方、床面のせん断耐力は、地震力の加わる方向や、風の当たる面に対して直交する方向、床長さが重要なことが分かります。

存在床倍率の算定

壁線に挟まれた区画の存在床倍率が必要床倍率以上であることを確認します。床倍率は、各水平構面の仕様ごとに決められています。一般の床面に加えて、火打ち構面、屋根構面についても定められています。

存在床倍率は、床が全面にわたって同一仕様であれば、その床倍率に同じです。異なる仕様の床が並んだ場合の存在床倍率の求め方は、ルールが決められています。評価の方法は、床の組み合わせ方によって、図 10.0-4 のように、三つのパターンがあります。①異なる倍率の床が平行に並んだ場合、②異なる倍率の床が直列に並んだ場合、③吹抜けがある場合、です。

> **存在床倍率＝（床倍率×その床の壁線方向の長さ）の合計／床の壁線方向の総長さ**

こうした床の強度は、壁に置き換えて考えるとイメージしやすい。上端に力がかかって下を固定している「壁」と見なすと、平均的な耐力は、①は複数の仕様の壁倍率の平均、②は弱い方の仕様で決まる、③も吹抜けを耐力ゼロの床と見なせば、①と同様の方法で存在床倍率は求められます。

→参考資料「14．17　床倍率導入の意味」を参照

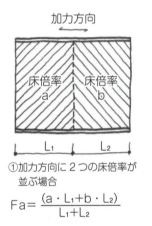
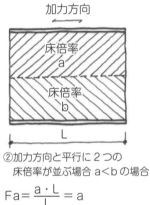
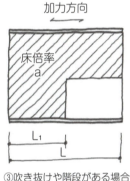

図 10.0-4 存在床倍率の求め方

考え方のアドバイス 1　必要な床のせん断耐力の考え方

建物の中での水平構面の力の考え方は、構造力学の「単純梁」や「片持ち梁」を思い出すと分かりやすいです。図 10.0-5 のように、床面を一本の横架材に置き換え、床に加わる水平力を鉛直方向の荷重に置き換えて考えます。

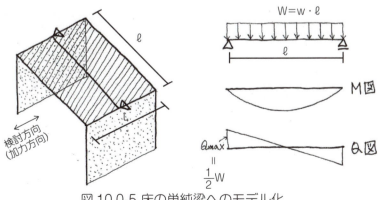

図 10.0-5 床の単純梁へのモデル化

$Q_{max} = \dfrac{1}{2}W$

まず、地震力を見てみましょう。地震力は、「自重×加速度」で求めることができます。
　一般に、地震力は、床や屋根レベルに、建物の重さが集中しているとして考えます。そこで、図10.0-6（左）のように、床面を揺れる方向に短冊状に分割して考えてみます。そうすると、地震力は、その短冊部分の重さと、そこに生じている加速度の積になります。ここで、重さが概ね均等で、生じている加速度も床面で一定だとすると、結局、等分布荷重になることが分かります。等分布荷重のせん断力が、床面に求められるせん断性能になります。
　一方、風の場合を考えてみましょう。風圧力は、「見つけ面積×面積あたりの風圧力」で求めることができます。ここでも、図10.0-6（右）のように、地震力の場合と同様に、立面を短冊状に分割して考えてみます。面積あたりの風圧力が一定と仮定すると、風圧力も、地震力と同様に、等分布荷重に置き換えられることが分かります。

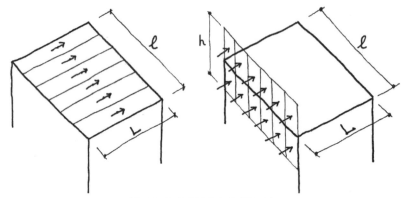

図10.0-6 地震力と風圧力

　以上のような考え方を知れば、性能表示の必要床倍率の式は、理解できると思います。
　また、以上は、両端を耐力壁で支えられている床の場合です。そして、上階に壁線がある場合は、以上の考え方を応用すれば、図10.0-7のように、集中荷重として扱えばよいことが分かります。つまり、等分布荷重の分と、集中荷重の分を足し合わせればよいことが分かります。これが分かれば、性能表示のαを理解することができます。

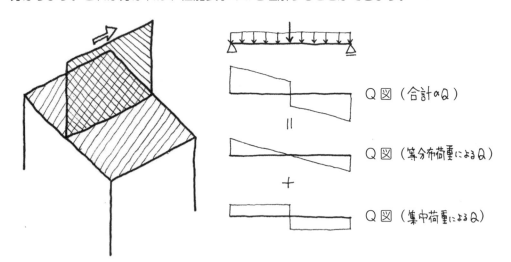

図10.0-7 上階に壁線がある場合のモデル化

　まず、図10.0-8の(a)のように、上部に壁線がない場合は、せん断力は両端で最大になり、その大きさは、全地震力・全風圧力の1/2です。この1/2がαに相当します。
　次に、図(b)のように、上に壁線がある場合を考えてみます。仮に、壁線が床面の中央

にあるとすると、その集中荷重によるせん断力は、同様に、両端が最大で、壁線からのせん断力の1/2です。更に、壁線からのせん断力が、等分布荷重の総量と同じとすれば、合計で1.0となります。これが図(b)のaです。

更に、図(c)は、片持ち梁を思い出せば理解できます。等分布荷重と先端に集中荷重が加わった片持ち梁の付け根には、合計で2.0のせん断力が生じることになります。これが「a=2」です。

なお、「上階に壁線がある床」の場合、その壁線の位置は中央と仮定しています。中央に壁があると、両端部で負担するせん断力は半分になります。壁線が片側に寄っている場合には、寄った側の床に大きな力が流れます。その場合には、壁線を中央に仮定するのは、必ずしも安全側とはいえないので注意が必要です。性能表示の場合にも「仕様規定」の方法は、構造計算に比べると、簡易計算法なので、いくつかの仮定に基づいているのです。

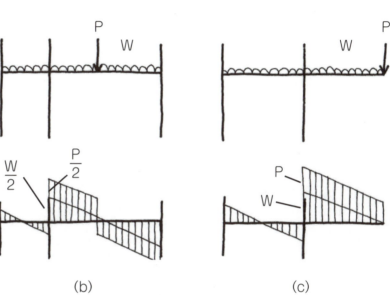

図 10.0-8 床に生じるせん断力

さて、地震に対して必要な床の平均的な強度を求めてみます[※1]。以下のように、結局、式から床の奥行き長さLは消えてしまうことが分かります。

平均的な必要強さ（kN/㎡）は「$\frac{Q_{max}}{L}$」

$$\frac{Q_{max}}{L} = \frac{1}{2} \cdot W \cdot a \cdot \frac{1}{L} = \frac{1}{2} \cdot \left(\frac{Ce^{※2}}{100} \times 1.96 \times \ell \times L\right) \times a \times \frac{1}{L} = \frac{1}{2} \cdot \left(\frac{Ce}{100} \times 1.96 \times \ell\right) \times a$$

必要床倍率は（→ $\frac{1}{1.96}$）= $\frac{1}{2} \cdot \frac{Ce}{100} \cdot \ell \cdot a = \frac{1}{200} \cdot Ce \cdot a \cdot \ell$

同様に、風に対して必要な床の平均的な強度を求めてみると、次のようになります。
風圧力に対する場合には、式に床の奥行き長さLが残ります。

$$\frac{Q_{max}}{L} = \frac{1}{2} \cdot W \cdot a \cdot \frac{1}{L} = \frac{1}{2} \cdot \left(\frac{C_W}{100} \times 1.96 \times h \times \ell\right) \times a \times \frac{1}{L} = \frac{1}{2}\left(\frac{C_W}{100} \times 1.96 \times h \times \ell\right) \times a \times \frac{1}{L}$$

必要床倍率は（→ $\frac{1}{1.96}$） 最上階（h=2.8m）= $\frac{1}{2} \cdot \frac{C_W}{100} \cdot 2.8 \cdot a \cdot \frac{\ell}{L} = 0.014 \cdot C_W \cdot a \cdot \frac{\ell}{L}$

2階（h=5.6m）= $\frac{1}{2} \cdot \frac{C_W}{100} \cdot 5.6 \cdot a \cdot \frac{\ell}{L} = 0.028 \cdot C_W \cdot a \cdot \frac{\ell}{L}$

※1 平家建または最上階の場合 $Q = \frac{W}{2}$ のときを $a = 1.0$ とします。2階建の1階の場合、$Q = \frac{W_1 + W_2}{2}$ のときを $a = 1.0$ とします。P.137 参照。

※2 そもそも Ce は単位面積あたりの地震力。Cw も同様に単位面積あたりの風圧力。

10.1 耐力壁線の指定

耐力壁線とは、地震力や風圧力により加わる水平力を下階の耐力壁が十分に支えられるための一定量以上の耐力壁量のある通りをいい、耐力壁線には以下の条件があります。

(1) その通りの性能表示の存在壁量≧その通りの床の長さ×0.6 かつ 400cm の内の大きい値・・・◎と表記します。

(2) 各階各方向の最外周壁線で、(1)の条件を満たさないもの‥○と表記します。

(3) 隣り合う◎または○の間隔が 8m（または 12m）以下であることを確認します。隣り合う耐力壁線相互の間隔は、以下の通りです。
　①一般の建物：耐力壁線間距離≦8m
　②靭性のある壁（筋かいを用いない壁）だけでつくられた建物：耐力壁線間距離≦12m

(4) 壁線間隔が許容値を超えた場合、耐力壁・準耐力壁を追加するなどの修正が必要となります。

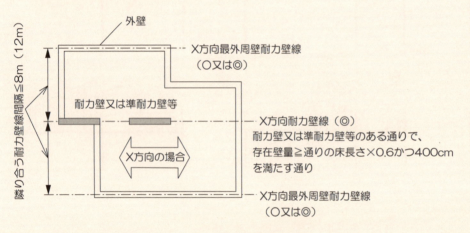

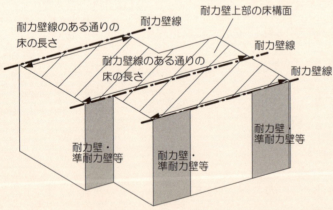

図 10.1-1 耐力壁線の計算に用いる壁通り直上の床の長さ（X 方向の場合）

ポイント1　耐力壁線の特例

　耐力壁や準耐力壁等がある通りであっても、前ページの（1）・（2）にあてはまらないものは、耐力壁線とは見なしません。ただし、耐力壁線から直交する方向に1m以内の耐力壁・準耐力壁は同一壁線上にあるものと見なすことができます。この場合、存在壁量の多い通りに少ない通りの存在壁量を合算します。また、既にその通りの存在壁量だけで◎の条件を満たしている通りには合算できません。

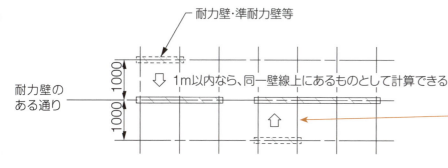

図 10.1-2 耐力壁の合算

大橋好光 齊藤年男「木造住宅設計者のための構造再入門」P119 日経BP社 2007 より転載

● 必ず壁量の多い通り側に合算しなければなりません。

ひとりでやってみよう 16

耐力壁線間長さの距離の判定を行います。

演習シート10、24、25ページを使用します。

求め方の手順

1. 各通りにある耐力壁、準耐力壁の存在壁量を記入し、合計を求めます。
2. 通り芯が耐力壁かどうかの判定を行います。
3. 耐力壁線間の長さの判定を行います。

1階X方向を例に求め方を説明します

1 各通りにある耐力壁、準耐力壁の存在壁量を記入し合計を求めます。

1) 演習シート25ページの表（●性能表示　耐力壁線と耐力壁線間長さの判定）の「基準法存在壁量（耐力壁）」欄に演習シート10ページで求めた、各通りにある耐力壁量（壁倍率×壁長さの合計）を記入します。
2) 表の「品確法準耐力壁存在壁量」欄に、演習シート24ページで求めた、各通りにある準耐力壁等の壁量を記入します（性能表示壁量計算時に通りごとに拾い出しているので、これを利用します。）。
3) 表の「存在壁量（耐力壁＋準耐力壁）」欄に1）＋2）の値を記入します。

2 通り芯が耐力壁線かどうかの判定を行います。

1) 「各通り奥行き長さL（cm）」欄に、検討している通りの「通り方向の長さ」を記入します。（Y0通りの検討を行う場合。「通り方向」は「X方向」になります。）
2) 「奥行×0.6又は400cm」欄に「L(cm)×0.6」の値と「400cm」のうち大きい値を記入します。
3) 「存在壁量（耐力壁＋準耐力壁）」≧「奥行×0.6又は400cm」であれば「判定」欄にOK◎を、そうでなければNGを記入します。
4) 3）でNGとなった通りのうち、隣り合う1m以内にある通りで、かつ、当該通りの耐力壁量より少ない通りがあればその通りの存在壁量を合算することができ、合算した値を「合算補正」欄に記入し、再判定します（1階、X方向の場合、Y2通り、Y3通りの判定がNGになります。Y3通りから、Y2通りを見ると、通りの間隔は1m以内、かつ、耐力壁量はY3＞Y2となりますので、合算して再判定します。）。

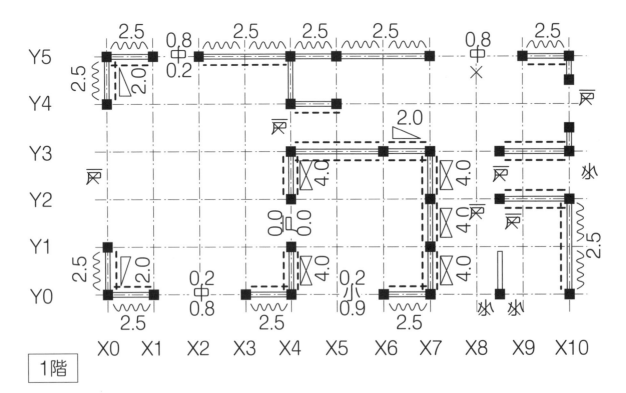

3 耐力壁線間距離の判定を行います。

判定または再判定欄でOKとなった通りの間隔を「耐力壁線間距離」欄に記入し、8m（または12m）以下であればOKを「判定」欄に記入します。

memo

● 判定がNGであっても、1m以内にある存在壁量と合算することができます。

階	方向	通り	基準法存在壁量（耐力壁）	品確法準耐力壁等存在壁量	存在壁量（耐力壁＋準耐力壁等）	通り芯が耐力壁線かどうかの判定			合算補正	再判定	耐力壁線間距離の判定	
						各通り奥行長さL(cm)	奥行×0.6又は400cm	判定			耐力壁線間距離(cm)	判定
X方向		Y0	682	489	1,171	910	546	OK◎			273	OK
		Y2	0	109	109	910	546	NG	654	OK◎		
		Y3	182	327	509	910	546	NG			182	OK
		Y4	0	36	36	910	546	NG				
		Y5	1,592	381	1,973	910	546	OK◎				

● 性能表示の準耐力壁等の壁量を通りごとにcm単位で記入します。

● 基準法の存在壁量を通りごとにcm単位で記入します。

● 奥行き長さを0.6倍した値と400cmのうち大きい方の値を記入します。

● その通りの上部に取り付く水平構面の通りに平行な長さをcm単位で記入します。

● 存在壁量の合計が奥行長さ×0.6または400cmより大きければOK◎となります。

1階Y方向、2階XY方向の耐力壁線間長さを判定してみましょう

10.2 火打ち構面の存在床倍率の算定

　水平構面の存在床倍率の算定にあたって、合板等の床倍率に火打ち構面の倍率を足し合わせることができます。また、屋根面についても、一般的には、屋根全体が一体として挙動して欲しいことから、野地面の床倍率に小屋けた梁面の火打ちによる倍率を加えることができます。

　2階床火打ち及び小屋火打ちは、面材床とは別に独立して存在床倍率を求めます。火打ち構面は、耐力壁線区画ごとに火打ち梁の本数を耐力壁線で挟まれた区画の面積で除して火打ち1本あたりの負担面積を求め、その火打ちが取り付く横架材のせいを確認し、表から選択します。

　耐力壁線で挟まれた区画の面積は、下式で求めます。

> 耐力壁線で挟まれた区画の面積 ＝ 床区画の壁線方向距離 × 耐力壁線間隔

※耐力壁線間で建物が雁行している場合は、安全側の設計として外部も含めた長方形面積を使っています。

　火打ち構面の存在床倍率を求めるには、上記の火打ち1本あたりの負担面積の他、火打ちが取り付く梁のせいと、使用する火打ちの材質が必要です。このうち、火打ちが取り付く梁のせいはこの時点で構造図が確定していないと求められません。計算例でも梁伏図が確定していないことから、火打ち材が取り付く梁のせいは最低の10.5cmとして床倍率を引き当てています。

　性能表示制度における、火打ち材の存在床倍率は、平均負担面積・取り付く梁せいによって異なりますが、火打ち金物と木製火打ちの差はありません。

表10.2-1 火打ち材の負担面積の考え方

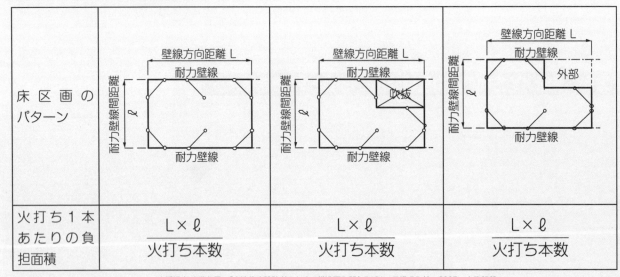

大橋好光 齊藤年男、「木造住宅設計者のための構造再入門」P131、日経BP社、2007 より転載

☕ コーヒーブレイク　火打ち材の倍率と梁せいの考え方

　本来なら、この時点で梁伏図及び梁せいが確定していなければ床倍率を選択できません。

　もし、この時点で梁伏図及び梁せいが確定していない場合は、安全側の設計として梁せいが最も小さいときの床倍率を適用するなどで対応します。ただし、計算に用いた火打ち材の本数と位置を後で作成する図面に確実に反映させてください。

表 10.2-2 火打ち材の床倍率一覧

記号	種類	水平構面の仕様	床倍率 ΔQE
H1	火打ち構面	火打ち金物または木製火打ち90mm×90mm、平均負担面積2.5m²以下、梁せい240mm以上	0.80
H2		火打ち金物または木製火打ち90mm×90mm、平均負担面積2.5m²以下、梁せい150mm以上	0.60
H3		火打ち金物または木製火打ち90mm×90mm、平均負担面積2.5m²以下、梁せい105mm以上	0.50
H4		火打ち金物または木製火打ち90mm×90mm、平均負担面積3.3m²以下、梁せい240mm以上	0.48
H5		火打ち金物または木製火打ち90mm×90mm、平均負担面積3.3m²以下、梁せい150mm以上	0.36
H6		火打ち金物または木製火打ち90mm×90mm、平均負担面積3.3m²以下、梁せい105mm以上	0.30
H7		火打ち金物または木製火打ち90mm×90mm、平均負担面積5.0m²以下、梁せい240mm以上	0.24
H8		火打ち金物または木製火打ち90mm×90mm、平均負担面積5.0m²以下、梁せい150mm以上	0.18
H9		火打ち金物または木製火打ち90mm×90mm、平均負担面積5.0m²以下、梁せい105mm以上	0.15
D0		上記以外	0.0

　ここで求めた平均負担面積と、その床区画内で火打ち材が取り付いている梁せいによって上の表から火打ち構面の床倍率を選択します。

ポイント1　火打ち材の負担面積

　当該床区画内に吹抜けが存在する場合で吹抜け部分に火打ち材が存在しなくても、吹抜けを含む床区画全体の面積で平均存在床倍率を求めます。また、当該床区画内に外壁が雁行して外部空間が存在する場合の床区画面積も、吹抜けの場合と同様とします。火打ち材が耐力壁線にまたがる場合は、それぞれの床区画において火打ち材の本数を 0.5 本として計算します。

ひとりでやってみよう 17
火打ち材による存在床倍率を求めます。

演習シート 26、27、28 ページを使用します。

求め方の手順
1. 火打ち構面図を作成します。
2. 耐力壁線で挟まれた区画ごとに火打ち材の本数を拾います。
3. 耐力壁線で挟まれた区画の面積を算出し、総負担面積とします。
4. 総負担面積を先に拾った火打ちの本数で割り、平均負担面積を求めます。
5. 表より、平均負担面積に応じた火打ち材の倍率を求めます。

1階 X 方向を例に求め方を説明します

1 火打ち構面図を作成します。

梁せいが明確でない場合は、最低梁せいの「105 以上」の倍率で計算することとします。

平均負担面積は X・Y 方向それぞれで求めます（演習では、火打ち構面図を予め設定しています。演習シート 26、27 ページを参照してください。）。

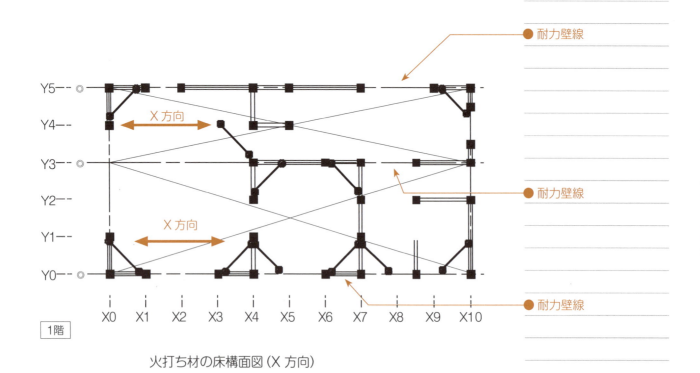

火打ち材の床構面図（X 方向）

2 耐力壁線で挟まれた区画ごとに火打ち材の本数を拾います。

演習シート 28 ページ上段の表（●性能表示　火打ち構面の平均負担面積）の「本数」欄に、拾った火打ち材の数を耐力壁線で挟まれた床区画ごとに記入します。

3 耐力壁線で挟まれた区画の面積を算出し、総負担面積とします。

耐力壁線間隔と奥行きを記入します。負担面積は耐力壁線間隔×奥行き長さで求めます。この時の奥行き長さとは、耐力壁線と平行な建物長さをいいます。

4 総負担面積を先に拾った火打ちの本数で割り、平均負担面積を求めます。

5 表より、平均負担面積に応じた火打ち材の記号を求めます。

P.127 ページ表 10.2-2 より、平均負担面積に応じた火打ち材仕様に該当するの記号を表から選択します。記号に代わって直接床倍率を記入しても構いませんが、同じ倍率の仕様が複数存在するため、チェック時の混乱を防ぐことを目的として、ここでは記号を用いています。

●性能表示　火打ち構面の平均負担

階	方向	床区画	本数	耐力壁線間隔(m)	奥行き(m)	総負担面積(m²)	平均負担面積(m²)	記号
1階	X方向	Y0 〜 Y3	8	2.73	9.10	24.85	3.11	H6
		Y3 〜 Y5	3	1.82	9.10	16.57	5.53	D0
		〜						
		〜						
		〜						

- 平均負担面積に応じた火打ち材の記号を下表から選択します。
- 耐力壁線で挟まれた区画ごとに考えます。
- 区画内にある火打ち材の本数を記入します。
- 耐力壁線間隔×奥行きで区画の面積を求めます。
- 耐力壁線で挟まれた区画の中で、壁線に平行方向の建物の最大長さを記入します。
- 総負担面積／火打ち材の数で平均負担面積を求めます。

※ここでは梁せいが確定していないため、安全側の設計として最低の梁せい（105以上）の床倍率を引き当てています。

1階Y方向、2階の火打ち材による存在床倍率を求めてみましょう

10.3 面材等における床・屋根構面の存在床倍率の算定

床構面と屋根構面の床倍率はそれぞれ独立させて求めます。各存在床倍率の求め方は耐力壁線で挟まれた床等の仕様により以下によります。

a ルート：1 種類の仕様しかない場合

その床区画の存在床倍率は水平構面の床倍率（表 10.3-2）となります。

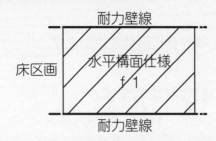

図 10.3-1 床区画のパターン a ルート

b ルート：複数の仕様が耐力壁線に直交する線で区分されている場合

それぞれの仕様で分割し、直交小区画を設定します。直交小区画ごとの存在床倍率の平均したものが、当該区画の存在床倍率となります。

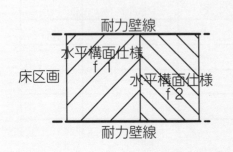
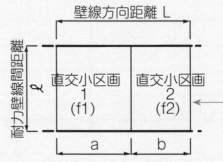

図 10.3-2 床区画のパターン b ルート

●存在床倍率は、平均の値となります。

存在床倍率＝

(床倍率×床長さ)＋(床倍率×床長さ)
―――――――――――――――――――
　　　　　全体の長さ

c ルート：複数の仕様が耐力壁線と平行な線で区分されている場合

それぞれの仕様で分割し、平行小区画を設定します。平行小区画の存在床倍率のうち最も小さい値が当該床区画の存在床倍率となります。

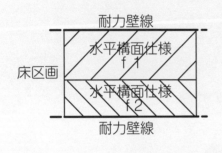
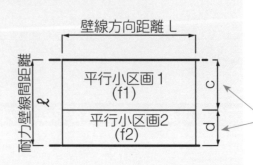

図 10.3-3 床区画のパターン c ルート

●いずれか小さい方の倍率

存在床倍率は f1 と f2 のうち小さい方となります。

dルート：複数の仕様が部分的に混在する場合

仕様を区分する耐力壁線に平行な線で分割し、平行小区画を設定します。平行小区画の中で壁線に直交する線で区分されている場合、それぞれの仕様で分類し、直交小区画を設定します。

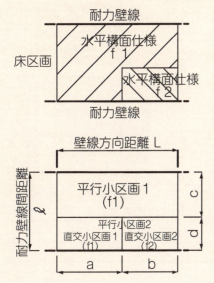 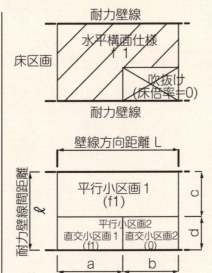 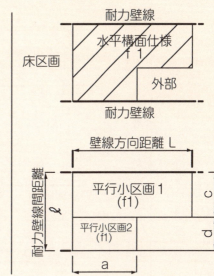

図 10.3-4 床区画のパターン d ルート

直交小区画のある平行小区画では、直交小区画の存在床倍率を求め、平行小区画の存在床倍率とします。複数の平行小区画のうち最も小さい値を当該床区画の存在床倍率とします。d ルートでは、外周に面した吹抜けや外壁が雁行している場合もその部分の存在床倍率を 0 として存在床倍率を求めます。

一つの床区画に 3 以上の仕様が混在する場合でも同様です。

表 10.3-1 存在床倍率

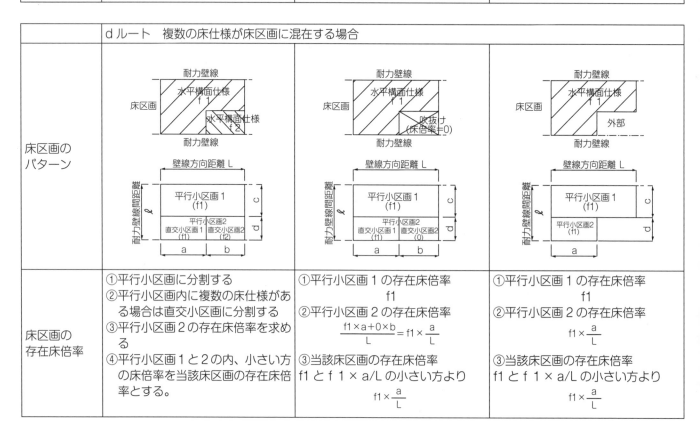

	a ルート	b ルート 複数の床仕様が耐力壁線に直交する線で区分されている場合	c ルート 複数の床仕様が耐力壁線に平行に区分されている場合
床区画の存在床倍率	水平構面の存在床倍率 f1	直交小区画ごとの水平構面の存在床倍率を平均したもの	平行小区画の存在床倍率の内、最も小さいもの

d ルート　複数の床仕様が床区画に混在する場合

| 床区画の存在床倍率 | ①平行小区画に分割する
②平行小区画内に複数の床仕様がある場合は直交小区画に分割する
③平行小区画2の存在床倍率を求める
④平行小区画1と2の内、小さい方の床倍率を当該床区画の存在床倍率とする。 | ①平行小区画1の存在床倍率 f1
②平行小区画2の存在床倍率 $\frac{f1 \times a + 0 \times b}{L} = f1 \times \frac{a}{L}$
③当該床区画の存在床倍率 f1 と $f1 \times a/L$ の小さい方より $f1 \times \frac{a}{L}$ | ①平行小区画1の存在床倍率 f1
②平行小区画2の存在床倍率 $f1 \times \frac{a}{L}$
③当該床区画の存在床倍率 f1 と $f1 \times a/L$ の小さい方より $f1 \times \frac{a}{L}$ |

表 10.3-2 床倍率一覧表

記号	種類	水平構面の仕様	床倍率 ΔQ_E
F1	床構面	構造用合板12mm以上または構造用パネル1・2級以上、根太@340mm以下落し込み、N50@150mm以下	2.00
F2		構造用合板12mm以上または構造用パネル1・2級以上、根太@340mm以下半欠き、N50@150mm以下	1.60
F3		構造用合板12mm以上または構造用パネル1・2級以上、根太@340mm以下転ばし、N50@150mm以下	1.00
F4		構造用合板12mm以上または構造用パネル1・2級以上、根太@500mm以下落し込み、N50@150mm以下	1.40
F5		構造用合板12mm以上または構造用パネル1・2級以上、根太@500mm以下半欠き、N50@150mm以下	1.12
F6		構造用合板12mm以上または構造用パネル1・2級以上、根太@500mm以下転ばし、N50@150mm以下	0.70
F7		構造用合板24mm以上、根太なし直張り4周釘打ち、N75@150mm以下	3.00
F8		構造用合板24mm以上、根太なし 直張り川の字釘打ち、N75@150mm以下	1.20
F9		幅180mm杉板12mm以上、根太@340mm以下 落し込み、N50@150mm以下	0.39
F10		幅180mm杉板12mm以上、根太@340mm以下半欠き、N50@150mm以下	0.36
F11		幅180mm杉板12mm以上、根太@340mm以下転ばし、N50@150mm以下	0.30
F12		幅180mm杉板12mm以上、根太@500mm以下落し込み、N50@150mm以下	0.26
F13		幅180mm杉板12mm以上、根太@500mm以下半欠き、N50@150mm以下	0.24
F14		幅180mm杉板12mm以上、根太@500mm以下転ばし、N50@150mm以下	0.20

記号	種類	水平構面の仕様	床倍率 ΔQ_E
R1	屋根構面	勾配30°以下、構造用合板9mm以上または構造用パネル1・2・3級、たる木@500mm以下転ばし、N50@150mm以下	0.70
R2		勾配45°以下、構造用合板9mm以上または構造用パネル1・2・3級、たる木@500mm以下転ばし、N50@150mm以下	0.50
R3		勾配30°以下、幅180mm杉板9mm以上、たる木@500mm以下転ばし、N50@150mm以下	0.20
R4		勾配45°以下、幅180mm杉板9mm以上、たる木@500mm以下転ばし、N50@150mm以下	0.10

記号	種類	水平構面の仕様	床倍率 ΔQ_E
H1	火打ち構面	火打ち金物または木製火打ち90mm×90mm、平均負担面積2.5m²以下、梁せい240mm以上	0.80
H2		火打ち金物または木製火打ち90mm×90mm、平均負担面積2.5m²以下、梁せい150mm以上	0.60
H3		火打ち金物または木製火打ち90mm×90mm、平均負担面積2.5m²以下、梁せい105mm以上	0.50
H4		火打ち金物または木製火打ち90mm×90mm、平均負担面積3.3m²以下、梁せい240mm以上	0.48
H5		火打ち金物または木製火打ち90mm×90mm、平均負担面積3.3m²以下、梁せい150mm以上	0.36
H6		火打ち金物または木製火打ち90mm×90mm、平均負担面積3.3m²以下、梁せい105mm以上	0.30
H7		火打ち金物または木製火打ち90mm×90mm、平均負担面積5.0m²以下、梁せい240mm以上	0.24
H8		火打ち金物または木製火打ち90mm×90mm、平均負担面積5.0m²以下、梁せい150mm以上	0.18
H9		火打ち金物または木製火打ち90mm×90mm、平均負担面積5.0m²以下、梁せい105mm以上	0.15

記号	種類	水平構面の仕様	床倍率 ΔQ_E
D0		吹抜けまたは床なし	0.00

ひとりでやってみよう 18

存在床倍率を求めます。

演習シート 28、29、30 ページを使用します。

求め方の手順
1. 水平構面図に床倍率ごとに床構面を配置します。
2. a〜d ルートのいずれかに該当するかを確認します。
3. 各ルートの求め方に従い、存在床倍率を求めます。

1階 Y0〜Y3 を例に求め方を説明します

1 水平構面図に床倍率ごとに床構面を配置します。

階段室や吹抜けは床なしとして区別します。（演習では、予め床構面を配置しています。演習シート 29 ページを参照してください。）。

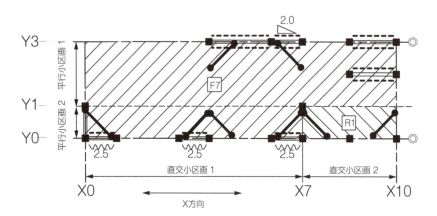

2 a〜d ルートのいずれに該当するかを確認します。

1階 Y0〜Y3 は d ルート（P.132 ページの下段の一番左）に該当します。

3 各ルートの求め方に従い、面材床構面の存在床倍率を求めます。

1）平行小区画に分割します。
　面材床構面が変わる境界線のうち、耐力壁線に平行な境界線（Y1 通り）で平行小区画に区切ります。（下図の ── 線です。）Y0〜Y1 を平行小区画 2、Y1〜Y3 を平行小区画 1 とします。

2）平行小区画 2（Y0-Y1 間）の存在床倍率を求めます。
　平行小区画 2 は、X7 通りで床倍率が変わっていますので、X0〜X7 までを直交小区画 1、X7〜X10 までを直交小区画 2 として床量を求め、床の長さで平均化します。
　イ）直交小区画 1 の床量を求めます。
　　直交小区画 1 は F7 の床仕様ですから、床倍率は 3.0 倍です。耐力壁線と平

行な床長さを「奥行き長さ」としていますので、F7仕様の床の奥行き長さはX0〜X7までの637cmです。

床量は、床倍率×奥行き長さで求めます。3.00×637＝1,911cmとなります。

ロ）直交小区画2の床量を求めます。

直交小区画1の求め方と同様に、床倍率がR1（0.7）です。奥行き長さの最小値は273cmですので、床量は0.7×273＝191cmとなります。

ハ）存在床倍率を求めます。

直交小区画1と直交床区画2の床量の合計を奥行き長さの合計で割ると、この区間の存在床倍率が求まります。（1,911＋191）/（637＋273）＝2.30倍

3）平行小区画1の存在床倍率を求めます。

平行小区画1は全ての床がF7ですから、表では直交小区画1の欄を使います。求め方は平行小区画2と同じです。

4）存在床倍率を求めます。

平行小区画1と2の存在床倍率のうち、小さい方をこの区間の存在床倍率とします。

5）火打ち構面の存在床倍率を求めます。ひとりでやってみよう17で求めた、この区画の存在床倍率H6（0.3）倍を記入します。

6）面材床構面の存在床倍率と火打ち構面の床倍率を合計します。

memo

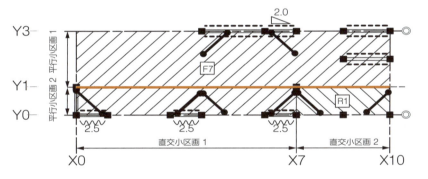

床区画		存在床倍率											火打ち構面床倍率		
		直交小区画1			直交小区画2				奥行き長さの合計	床量の合計	直交小区画の床倍率	面材構面の存在床倍率	種類	床倍率	存在床倍率
		床種類	床倍率	奥行き長さの最小値(cm)	床量(cm)	床種類	床倍率	奥行き長さの最小値(cm)	床量(cm)							
Y0〜Y3	Y0〜Y1	F7	3.00	637	1,911	R1	0.70	273	191	910	2,102	2.30	2.30	H6	0.30	2.60
	Y1〜Y3	F7	3.00	910	2,730					910	2,730	3.00				

1階のY3〜Y5の区画と2階の存在床倍率を求めてみましょう

☕ コーヒーブレイク　床構面の床倍率

表10.3-2 床倍率一覧表の床構面仕様を図で表すと次のようになりますので、参考にしてください。

1) 構造用合板（根太なし仕様）

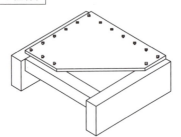 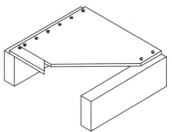

構造用合板 24mm 以上　　　　　　　　構造用合板 24mm 以上

四周釘打ち N75@150 以下⇒倍率：3.0　　川の字打ち N75@150 以下⇒倍率：1.2

2) 構造用合板（根太あり仕様）

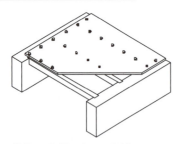 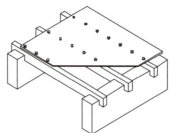 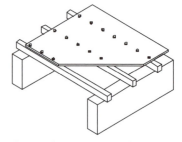

構造用合板 12mm 以上　　　構造用合板 12mm 以上　　　構造用合板 12mm 以上
根太@ 340 以下 落し込み　　根太@ 340 以下 半欠き　　　根太@ 340 以下 転ばし
N50@150 以下⇒倍率：2.0　　N50@150 以下⇒倍率：1.6　　N50@150 以下⇒倍率：1.0
構造用合板 12mm 以上　　　構造用合板 12mm 以上　　　構造用合板 12mm 以上
根太@ 500 以下 落し込み　　根太@ 500 以下 半欠き　　　根太@ 500 以下 転ばし
N50@150 以下⇒倍率：1.4　　N50@150 以下⇒倍率：1.12　N50@150 以下⇒倍率：0.7

3) 杉板（根太あり仕様）

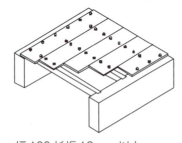 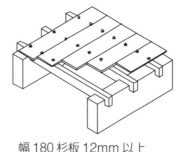 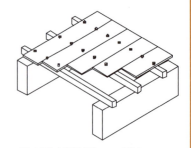

幅180 杉板 12mm 以上　　　幅180 杉板 12mm 以上　　　幅180 杉板 12mm 以上
根太@ 340 以下 落し込み　　根太@ 340 以下 半欠き　　　根太@ 340 以下 転ばし
N50@150 以下⇒倍率：0.39　N50@150 以下⇒倍率：0.36　N50@150 以下⇒倍率：0.30
幅180 杉板 12mm 以上　　　幅180 杉板 12mm 以上　　　幅180 杉板 12mm 以上
根太@ 500 以下 落し込み　　根太@ 500 以下 半欠き　　　根太@ 500 以下 転ばし
N50@150 以下⇒倍率：0.26　N50@150 以下⇒倍率：0.24　N50@150 以下⇒倍率：0.20

図 10.3-5

10.4 必要床倍率の算定と判定

必要床倍率は、耐力壁線ではさまれた区画ごとに検討します。

1)地震に対する必要床倍率は以下の式で求めます。

$$\boxed{\text{地震用必要床倍率} = \alpha \times \text{耐力壁線間隔} \times CE}$$

ここで、

CE ＝性能表示 地震力用係数[※1]/200

αは床区画と耐力壁線の条件により決まる係数で、表 10.4-1 によります。

2)風圧力に対する必要床倍率は以下の式で求めます

$$\boxed{\text{風圧力用必要床倍率} = \alpha \times \frac{\text{耐力壁線間隔}}{\text{壁線方向長}} \times CW}$$

ここで、

CW（平家建て、最上階）＝ 0.014 ×性能表示風圧力用係数[※2]

CW（その他の階）＝ 0.028 ×性能表示風圧力用係数

αは床区画と耐力壁線の条件により決まる係数で、表 10.4-1 によります。

表 10.4-1 耐力壁線とαの関係

memo

※1 性能表示地震力用係数は、P.100 ③で求めました。

※2 性能表示風圧力用係数は、性能表示の風圧力に対する必要壁量を求める際に使った値で、その地域の基準風速に応じて値が決められています。

※3 2階の小屋組のαは、上からの壁線がなくてもα＝1.0を用いることが性能評示の評価方法基準に定められています。
小屋筋かいの通りがのることを想定しています。

ひとりでやってみよう 19
必要床倍率の算定と判定を行います。

演習シート 8、25、26、30、31 ページを使用します。

求め方の手順

1. 耐力壁線で挟まれた区間ごとに検討します。耐力壁線の種類を◎または○で記入します。
2. 表 10.4-1 を参照して α の値を記入します。
3. 耐力壁間間隔と耐力壁線に平行方向の床構面の長さを記入します。
4. 地震力に対する必要床倍率を求めます。
5. 風圧力に対する必要床倍率を求めます。

1 階 X 方向を例に求め方をを説明します

1 耐力壁線で挟まれた区画ごとに耐力壁線の種類を◎または○で記入します。

演習シート 31 ページ（●性能表示　必要床倍率の算出と判定）の「耐力壁線間」欄に耐力壁線で挟まれた区画を記入し、「壁線種類」欄に、演習シート 25 ページで求めた耐力壁線の種類（○か◎）を記入します。

2 表 10.4-1 を参照して α の値を記入します。

耐力壁線の種類と上階の耐力壁線の位置に応じて P.137 の表 10.4-1 より α を選択します。

3 **耐力壁線間隔と耐力壁線に平行方向の床構面の長さを記入します。**

演習シート 25、26 ページ等を参照して、耐力壁線間隔、床区画の壁線方向長さ（奥行き長さ）を記入します。

階	方向	耐力壁線間			壁線種類	α	耐力壁線間隔 (m)	床区画の壁線方向長 (m)
1階	X方向	Y0	～	Y3	◎-◎	0.5	2.73	9.10
		Y3	～	Y5	◎-◎	0.5	1.82	9.10
			～					
			～					
		X0	～	X4	◎-◎	1.0	3.64	4.55
		X4	～	X7	◎-◎	0.5	2.73	4.55

- 耐力壁線で挟まれた区画ごとに検討します。
- 耐力壁線の種類（○か◎）を確認します。
- 耐力壁線間隔・床区画の壁線方向長さ（奥行き長さ）を書き出します。
- 耐力壁線の種類と上階の耐力壁線の位置により表 10.4-1 より α を選択します。

4 **地震力に対する必要床倍率を求める。**

1) 地震力に対する性能表示必要壁量を求める時に用いた性能表示地震力用係数を記入します（演習シート 8 ページ下段で求めました。）。

2) CE を計算して記入します（P.137 ページを参照してください）。

3) 地震に対する必要床倍率を求めます（P.137 ページを参照してください）。

4) 演習シート 30 ページで求めた、存在床倍率を記入し、これが必要床倍率より大きいことを確認します。大きければ判定に OK と記入します。

長	地震に対する必要床倍率			存在床倍率	判定	
	地震力用係数	CE				
0			0.45	2.60	OK	
0	65.69	0.329	0.30	1.80	OK	

- 必要床倍率＝α×耐力壁線間隔× CE で求めます。
- 床面積に乗ずる値÷200 で求めます。
- 9.1 で求めた値を記入します。

5 風圧力に対する必要床倍率を求める。

1) 風圧力に対する性能表示必要壁量を求める時に用いた、性能表示風圧力用係数を記入します。（P.102 ページの表 9.2-1 から求めます。演習シート 8 ページ下段でも使用しました。）
2) 該当する階に応じて CW を計算します（P.137 ページの CW（その他の階の式）を参照してください）。
3) 風圧力に対する必要床倍率を求めます（P.137 ページを参照してください）。
4) 演習シート 30 ページで求めた、存在床倍率を記入し、これが必要床倍率より大きいことを確認します。大きければ判定に OK と記入します。

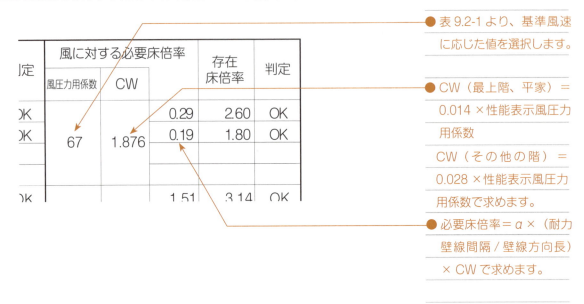

- 表 9.2-1 より、基準風速に応じた値を選択します。
- CW（最上階、平家）＝ 0.014 ×性能表示風圧力用係数
  CW（その他の階）＝ 0.028 ×性能表示風圧力用係数で求めます。
- 必要床倍率＝α ×（耐力壁線間隔 / 壁線方向長）× CW で求めます。

1 階 Y 方向、2 階の必要床倍率の判定をやってみましょう

☕ コーヒーブレイク　存在床倍率が必要床倍率を満たさなかった場合の対応は？

　方法は二つ。存在床倍率の値を上げるか、必要床倍率の値を下げるかしかありません。
　このうち、存在床倍率を上げるには、面材床構面の仕様を変更するか、火打ち材を増加させる方法があります。必要床倍率との差がわずかなら、火打ち材を増やすことで対応できます。
　一方、必要床倍率を下げるには、耐力壁線間隔を狭めるか、上下の耐力壁線を揃えるなどの対応が必要となります。耐力壁線は間仕切壁内の耐力壁や準耐力壁の長さによって決まりますので、間仕切壁の移動をはじめ、耐力壁量の変更も生じてきますので、プラン変更が必要になると共に壁量計算も大幅にやり直しとなることがあります。
　このようなことにならないよう、プランの段階から適切な間隔で間仕切壁を配置するなどの配慮が必要です。

11 【性能表示】横架材接合部の確認

性能表示の接合部設計の考え方

　性能表示における筋かい端部や柱頭・柱脚の接合部に関しては、基準法に追加されることはありません。基準法・仕様規定を守っていれば、それでよいことになります。等級によって外力は大きくなりますが、個別の壁の強さは、基準法・壁量設計と変わらないので、接合部の設計を変える必要がないためです。したがって、現在の解釈では、基準法・壁量設計における耐力壁のみを対象として、柱頭・柱脚の接合部を選択することとしています。ただし、厳密に言えば、性能表示では、準耐力壁等を耐力要素として、評価対象に追加していますので、準耐力壁等を考慮した耐力に対して、接合部を選択すべきです。

　繰り返しになりますが、性能表示は、基準法仕様規定よりも高い性能を表示するので、設計法もできるだけ実態に合わせ、精度のよいものを用いることが必要です。そこで、一般的には、性能表示をするような建物では、せめてN値法で引抜き力を算出することを勧めます。また、その際には、準耐力壁等を含めて検討するのが望ましいと言えます。

横架材接合部と接合部倍率

　性能表示では、横架材接合部の仕様も確認します。これは、基準法・仕様規定では求められていないものです。確認が必要なのは、図11.0-1のように、3項目です。①通し柱と胴差しの接合部、②主屋と、下屋など突出部の横架材との接合部、③耐力壁線上の横架材の継ぎ手、です。いずれも、地震などの水平力が加わったときに、大きな力が加わる箇所で、従来の構法では、見落としやすい箇所でした。

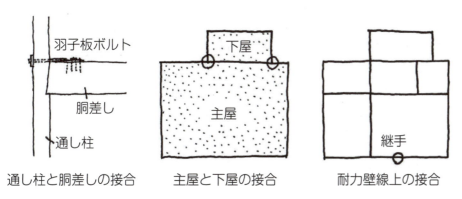

図 11.0-1 性能表示で確認が必要な接合箇所

　「①通し柱と胴差しの接合部」は、阪神淡路大震災などでも、外れたり、折れたりしたものが見られました。また、近年は、強度の高い床が用いられることが増えていることから、その強度の確認されているものを指定する形をとっています。「かたぎ大入れほぞ差し」とし、ボルトなどの接合金物で緊結する仕様などが示されています。これは、次の横架材接合部の確認と同じ意味です。

②は、主屋から突出する下屋などの、主屋の接合部を確認するものです。こうした部分は、ちょうど、面積の小さい最上階が、地震時に大きく振られるので柱脚を補強するのと同じ理屈といえます。ツーバイフォーの場合、外周部の壁は耐力壁線とし、一定以上の耐力壁を配置しなければなりませんが、軸組構法の場合には、外周部には耐力壁がほとんど入っていないものも見られます。図

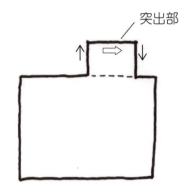

図 11.0-2 突出のある平面

11.0-2のように、突出部の先に、耐力壁が少ない場合、突出部の地震力等は、主屋側で負担しなければなりません。その場合、主屋との接合部に大きな引っ張り力が加わることがあります。

③耐力壁線上の横架材の継ぎ手も同様で、床面の周辺を固める部材には、大きな軸力が生じるので、床倍率に応じた強度の継ぎ手を設けることにしています。

以上のことから、性能表示では、横架材にも接合部倍率を確認することを求めています。

接合部の位置や床倍率から必要接合部倍率を求めて、その強度を確保できる接合部倍率の金物を選ぶというものです。基準法・仕様規定にはない規定なので、混乱しないようにしましょう。

> **必要接合部倍率 $T = 0.185 \times \Delta Q_E \times L$**

ここで、T ：必要接合部倍率
　　　 ΔQ_E ：存在床倍率
　　　 L ：耐力壁線間隔

ここで、必要接合部倍率が、床倍率の関数になっていることに注意してください。横架材接合部は、床が強ければ強いだけ、その強度を高くする必要があります。これは、接合部が先に壊れることがないようにという考え方に沿ったものです。耐力壁の場合と同じと考えれば、理解しやすいでしょう。壁倍率が大きいほど、柱脚や柱頭の引抜き力が大きくなるのと同じ理屈です。

考え方のアドバイス 1　必要接合部倍率の考え方

必要接合部倍率は、P.71の「考え方のアドバイス1　柱頭・柱脚の引き抜き力算定の考え方」のように、壁と同様に考えると理解しやすい。図11.0-3のように、床を壁と同様に考え、反曲点高さが1/2とすると、必要接合部倍率Tは以下のように求めることができます。

$$T_a = \left(\frac{1}{2} \times P \times L\right) \times \frac{1}{\ell} = \frac{1}{2} \times \left(\Delta Q_E \times 1.96 \times \ell\right) \times \frac{L}{\ell}$$

$$= \frac{1}{2} \times 1.96 \times \Delta Q_E \times L$$

$$T = T_a \times \frac{1}{5.3} = \left(\frac{1}{2} \times 1.96 \times \Delta Q_E \times L\right) \times \frac{1}{5.3}$$

$$= 0.185 \times \Delta Q_E \times L$$

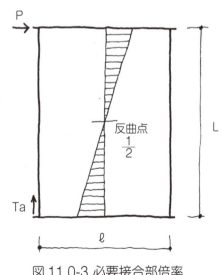

図 11.0-3 必要接合部倍率

11.1 外周横架材接合部の検討

　床・屋根の外周横架材の接合部倍率を検討します。耐積雪等級のみ２とする場合と耐震等級・耐風等級・耐積雪等級を全て１とする場合は接合部倍率の検討は不要です。

　手順としては下記（ⅰ）〜（ⅲ）にあてはまる部位について、横架材に接している水平構面の存在床倍率から必要接合部倍率を求め、その値よりも大きい倍率の接合金物を選択します。

（ⅰ）２階の外壁と接する１階の小屋組及び屋根面において、当該小屋組及び屋根面の２階の外壁側の両側の仕口。（いわゆる下屋の付け根の接合部。）

（ⅱ）耐力壁線までの距離が1.5mを超える位置にある入り隅部分の床組等の仕口。

（ⅲ）相互の間隔が４mを超える耐力壁線に挟まれる床組等の中間にある胴差し及び軒桁の継ぎ手及び仕口。継ぎ手及び仕口の接合部倍率は表11-1-1の式で求めます。

表 11.1-1 部位別の必要接合部倍率

部位	必要接合部倍率
（ⅰ）下屋の付け根	必要接合部倍率（T） ＝ 0.185 ×存在床倍率（ΔQ_E）×耐力壁線間距離（L） （0.7以下の時は0.7とする）
（ⅱ）建物の外周の耐力壁線から1.5mを超える位置にある入り隅部の接合部	
（ⅲ）耐力壁線間距離が4mを超える床・屋根構面の中間部にある接合部	
（ⅳ）上記以外の接合部	0.7

表 11.1-2 横架材接合部の仕様

記号	接合部の仕様	接合部倍率
□	短ほぞ差し	0.0
□	かすがい	
N	長ほぞ差し込み栓打ち	0.7
L	L字型金物	1.0
V	V字型金物	
T	T字型金物	
P	羽子板ボルト	1.4
I	短冊金物	
Ps	羽子板ボルト＋スクリュー釘50	1.6
I s	短冊金物＋スクリュー釘50	
2	10KN用引き寄せ金物	1.8
3	15KN用引き寄せ金物	2.8
4	20KN用引き寄せ金物	3.7
5	25KN用引き寄せ金物	4.7
32	15KN用引き寄せ金物×2	5.6
J1	（腰掛蟻又は大入れ蟻掛け）+（羽子板ボルト又は短冊金物）	1.9
J2	（腰掛蟻又は大入れ蟻掛け）+（羽子板ボルト又は短冊金物）×2	3.0

ポイント1　検討を要する接合部の位置とはどんなところ？

　外周横架材接合部の検討基準に当てはまる部分がある場合には、演習シート32ページを使用して必要な金物を指定します。

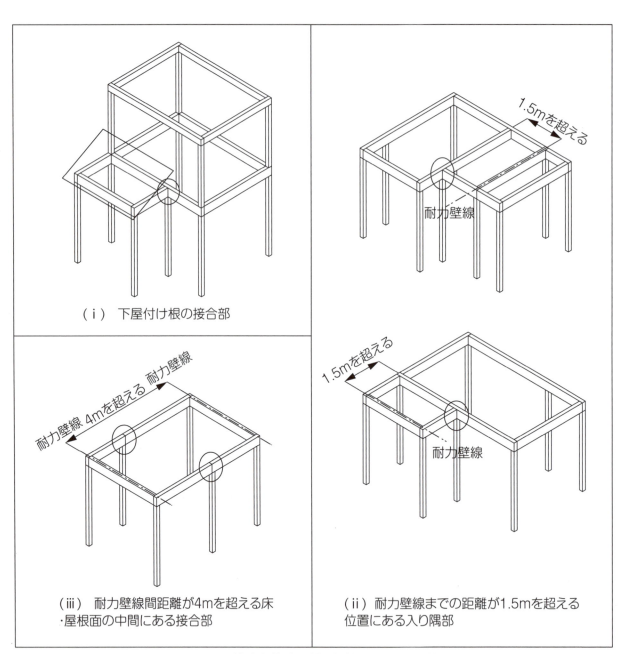

図11.1-1　接合部倍率の検討が必要な必要な位置

ひとりでやってみよう 20

金物を選定します。

演習シート 25、30、32 ページを使用します。

求め方の手順

1. 耐力壁で挟まれた区間を記入します。
2. 存在床倍率を記入します。
3. 必要接合部倍率を記入します。
4. 接合部の仕様を記入します。

1 階 X 方向を例に求め方を説明します

1 耐力壁線で挟まれた区画を記入します。

演習シート 32 ページ上段の表（●性能表示　外周横架材の接合部の判定）の「耐力壁線間」の欄に、演習シート 25 ページで求めた、耐力壁線で挟まれた区画を記入します。

2 存在床倍率を記入します。

演習シート 30 ページで求めた、存在床倍率を記入します。

3 必要接合部倍率を記入します。

T＝0.185 ×存在床倍率×耐力壁線間隔　によって求めた値を必要接合部倍率に記入します。

memo

4 接合部の仕様を記入します。

「仕口の種類」欄に表11.1-2（P.143ページ）から必要接合部倍率以上となる接合部の仕様の記号を選択し記入します。

● 10.1 で求めた耐力壁線で挟まれた区画ごとに検討します。

● T=0.185 × 存在床倍率 × 耐力壁線間隔で必要接合部倍率を求めます。

階	方向	耐力壁線			耐力壁線間隔(m)	存在床倍率	必要接合部倍率	仕口種類	存在接合部倍率	判定
1階	X方向	Y0	～	Y3	2.730	2.60	1.32	J1	1.9	OK
		Y3	～	Y5	1.820	1.80	0.70	J1	1.9	OK
			～							
			～							
		X0	～	X4	3.640	3.14	2.12	J2	3.0	OK

● 表 11.1-2 から必要接合部倍率以上となる接合部の仕様の記号を記入します。

● 10.3 で求めた存在床倍率を記入します。

外周横架材接合部の検討基準に当てはまる部分がある場合には、演習シート 32 ページを使用して必要な金物を指定します。

ここでは演習のため、全ての耐力壁線間の接合部の検討をしています。

1階 Y 方向の金物を選定してみましょう

11.2 胴差しと通し柱の接合部

この項の検討も前項と同様に耐積雪等級のみ2とする場合と耐震等級・耐風等級・耐積雪等級を全て1とする場合は不要です。

検討の手順は、通し柱と胴差しの条件に応じて下表から仕口の仕様を選択します。

表 11.2-1 通し柱と胴差しの接合部仕様

	通し柱と胴差しの条件	仕口
T1	通し柱の片側に胴差しが取り付く場合	胴差しを柱にかたぎ大入れ短ほぞ差しの上、羽子板ボルト、かね折り金物又は同等以上の仕口
T2	通し柱の両側に胴差しが取り付く場合	胴差しを柱にかたぎ大入れ短ほぞ差しの上、羽子板ボルト、かね折り金物又は同等以上の仕口
T3	通し柱と胴差しの接合部の近くに断面寸法 90×90mm 以上の木製筋かいが取り付く場合。(通し柱が建物の出隅にあるか、筋かい壁が外壁と直交して接する場合)	胴差しを通し柱に 15KN 用引き寄せ金物を水平に用いて緊結

大橋好光 齊藤年男、「木造住宅設計者のための構造再入門」P147、日経BP社、2007 より転載

ポイント2　通し柱と胴差しの条件に応じた接合部の仕様(例)

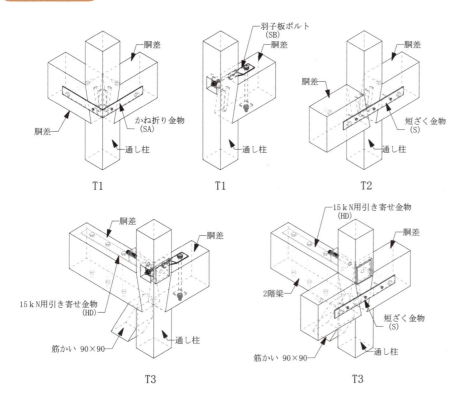

大橋好光 齊藤年男、「木造住宅設計者のための構造再入門」P147、日経BP社、2007 改編

ひとりでやってみよう 21
胴差し・通し柱の接合部の検討をします。

演習シート 18、19、20 ページを使用します。

求め方の手順
1 接合部の検討

2 階 X0 通りを例に求め方を説明します

1 接合部の検討

演習シート 18、19、20 ページ（N 値計算表）の右端欄を使用します。接合金物欄に「通し柱」と記入した柱には胴差しが取り付きますので、表 11.2-1（P.147 ページ）から該当する仕様の記号を記入します。

階	耐力壁端部の柱		A1	B1	A2	B2	L	N	N max (X、Y軸方向のNの最大値)	接合金物 柱頭部 柱脚部	胴差し・通し柱の接合部
			X軸方向								
			Y軸方向								
2	X0	Y0	2.5	0.8			0.4	1.60	1.60	ほ	T1
			2.5	0.8			0.4	1.60		通し柱	
2	X0	Y1							0.65	ろ	
			2.5	0.5			0.6	0.65		ろ	
2	X0	Y3							0.65	ろ	
			2.5	0.5			0.6	0.65		ろ	
2	X0	Y5	2.5	0.8			0.4	1.60	1.60	ほ	T1
			2.5	0.8			0.4	1.60		通し柱	
2	X1	Y0	2.5	0.5			0.6	0.65	0.65	ろ	
										ろ	
2	X2	Y0	2.5	0.5			0.6	0.65	0.65	ろ	
										ろ	

1 階、2 階のその他の通りの接合部を検討してみましょう

12 伏図の作成

　性能表示制度を利用する場合には、壁量計算書に加えて構造図も添付する必要があり、壁量計算で指定した位置に有効な耐力壁が配置されているか、柱の接合金物やアンカーボルトが設計図書に間違いなく反映されているかも審査されます。建築確認申請では特例により、設計図書の添付は求められていませんが、施工図にきちんと反映されていなければせっかくの計算も意味がありません。ここでは、これまでに求めた結果を確実に図面に反映させていただきたいという観点から、伏図の作成演習も行います。なお、伏図は個々の設計者によって異なりますので、必ずしも答えは一つではありません。ここでは、木造軸組構法の伏図を作成するのが初めての方を対象に、一般的な考え方や手順の一例を紹介していますので、参考にしてください。

伏図作成の流れ

　伏図を描くためには建物に作用する荷重の流れを理解する必要があります。柱や横架材は上からの荷重を下や水平方向に伝える役割をしています。したがって本書では建物上方から順に伏図を描き進めることにしています。

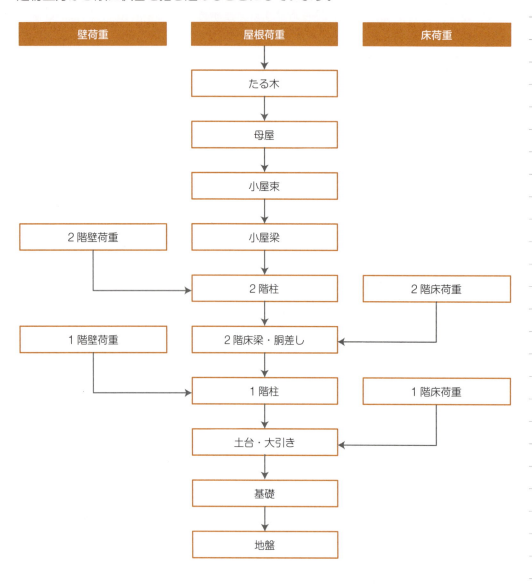

図12.0-1 荷重の流れの概念図

12.1 横架材の部材仕様

　演習では表 12.1-1 の材料を使うものとして横架材の間隔やスパンを解説しています。実際の設計では、用いる部材種類と断面寸法によって異なりますので注意してください。

表 12.1-1 主な部材

部位	材料・規格	樹種	寸法 (mm)
たる木	無等級製材	べいつが	45 × 75
棟木・隅木	JAS 構造用集成材・E95-F315	べいつが	105 × 105
母屋	JAS 構造用集成材・E95-F315	ホワイトウッド	105 × 105
小屋梁	JAS 構造用集成材・E120-F330	オウシュウアカマツ	105 × 150 ～ 210
胴差し・床梁	JAS 構造用集成材・E120-F330	オウシュウアカマツ	105 × 150 ～ 330
根太	無等級製材	ベイマツ	45 × 60
大引き	無等級製材	ベイヒバ	105 × 105
土台	無等級製材	ベイヒバ	105 × 105

注）JAS 構造用集成材は、集成材の日本農林規格の構造用集成材を示しています。

12.2 屋根伏図 （演習シート 33 ページ）

屋根伏図は主に小屋組みを表す図面で、小屋伏図と合わせる場合もあります。
作図にあたり、部材ごとに識別できるよう、線種や記号を決めておきます。

　【作図の手順】
　　①２階外壁の中心線を記入します。
　　②屋根の軒先ラインを記入します。
　　③棟木・隅木・谷木を記入します。
　　　屋根型に合わせて屋根面の傾斜方向が変わる位置に部材を配置します。
　　④母屋を記入します。
　　　母屋は、棟木と軒桁を等間隔に分割した位置を基本とします。間隔はその上に乗るたる木の断面寸法によって決まりますが、ここでは 910mm を目安にします。
　　⑤小屋束を記入します。
　　　小屋束は母屋を支える柱の役割をしています。間隔は母屋の断面寸法によって決まりますが、ここでは 1,820mm を目安に設置します。
　　⑥たる木を記入します。
　　　たる木は 455mm 間隔で設置しますので、既に大工さんと取り決めされているなど時などは図面に記入しない場合もあります。

12.3 小屋伏図（演習シート 34 ページ）

　小屋伏図には小屋梁の配置のほか、小屋梁上部に乗る小屋束と小屋梁を支えるための 2 階柱を記入します。これは、小屋梁の上面には小屋束取り付けのためのホゾ加工が必要であり、下面には 2 階柱取り付けのためのホゾ加工が必要なためです。作図時には小屋梁上下の部材受け渡しの不備を無くす上でも有効です。

【作図の手順】

①2 階内・外壁の中心線を記入します。

②屋根の軒先ラインを記入します。（省略可）

③小屋束を記入します。

　屋根伏図で決めた位置と同位置に記入します。

④2 階管柱を記入します。

⑤外周壁上部に横架材を記入します。

⑥内部耐力壁及び間仕切壁上部に横架材を記入します。

⑦小屋束を受ける横架材を記入します。

⑧横架材間隔が 1,820mm 以下となるように横架材を記入します。

　必ずしも 1,820mm 以下でなければならないわけではありませんが、2 階の天井下地を吊る、吊木を取り付けやすいよう配慮しておくと良いでしょう。

⑨横架材のサイズを計算し、記入します。

　当演習では行いません。

⑩火打ち材を配置します。

　火打ち材を記入します。主な取り付け位置は、(1) 建物外周の出隅・入り隅部、(2)2 階壁上の梁の交差部、(3)2 階内壁と外壁の交差部が目安となります。

12.4　2 階床梁伏図（演習シート 35 ページ）

　2 階床梁伏図には床梁や胴差しの他、梁上面の 2 階柱位置や下面の 1 階柱位置も記入します。これは、小屋伏図同様に梁の上下面に取り付く柱のホゾ加工が必要なためです。

【作図の手順】

①2 階の外壁線・間仕切壁線を記入します。

②1 階の外壁線・間仕切壁線を記入します。

③2 階管柱を記入します。

④1 階管柱を記入します。

⑤ 外周壁に横架材を記入します。

　1 階外周壁の上部、2 階外周壁の下部に横架材を記入します。

⑥1 階内部耐力壁及び間仕切壁上部に横架材を記入します。

　上記と同様に、1 階間仕切り壁の上部には横架材が必要です。

⑦2 階内部耐力壁及び間仕切壁下部に横架材を記入します。

　上記と同様に、2 階間仕切壁の上部には横架材が必要です。

⑧ 横架材間隔が 910mm 以下となるように横架材を追加記入します。

　床組みは根太の有無や根太寸法、床合板の厚さなどで変わってきますが、

ここでは根太なしで合板厚さ24mmを想定していますので、梁間隔は910mmとします。

⑨ 横架材のサイズを計算し、記入します。

当演習では行いません。

⑩ 火打ち材を配置します。

火打ち材を記入します。主な取り付け位置は、(1)建物外周の出隅・入り隅部、(2)1階壁上の梁の交差部、(3)1階内壁と外壁の交差部が目安となります。

⑪ 隅柱を通し柱に指定します。

12.5 大引き・土台伏図 （演習シート36ページ）

これまでの作図の考え方とほぼ同じです。土台は1階壁を支える部材で、原則として直下に基礎がなくてはなりません。大引きは1階床を支え、直下は束で受けます。

【作図の手順】

① 1階の外壁線・間仕切壁線を記入します。

② 1階管柱を記入します。

③ 外周壁に横架材を記入します。

④ 1階内部耐力壁及び間仕切壁下部に土台を記入します。

⑤ 横架材(土台または大引き)間隔が910mm以下となるように大引きを記入します。

⑥ 火打ち材を配置します。

12.6 基礎伏図 （演習シート37ページ）

基礎には布基礎とべた基礎がありますが、立ち上がり部分の設置ルールにはあまり違いがありません。

【作図の手順】

①土台設置位置を一点鎖線で記入します。

②土台設置位置に基礎の立ち上がりを記入します。

③大引き下に910mm間隔で束石を記入します。

④火打ち土台を記入します。

⑤アンカーボルトを記入します。

アンカーボルトの設置は以下の位置に設置します。

1）耐力壁端部柱の側近

2）原則として土台の両端部

3）その他アンカーボルト間隔が2.7m以内となるような位置

⑥ホールダウンアンカーを記入します。

ホールダウンアンカーボルトは、N値計算で求めた柱の接合金物のうち、10kNを超える引抜耐力を持つホールダウン金物に使います。N値計算表をもとに必要な位置の柱の側近に設置します。このとき、ホールダウン金物の取り付け位置は耐力壁の向きとは関係ありません。

13 横架材断面の検討

　性能表示制度では、床梁や小屋梁などの横架材に適切な断面寸法の材料が使われているかのチェックが求められています。具体的には、構造計算を行う方法とスパン表から部材の断面寸法を選択する方法があります。代表的なスパン表としては、（公財）日本住宅・木材技術センターから発行されている、「スパン表」があります。通常はこのスパン表から使用する樹種、部位、荷重状況、スパンなどからあてはまる断面寸法を選びます。また、構造計算による場合は、検討する部材に加わる応力を求め、その応力度が部材の許容応力度以下、所定のたわみ以下であることを確認します。

考え方のアドバイス 1　安全な構造計画のポイント

　2階の柱を受ける梁や、筋かいの下部が取り付く柱を受ける梁の断面寸法を決める際には、上部の状況に応じてスパン表や構造計算から得られた断面寸法より1ランク程度大きくするなどの配慮が有効です。

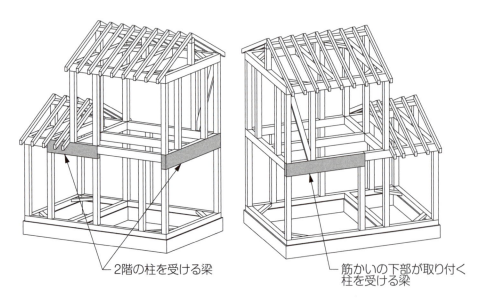

図 13.0-1　梁せいを割り増ししたい箇所

上階の耐力壁端部の柱を梁で受ける場合には、耐力壁端部に作用する圧縮力によって梁がたわむ事で、耐力壁本来の実力を発揮できない場合があります。このような場合は梁せいを大きくするなどの対応を心がけてください。

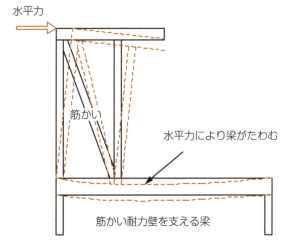

図13.0-2 筋かいを受ける梁

考え方のアドバイス 2　構造計算による場合の考え方

横架材の断面寸法を構造計算で求める場合は以下の手順で行います。

1) 部材に加わる荷重を求めます。

　荷重には、固定荷重（施行令第84条）、積載荷重（施行令第85条）、積雪荷重（施行令第86条）のほか、図13.0-2のような水平力から生じる柱軸力などがあり、図13.0-3のように、上部から下部に向かって力が流れます。これらの荷重から、検討しようとする部材に加わる荷重を求めます[※1]。

※1 単純ばりと見なして計算するのが一般的です。ほとんどは安全側になります。

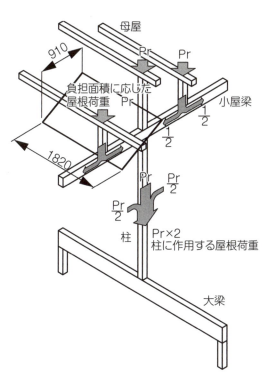

図13.0-3 上部からの荷重の流れ

大橋好光 齊藤年男「木造住宅設計者のための構造再入門」P177 日経BP社 2007 より転載

2) 部材に加わる応力を求めます。

　横架材の応力を求めるにあたっては、柱と横架材の接合部はピン接合と仮定します。このため、柱と横架材で門型に組まれていても、ラーメン構造ではなく、横架材単体で単純梁として考えます。また、1本の梁を3本以上の柱で支えている場合は、正確には連続梁形式なのですが、計算が複雑になる割には大きな差異がないことから、安全側の設計として各柱間で単純梁として考えます。1本の梁に複数の荷重（たとえば、柱の集中荷重と床の等分布荷重など）が加わる場合には、それぞれの荷重に応じた応力を求め、足し合わせることで複合する応力を求めることができます。こうした場合に用いる計算式を以下に示します。

検討に用いる計算式

①等分布荷重が作用する（床梁など）場合

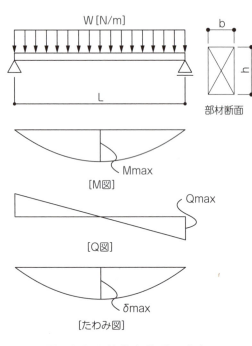

図 13.0-4 等分布荷重の応力

■ 部材に作用する応力

最大曲げモーメント　$M_{max} = \dfrac{w \cdot L^2}{8}$

最大せん断力　$Q_{max} = \dfrac{w \cdot L}{2}$

最大たわみ　$\delta_{max} = \dfrac{5 \cdot w \cdot L^4}{384 \cdot E \cdot I}$

断面積　$A = b \cdot h$

断面係数　$Z = \dfrac{b \cdot h^2}{6}$

断面二次モーメント　$I = \dfrac{b \cdot h^3}{12}$

■ 部材の最大応力度等

最大曲げ応力度　$\sigma_{bmax} = \dfrac{M_{max}}{Z}$

最大せん断応力度　$\tau_{max} = 1.5 \cdot \dfrac{Q_{max}}{A}$

②等分伏荷重と集中荷重が同時に作用する場合

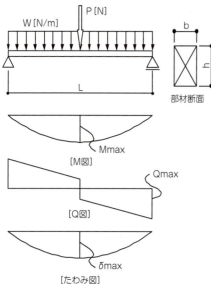

図13.0-5 荷重が重複した場合の応力

■ 部材に作用する応力

最大曲げモーメント　$M_{max} = \dfrac{w \cdot L^2}{8} + \dfrac{P \cdot L}{4}$

最大せん断力　$Q_{max} = \dfrac{w \cdot L}{2} + \dfrac{P}{2}$

最大たわみ　$\delta_{max} = \dfrac{5 \cdot w \cdot L^4}{384 \cdot E \cdot I} + \dfrac{P \cdot L^3}{48 \cdot E \cdot I}$

断面積　$A = b \cdot h$

断面係数　$Z = \dfrac{b \cdot h^2}{6}$

断面二次モーメント　$I = \dfrac{b \cdot h^3}{12}$

■ 部材の最大応力度等は下式で求める

最大曲げ応力度　$\sigma_{bmax} = \dfrac{M_{max}}{Z}$

最大せん断応力度　$\tau_{max} = 1.5 \cdot \dfrac{Q_{max}}{A}$

3) 部材の許容応力度以下であることを確認します。

■ 部材の検定

曲げ応力に対して　　$\sigma_{bmax} \leq f_b$
せん断応力に対して[※1]　$\tau_{max} \leq f_s$
最大たわみ制限[※2]　$2.0 \cdot \delta_{max} \leq \dfrac{L}{250}$

f_b、f_s：部材の許容応力度
δ_{max}：最大たわみ度

memo

※1「たわみ」は法律で定められているのは2階床梁のみです。他は設計者の判断で決めてよいが、日本建築学会に推奨値があります。

※2「2.0」はクリープによる変形増大係数を示しています。

第3章 参考資料

この章では、壁量計算には直接関係しないものの、木構造に携わるにあたって必要と思われる基礎的な補足資料や、壁量計算方法・基準法に関する技術的歴史的背景などについて参考資料として記載しています。
木質構造に関する知識の習得に役立ててください。

14 参考資料

14.1 構造形式の分類

軸組構法以外の木質構造、および、鉄骨構造、鉄筋コンクリート構造について、その概要を説明します。

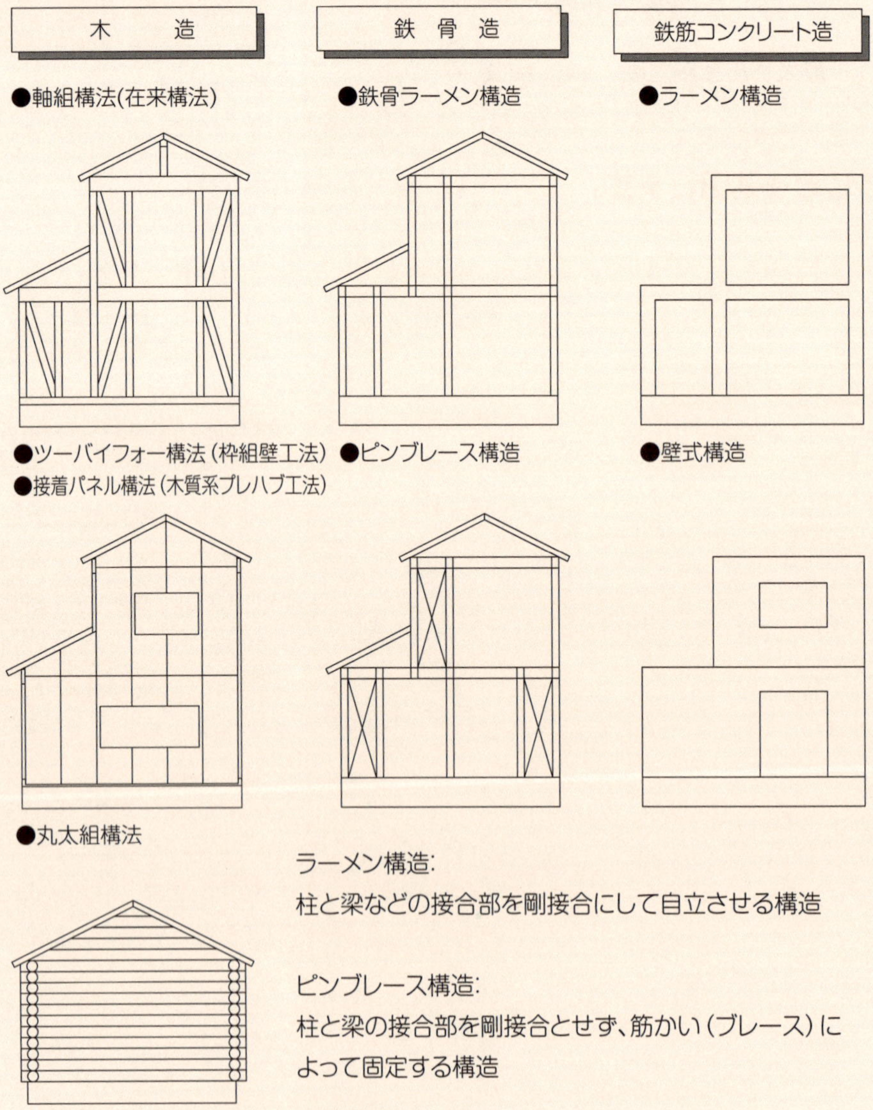

| 木　造 | 鉄　骨　造 | 鉄筋コンクリート造 |

●軸組構法(在来構法)　　●鉄骨ラーメン構造　　●ラーメン構造

●ツーバイフォー構法 (枠組壁工法)　●ピンブレース構造　　●壁式構造
●接着パネル構法 (木質系プレハブ工法)

●丸太組構法

ラーメン構造:
柱と梁などの接合部を剛接合にして自立させる構造

ピンブレース構造:
柱と梁の接合部を剛接合とせず、筋かい (ブレース) によって固定する構造

図 14.1-1 構造形態の整理

1）ツーバイフォー構法

　ツーバイフォー構法は、主に2インチ4インチ（204と呼ぶ）の断面の木材を使用することから、表記のように呼ばれています。204の木材に構造用合板などを釘打ちして壁を構成します。パネル構法の一種です。この壁パネルで水平力にも抵抗する「壁式構造」です。床の上に壁を、壁の上に床や屋根を載せるように組み立てる。こうした建方の方法をプラットフォーム工法と呼びます。北米には、他に「通し竪枠」のバルーンフレーム構法があります。北米での204材の実際の寸法は38×89mmですが、北欧やニュージーランドなどでは、より大きな断面を用いています。ツーバイフォー構法では、精巧な接合部加工はありません。主として釘打ちです。そこで、釘のスケジュール（種類と間隔）は、非常に重要です。釘は、「CN釘」などの「太め釘」を用います。日本では、昭和49年に建設省（当時）告示が制定され、自由に建てられるようになりました。告示では「枠組壁工法」と呼びます。

2）木質プレハブ工法

　プレハブ住宅とは、「工業化住宅」の認定を取得したものをいい、2000年の法改正までは、大臣認定の制度でした。2001年10月に、それまでの大臣認定の仕様が、平13年国交告第1540号として制定されました。告示では、木材を使用した枠組に構造用合板その他、これに類するものをあらかじめ工場で接着することにより、壁及び床版を設ける工法を、木質プレハブ工法と定義づけています。

　木質パネル構造とは、一般に、柱がなく、工場生産の木質壁パネルを建て並べる壁式の構造をいいます。考え方はツーバイフォー構法に近いですが、部材の使用材料・断面寸法、接合の方法などが、独自に設定されています。壁パネルの大きさは、幅を910mm程度とする中型（小型）パネル、そして、一部屋の一辺程度を単位とする大型パネルがあります。また、高さは、一般に1層の階高としますが、2階分の通しパネルとするものもあります。いずれの構法でも、床・屋根なども、パネル化して工場生産しています。また、更に工業化率を高めたものに、ユニット工法があります。部屋の一部を立体で工場製作するものです。

3）丸太組構法

　丸太組構法は、ログハウスと呼ばれることもあります。昭和61年に丸太組構法に関する告示が制定され、自由に建てられるようになりました。積層する部材を「ログ材」と呼びますが、ログ材の断面は、四角、丸が一般的です。また、ログ材相互の間に打たれたダボのせん断耐力で水平力に抵抗しています。一種の壁式構造です。ダボには、鋼製のものと木製のものがあります。水平力を受けたときの壁の浮き上がりを防ぐために、壁の端部に通しボルトを入れるものと、ログ材間をラグスクリュー止めするものがあります。

　交差部は、突出する「プロジェクトタイプ」と、突出のない「フラッシュタイプ」があります。日本では、一般に、「プロジェクトタイプ」が採用されています。

　丸太組構法の設計で、最も重要なのは、木材の乾燥収縮です。木材は、繊維直

角方向の乾燥収縮が大きいため、時間の経過に伴って沈下します。そこで、出入り口、窓などの開口部の他、階段、内壁下地などに、収縮しろを確保しておきます。なお、近年は、ログ材間のダボを工夫することで、沈下の小さい構法も開発されています。

4）鉄鋼系住宅

　鉄鋼系の戸建て住宅は、個別に設計するものと、いわゆる「鉄鋼系プレハブ住宅」があります。量的には、鉄鋼系プレハブ住宅の方が多いです。また、「鉄鋼系プレハブ住宅」は、工場生産方式の違いから、パネル方式とユニット方式に分けることができます。

　個別に設計するものは、H形の重量鉄骨を用いてラーメン構造とするものが多いです。設計は、事務所ビルなどと同様です。

　鉄鋼系プレハブ住宅は、ブレース構造とラーメン構造に分けることができます。これらは、リップ溝形鋼や軽量H形鋼、角形鋼管などの、いわゆる軽量鉄骨を用いています。これらの組み合わせのうち、最も多いのは、ブレース構造のパネル方式です。リップ溝形鋼の柱に、軽量H形鋼の梁で軸組を構成します。壁パネルは、X形の筋交いを組み込んだもので、工場生産です。小屋組は、鋼製のトラスです。これらの部品は、一般に、工場生産で、溶接接合されています。そして、現場で行う部材相互の接合は、ボルト締めとしています。

　壁や床、屋根などの面材は、一般に、構造用合板・ＯＳＢなどの面材、及び石こうボードを用います。ただし、これらに用いる面材は、新しいものが次々と開発されています。また、ＡＬＣ版を用いたものもあります。

5）コンクリート系住宅

　コンクリート系の戸建て住宅も、個別に設計するものと、いわゆる「コンクリート系プレハブ住宅」があります。また、構造的には、壁式構造とラーメン構造に分けることができます。

　ラーメン構造の構造設計は、荷重の設定などを除けば、事務所建築と同様です。また、壁式構造は、施行令や日本建築学会の規準でも、ラーメン構造とは別途に解説されており、階の床面積あたりの「壁量」が定められています。木造建物の「壁量設計」と同じ考え方です。

　また、「コンクリート系プレハブ住宅」は、壁式構造で、大型パネル式が主流です。工場生産で品質管理が十分にできることから、一般の壁式構造よりも壁厚等を小さくできるメリットがあります。パネル間相互の距離や、パネルで囲まれる面積などに制限が設けられています。

14.2 木造軸組構法の主な構造部材の名称

木造軸組構法の各部の構法を見てみましょう。

1) 軸組

柱と桁・梁などの横架材で鉛直荷重を負担します。柱は、土台や桁などに、「ほぞ差し」されています。一般に、建物の隅角部の柱は、通し柱とします。また、間柱は、柱の間に設置される部材で、構造体としての鉛直荷重は支えません。壁材の下地です。伝統的な構法では、間柱ではなく、貫を用いるものがあります。

通し柱に、側面から2階床レベルで取り付けられる横架材は、「胴差し」と呼ばれます。

2) 壁の構造

軸組構法の壁は、一般に、柱、間柱を受け材として、下地の面材等が釘打ちされています。外壁には、サイディング張りや木摺下地ラスモルタル塗り、内壁には下地として石こうボードを張るのが、代表的な構法です。軸組構法の水平力に抵抗する構造要素は、主として筋かいでしたが、現在では構造用合板を用いるものも増えています。外壁には断熱材を入れることから、都市近郊の住宅では、外周壁は構造用合板、内部間仕切りには筋かいという組み合わせが一般的です。

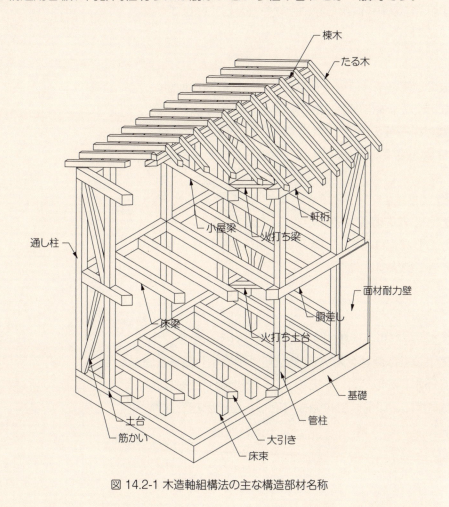

図 14.2-1 木造軸組構法の主な構造部材名称

3）床の構造

床の構造は、1階床と2階以上の階の床に分けることができます。

1階床は、土台と大引が「上面合わせ」で組み合わされていて、その上に、根太が乗り、その上に面材が釘打ちされています。基礎と土台の間にスペーサーを設け、従来の基礎換気孔を設けない方法が普及しています。また、大引を支える床束に、プラスチック製や金属製のものが普及しています。

2階以上の階の床は、胴差しと床梁が「上面合わせ」で組み合わされています。その上に、根太が乗り、その上に面材が釘打ちされているのは、1階床と同様です。

面材は、以前は、荒板と呼ばれるスギなどの製材でしたが、大部分は構造用合板に変わりました。また、近年、24〜30mmの厚い合板を、半間（多くの地域では910mm）間隔に入れた小梁に、直接釘打ちする構法が広がっています。根太を用いないことから、「根太レス構法」などと呼ばれています。

4）接合

軸組構法は、柱と横架材を接合して架構を形成します。各接合部には、継手・仕口と呼ばれる木材を加工した接合が用いられています。近年では、「機械プレカット」が普及しています。また、金物で補強することが広まっています。軸組構法用の標準的な接合金物に、(公財)日本住宅・木材技術センターの「Zマーク表示金物」の規格がありますが、この規格によらない金物も普及しています[1]。

※1 P.66「ポイント2　接合部の金物例」参照

5）基礎の構造

木造住宅の基礎形式は、一般の地盤の場合には「布基礎」とし、軟弱な地盤の場合には「べた基礎」としていました。「布基礎」形式の場合、外周および主要な壁線の下には「布基礎」を設け、一般の床下には、「束石」と「床束」を設置しています。しかし、近年では、一般の地盤でも、「べた基礎」とすることが増えています。

また、近年の特長は、基礎立ち上がりの幅が大きくなっていることで、150mmとして、十分な鉄筋かぶり厚を確保する動きが広がっています。また、島状・半島状の「基礎立ち上がり」を避けるなど、水平荷重時の強度性能に関する工夫が行われるようになってきています。

6）軸組構法の屋根構造

一般に屋根は、「和小屋」です。ただし、伝統的な構法に見られるような、大きな小屋梁を入れることは希で、多くは製材を用いています。「和小屋」の場合、小屋束で支えた「母屋」に「たる木」を取り付け、その上に「野地板」を釘打ちしています。「野地」は、床と同様に、以前は製材の板材でしたが、現在では構造用合板を用いるのが一般的です。

14.3 樹種と主な用途

表 14.3-1 木造軸組構法において用いられる主な樹種

	部位	一般的に用いられる樹種例
軸組	土台	ひのき、べいひ、ヒバ、べいひば、こうやまき、くり、けやき 保存処理製材、土台用加圧式防腐処理土台
	火打土台	すぎ、べいまつ、べいつが、ひのき、ひば、からまつ
	柱	ひのき、すぎ、べいつが、化粧ばり構造用集成柱
	胴差	あかまつ、くろまつ、べいまつ、べいつが、すぎ、からまつ
	桁	あかまつ、くろまつ、べいまつ、べいつが、すぎ、からまつ
	筋かい	すぎ、べいつが
	その他	すぎ、あかまつ、くろまつ、べいまつ、べいつが
床組	はり	あかまつ、くろまつ、べいまつ、からまつ、べいつが
	大引	ヒノキ、すぎ、赤松、くろまつ、べいまつ、からまつ、べいつが
	根太	すぎ、あかまつ、くろまつ、べいまつ、べいつが、からまつ
	火打ちばり	すぎ、べいまつ、べいつが
	その他	すぎ、あかまつ、くろまつ、べいまつ、べいつが、からまつ
小屋組	はり（丸太）	あかまつ、くろまつ、べいまつ
	はり（その他）	あかまつ、くろまつ、べいまつ、べいつが、からまつ
	母屋	すぎ、あかまつ、くろまつ、べいまつ、べいつが、からまつ
	たる木	すぎ、あかまつ、くろまつ、べいまつ、べいつが、からまつ
	その他	すぎ、あかまつ、くろまつ、べいまつ、べいつが、からまつ
造作材	生地表わし	ひのき、すぎ、あかまつ、くろまつ、べいまつ、べいつが スプルース、防虫処理ラワン、化粧ばり造作用集成材
	表面塗装	すぎ、あかまつ、くろまつ、べいまつ、べいつが、 スプルース、防虫処理ラワン

※ 住宅金融普及協会「平成 20 年改訂 木造住宅工事仕様書（解説付）P56」より抜粋

14.4 木材の特性

1) 比重

　木材の比重は樹種によって異なります。また、同じ樹種でも生育地や樹齢、部位によっても異なります。一般に同一樹種の場合、年輪間隔が狭いものほど比重が大きく、乾燥状態が同じならば比重が大きいほど強い木材と言えます。

2) 含水率

　含水率とは、木材を完全に乾燥した重量に対する木材中に含まれている水分の重量の比のことを言います。

$$含水率 = \frac{測定したい木材重量 - 全乾状態の木材重量}{全乾状態の木材重量} \times 100$$

　製材直後の木材の含水率はおよそ 50 ～ 150%といわれています。含水率は時間と共に低下していき、およそ 15%程度で平衡に達します。この時をいわゆる

平衡含水率といい、気乾状態とも言います。
　含水率が30%以下では、含水率が低いほど強度が強くなる傾向がありまので、木材は良く乾かしてから使用する必要があります。

3) 収縮・膨張

　木材は含水率の変化によって膨張・収縮が起きます。そのため、木材は気乾状態にしたものを使用しなければなりません。

　膨張・収縮の割合は木材の繊維方向により異なります。

　一般に、接線方向＞半径方向＞繊維方向 の順となります。

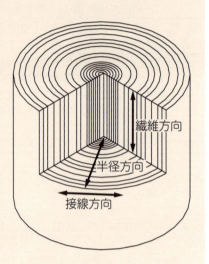

図 14.4-1 木材の繊維方向

4) 熱伝導率

木材は他の建築材料に比べ、熱伝導率が低い（熱を伝えにくい）のが特徴です。

14.5 木材の強度

1) 木材の変形と破壊の様子

　木材は力の加わる方向や加わり方によって下記のような破壊が起こります。建物に用いる場合にはこれらの特徴を理解した上で安全な設計を心がけましょう。

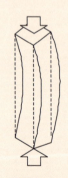
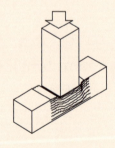
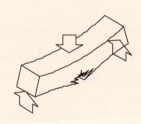

繊維方向の圧縮破壊　　繊維方向の座屈　　繊維に直角方向のめり込み　　曲げ破壊

図 14.5-1 木材の変形

2) 製材と集成材の違い

建築で用いられている木材には、丸太から切り出した「製材」（いわゆる無垢材）と、ひき板（ラミナ）を接着して製作された「集成材」があります。これらの規格や基準強度は建築基準法関連告示で規定されています。

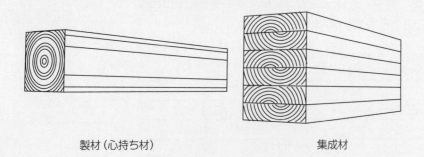

製材（心持ち材）　　　　　　集成材

図14.5-2 製材と集成材

3) 製材の基準強度

木材には樹種と用途に応じて、基準強度が設定されています。基準強度とは、材料が破壊する強度のことです。この値から長期や短期の許容応力度が求められます。

表14.5-1 JAS構造用製材の基準強度（平12建告第1452号より抜粋）[※1]

樹種	区分	等級	圧縮(Fc)	引張(Ft)	曲げ(Fb)	せん断(Fs)
ひのき	甲種	1級	30.6	22.8	38.4	2.1
		2級	27.0	20.4	34.2	
	乙種	1級	30.6	18.6	30.6	
		2級	27.0	16.2	27.0	
べいまつ	甲種	1級	27.0	20.4	34.2	2.4
		2級	18.0	13.8	22.8	
		3級	13.8	10.8	17.4	
	乙種	1級	27.0	16.2	27.0	
		2級	18.0	10.8	18.0	
すぎ	甲種	1級	21.6	16.2	27.0	1.8
		2級	20.4	15.6	25.8	
		3級	18.0	13.8	22.2	
	乙種	1級	21.6	13.2	21.6	
		2級	20.4	12.6	20.4	

※甲種：主に曲げ材に用いる。乙種：主に鉛直力が作用する部材に用いる。

表14.5-2 無等級材の基準強度[※2]

樹種		圧縮(Fc)	引張(Ft)	曲げ(Fb)	せん断(Fs)
針葉樹	あかまつ、くろまつ及びべいまつ	22.2	17.7	28.2	2.4
	からまつ、ひば、ひのき及びべいひ	20.7	16.2	26.7	2.1
	つが及びべいつが	19.2	14.7	25.2	2.1
	もみ、えぞまつ、とどまつ、べにまつ、すぎ、べいすぎ及びスプルース	17.7	13.5	22.2	1.8
広葉樹	かし	27.0	24.0	38.4	4.2
	くり、なら、ぶな、けやき	21.0	18.0	29.4	3.0

※1 「べいまつは強い」と言われますが、曲げ（Fb）の甲種1級は確かにすぎよりも強いが、2級、3級では、すぎの方が強いことに注意しましょう。

また、「せん断」は、樹種ごとに定められており等級による区分はありません。

※2 無等級材の強度は、JASで等級分けした3級かそれ以上になっていることが分かります。

「無等級材」は、旧JASの1等の品質管理が行われていることを前提としています。

4）集成材の基準強度（平13国交告第1024号）

集成材にも製材と同様に基準強度が決められています。集成材の基準強度は樹種による区分ではなく、強度等級による区分になっています。強度等級の記号でEはヤング係数のことで、弾性係数とも言います。Fは強度で、最大強度を表しています。せん断に関する基準強度は樹種別に決められています。

表14.5-3 同一等級構成集成材（抜粋）

ひき板の積層数	強度等級	基準強度（単位 N/mm²）		
		圧縮(Fc)	引張(Ft)	曲げ(Fb)
4枚以上	E135—F405	33.4	29.2	40.5
	E120—F375	30.1	26.3	37.5
	E105—F345	28.1	24.5	34.5
	E95—F315	26.0	22.7	31.5
	E85—F300	24.3	21.2	30.0
3枚	E135—F375	30.4	26.7	37.5
	E120—F330	27.4	24.1	33.0
	E105—F300	25.5	22.4	30.0
2枚	E135—F345	30.4	24.3	34.5
	E120—F300	27.4	21.9	30.0
	E105—F285	25.5	20.4	28.5

表14.5-4 対称異等級構成集成材（抜粋）

強度等級	基準強度（単位 N/mm²）			
	圧縮(Fc)	引張(Ft)	曲げ(Fb)	
			積層方向	幅方向
E135—F375	29.7	25.9	37.5	27.6
E120—F330	25.9	22.4	33.0	24.0
E105—F300	23.2	20.2	30.0	21.6
E95—F270	21.7	18.9	27.0	20.4
E85—F255	19.5	17.0	25.5	18.0

表14.5-5 集成材のせん断の基準強度

樹　種	基準強度（N/mm²）	
	積層方向	幅方向
いたやかえで、かば、ぶな、みずなら、けやき及びアピトン	4.8	4.2
たも、しおじ及びにれ	4.2	3.6
ひのき、ひば、からまつ、あかまつ、くろまつ、べいひ、ダフリカからまつ、サザンパイン及びべいまつ及びホワイトサイプレスパイン	3.6	3.0
つが、アラスカイエローシダー、べにまつ、ラジアタパイン及びべいつが	3.3	2.7
もみ、とどまつ、えぞまつ、べいもみ、スプルース、ロッジポールパイン、ボンデローサパイン、おうしゅうあかまつ、ジャックパイン及びラワン	3.0	2.4
すぎ及びべいすぎ	2.7	2.1

5）主な木材の基準弾性（ヤング）係数（抜粋）

　木材には基準強度のほかに、たわみなどの変形しにくさを求める場合に使用する、基準弾性係数があります。集成材では強度等級としても利用されていますが、製材では告示にも定められていません。ここでは日本建築学会から出版されている、「木質構造設計規準・同解説」に記載されている値から引用しています。

表14.5-6 主な木材の基準弾性係数

種類	規格	樹種	基準弾性係数（kN/mm²）
製材	針葉樹の構造用製材	すぎ	7.0
	普通構造材	べいまつ	10.0
構造用集成材	対称異等級構成	E120-F330	12.0（強軸まわり）
		E105-F300	10.5（強軸まわり）

注）基準弾性係数は、信頼水準75％における50％下側許容限界値
　日本建築学会「木質構造設計規準・同解説」2006より引用

6）木材の許容応力度（施行令第89条）

　木材の許容応力度には積雪時（中短期、中長期ともいう）用の値があり、構造計算を行う時の応力の組み合わせ（表14.5-8参照）において積雪時の計算に用います。

表14.5-7 木材の許容応力度

	長期				短期			
	圧縮	引張	曲げ	せん断	圧縮	引張	曲げ	せん断
積雪時以外	$\dfrac{1.1Fc}{3}$	$\dfrac{1.1Ft}{3}$	$\dfrac{1.1Fb}{3}$	$\dfrac{1.1Fs}{3}$	$\dfrac{2Fc}{3}$	$\dfrac{2Ft}{3}$	$\dfrac{2Fb}{3}$	$\dfrac{2Fs}{3}$
積雪時	$\dfrac{1.43Fc}{3}$	$\dfrac{1.43Ft}{3}$	$\dfrac{1.43Fb}{3}$	$\dfrac{1.43Fs}{3}$	$\dfrac{1.6Fc}{3}$	$\dfrac{1.6Ft}{3}$	$\dfrac{1.6Fb}{3}$	$\dfrac{1.6Fs}{3}$

7）応力の組み合わせ

　施行令第82条には計算に用いる応力の組み合わせが示されています。

表14.5-8 応力の組み合わせ

応力の種類	想定する状態	多雪区域以外の場合	多雪区域の場合
長期の応力	常時	G＋P	G＋P
	積雪時		G＋P＋0.7S
短期の応力	積雪時	G＋P＋S	G＋P＋S
	暴風時	G＋P＋W	G＋P＋W
			G＋P＋0.35S＋W
	地震時	G＋P＋K	G＋P＋0.35S＋K

G：固定荷重による応力　　P：積載荷重による応力　　S：積雪荷重による応力
W：風圧力による応力　　K：地震力による応力

14.6 2000年の建築基準法改正と必要壁量

　地震力・風圧力に対する壁量設計の必要壁量算定用の係数は、2000年の法律改正では変更がありませんでした。しかし、必要壁量の説明は変更されているので注意が必要です。

　改正以前は、建物全体で必要な耐力の2/3を耐力壁、1/3を非耐力壁（いわゆる雑壁）で負担するという考え方でした。そして、必要な耐力の2/3に対して、係数（必要な壁の量）を設定していました。

　しかし、2000年に、全ての水平力を耐力壁で負担することと改められました。耐力の不確実な「雑壁」に、必要耐力の1/3を期待しているという曖昧さを解消しようとするものです。しかし、必要壁量は変わりませんでした。これは、耐力壁の強さの見直しと関連しています。表14.6-1に、2000年改正時の変更内容を示しています。

表14.6-1　2000年改正前後の変更項目

	2000年以前	2000年改正後
耐力壁の負担割合	全体の2/3	全て
ばらつきの考慮方法	3/4	75%信頼水準の50%下限値
倍率1の基準耐力	130kg/m	1.96kN/m　（200kg/m）
許容せん断耐力を決定する特性値	3項目の最小値 ①最大耐力×2/3 ②1/120rad.時の強度 ③最大耐力時の変形角の1/2の変形角時の荷重	4項目の最小値 ①最大耐力の2/3 ②1/120rad.時の強度 ③降伏点荷重 ④終局耐力×0.2/Ds
実験方法	①載荷式 ②タイロッド式、他	①柱脚固定式 ②タイロッド式
加力方法	繰り返し加力、など	3回繰り返し加力

　改正前は、壁倍率1.0で長さが1mの壁の耐力は130kgfでしたが、改正を機に1m当たり200kgfに見直されています。実は、こうした扱いは、1987年に木造3階建て住宅の設計法が整備された時から、構造計算では行われてきたものですが、2000年の改正を機に、壁量設計の耐力壁にも適用することになりました。

　つまり、耐力壁の耐力が約1.5倍になっています。これは、それまで、壁倍率は、ばらつきを考慮して下限値を採用していたのを、概ね平均値に変更したことなどが理由となっています。耐力壁は、建物の中に、たくさん入れられます。そのため、性能にばらつきのある耐力壁が配置されたとしても、全体としては、概ね平均値の耐力を発揮することができる、と考えたわけです。耐力壁の耐力を、そうした観点から見直したところ、耐力が概ね1.5倍となったのです。

　その結果、必要な耐力は1.5倍になりましたが、壁単体の耐力も1.5倍になりました。そこで、結果的に、必要壁量は増えなかったのです。

14.7 壁量の求める水平耐力

　壁量設計の必要壁量は、どの程度の耐力を求めているのか、検討してみましょう。
　必要壁量算定のための係数から、要求されている水平耐力を導き出すことができます。「壁倍率1.0の壁の強さは、1mあたり1.96kN」だからです。表14.7-1は、基準法・必要壁量が要求している地震用の水平耐力を求めてみたものです。それによると、床面積1m²あたり、2階建ての1階では、0.57～0.65kNの必要耐力だということが分かります。
　この数値は、もともとは、建物の重さを仮定して、構造計算を行う場合と同様にして算出されています。ここで注意すべきは、基準法壁量の前提としている建物の重量が、最近の建物の重量と比べると軽いことです。必要耐力は建物が重いほど大きくなります。建物を軽く見積もると、必要耐力も小さく設定されることになります。詳細に建物の重量を積算して構造計算を行うと、必要壁量が増えるという指摘があるのは、このためです。

表14.7-1　建築基準法必要壁量の求める水平せん断耐力

		地震力用係数 (cm/㎡)	必要水平せん断耐力 (kN/㎡)
軽い屋根	2階	15	0.29
	1階	29	0.57
重い屋根	2階	21	0.41
	1階	33	0.65

14.8 壁倍率（壁の強さ）の求め方

　壁倍率は壁の強さを表しています。この壁倍率の求め方を復習しておきましょう。
　耐力壁は、図14.8-1のような、1間（けん）（多くの地域では1,820mm）の実際の壁を制作し、土台を固定しておきます。そして、桁の片側にジャッキを取り付け、押し引きの繰り返し荷重を加え、加えた荷重と変位の関係を求めます。
　例えば、図14.8-2のようなグラフが得られます。図のように、途中までは、3回繰り返しの荷重が加えられます。そして、そのグラフの第1象限から、包絡線を作ります。その包絡線における荷重と壁の傾斜角（頂部の変位を傾斜に換算したもの）の関係から、壁倍率は算定されます。

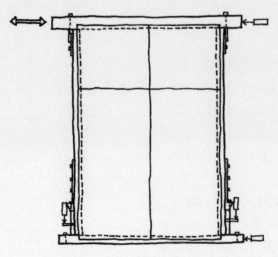
図 14.8-1 耐力壁試験の加力方法

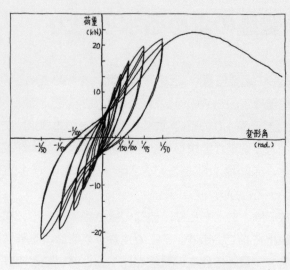
図 14.8-2 耐力壁の荷重変形角曲線の例

式に表せば、以下のようになります。図 14.8-3 のように、強度、剛性、変形性能などの指標から求められる値 a〜d のうち、最小値を用いています。すなわち、安全側に設定されていることが分かります。

$P_0 = \min(a, b, c, d)$

ここで、P_0：短期基準せん断力（kN）

　a：降伏耐力 P_y

　b：終局耐力 $P_u \times (0.2/D_s)$

　c：最大荷重 P_{max} の 2/3

　d：特定変形時の耐力（柱脚固定式：見かけのせん断変形角 1/120rad、タイロッド式：真のせん断変形角 1/150rad）

$$壁倍率 = P_0 \times \alpha \times \frac{1}{1.96} \times \frac{1}{L}$$

ここで、P_0：短期基準せん断力（kN）

　α　：低減係数

　1.96：基準耐力（kN）[※1]

　L　：壁長さ（m）

壁倍率は、押し引き繰り返し加力の荷重と変形角のグラフ（図 14.8-2）から、第1象限を取り出して、その包絡線を用いて求めます。短期基準せん断力 P_0 を求めるには、まず、a〜d を求めます。a は降伏耐力で、中地震に対して、材料の弾性範囲で扱うことを意味しています。b は靱性を考慮した数値で、中地震に対する性能を確保することで、大地震時の性能も担保するものです。c は、最大荷重に対して一定の余裕（ここでは 1.5 倍）を確保するための数値です。d は特定の変形時の耐力で、最低限の剛性を確保するための数値です。

次に、統計処理を行います。試験は、一般に 3 体以上行います。そして、a〜d のそれぞれについては、ばらつきを考慮した値を求めます。そして、そのうち最

$D_S = \dfrac{1}{\sqrt{2\mu - 1}}$

D_S：（壁の）構造特性係数

μ：塑性率

$\mu = \dfrac{\delta_u}{\delta_v}$

δ_u：終局変形角

δ_v：仮想降伏点変形角

※1 壁倍率 1.0 が、耐力で 1.96kN であることを示しています。

も小さい値を短期基準せん断耐力 P_0 とします。ちなみに、以前は、ばらつき係数として 3/4 を採用していましたが、2000 年以降は、ほぼ平均値を採用することとなりました。正確には、75%信頼水準の 50%下限値です。これは、耐力壁は、建物の中にたくさん配置されるので、全体としては、平均値に近い性能を発揮するとの考えに基づいています。この方式に変えたために、耐力壁の評価が上がることになりました。

そして、壁倍率は、短期基準せん断耐力に、低減係数 α を乗じ、壁長さ L および基準耐力 1.96 で除して算出します。低減係数 α は、試験体と、実際の建物における性能との違いを調整するための係数で、耐久性や施工性などを考慮して定めます。この数値を定めるのは、高度な工学的な判断が必要です。

また、基準耐力が 1.96 なのは、壁倍率 1.0 が許容せん断耐力でいうと 1.96kN/m であることを意味しています。

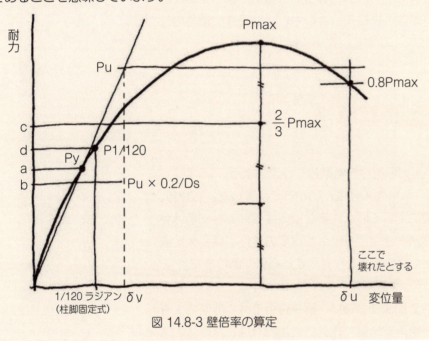

図 14.8-3 壁倍率の算定

14.9 建物の重量と雑壁の耐力

施行令の壁量規定を運用するに当たっては、できるだけ余裕を持って壁量を確保したいものです。「14.7 壁量の求める水平耐力」で述べたように、現代の建物は、重くなってきていることも理由の一つです。

さて、基準法の必要壁量に対する充足率が大きくなれば、それだけ強い建物だといえますが、建物の耐震性能と完全に比例しているわけでもないことを理解する必要があります。壁量設計では、壁倍率を持っている壁、すなわち「耐力壁」しか評価しませんが、実際の建物には雑壁（腰壁や垂れ壁）がたくさん入っているからです。

阪神淡路大震災（1995 年）以降、実物大の住宅を用いた振動実験が数多く行われ、非耐力壁（雑壁他）を含めた建物の実力が分かってきました。その結果、現代の木造住宅の多くは、耐力壁の負担している割合は、図 14.9-1 のように、

建物全体の耐力の 50～60％で、残りは、いわゆる雑壁などが負担していることが分かってきました。雑壁が、非常に大きな割合を占めていることが分かります。したがって、雑壁がたくさん入っている住宅は、それだけ余裕があるということになります。こうした研究成果を受けて、2000 年の品確法・性能表示では、「準耐力壁等」という区分を設けて、雑壁のうち、確実に強度が見込めるような一定の仕様のものには、等価的に壁倍率を与えることにしたものです。これによって、基準法・壁量設計よりも、より正確に建物の性能が求まるようになっています。

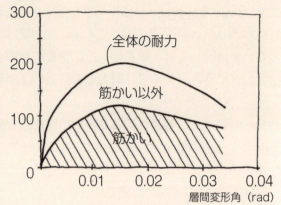

図 14.9-1 木造住宅の耐力の内訳の例

14.10 近年の地震と建築基準法

　木造住宅の耐震性能の実力と、地震力の実態を考察してみましょう。
　従来、基準法の想定する大地震は、400 ガル程度といわれてきました。しかも、基準法の求める目標性能は、大地震に対しては「大きな損傷は受けても倒壊は免れる」という程度です。現状の基準法をぎりぎり守った程度の性能では、大地震時に、倒壊は逃れても、かなり大きく壊れることを覚悟する必要があります。
　しかも、兵庫県南部地震（1995 年）や新潟県中越地震（2004 年）では、基準法の想定を超える地震動が観測されています。特に、震央付近では、非常に大きな加速度が観測されています。兵庫県南部地震で観測された揺れは、基準法の想定する大地震の 1.5～2.0 倍くらい大きいというのが、専門家の認識です。必要壁量をかろうじて満足するような壁量で、かつ雑壁の少ない住宅では、こうした揺れに遭遇すると、倒壊してしまう可能性が高いことが分かってきています。図 14.10-1 に、大きな被害をもたらすと言われる地震の範囲と、近年の地震で観測された記録を示します。
　一方で、耐震性能に対する社会の要求レベルも変化しています。今や、一般の人々が住宅に求める耐震性能は「阪神淡路大震災でも大丈夫な住宅」です。しかも、「倒壊は免れる」程度ではなく、地震後にも使い続けることのできる住宅が望まれています。
　こうした人々の要求に応えるためには、設計に際し、耐震性能を現在の基準法の 1.5 倍相当以上にすることを勧めます。実物大の振動実験において、そうした建物は、兵庫県南部地震で観測された代表的な地震動「神戸海洋気象台波（JMA 神戸と呼びます。）」を加えても、倒壊しないことが確認されています。
　また、1.5 倍といっても、耐力壁を現在の 1.5 倍入れなければなならい、ということではありません。現在の法規では耐力を考慮していない「雑壁」を、確実

に耐力を負担できる仕様にすればよいのです。それらを、「準耐力壁」※1 にすれば実質的な性能を基準法の1.5倍にすることは、実はそれほど大変なことではありません。大部分の建物は、間取りを変更することなく、そうした性能を実現できるはずです。

※19.3 性能表示　存在壁量の算定を参照。

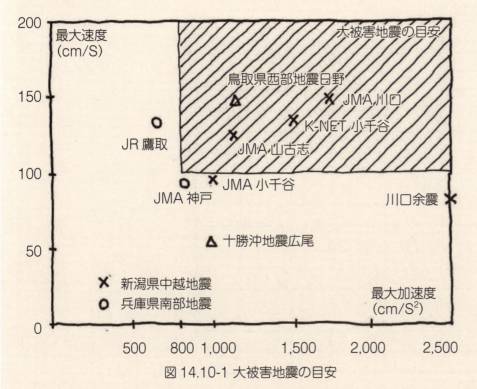

図 14.10-1 大被害地震の目安

「法令ぎりぎりに設計することが良い設計」という時代は終わりました。基準法は最低基準を定めているに過ぎません。大地震の時、「生命は助かったが、地震後には住むことができず、建物の資産価値はゼロ」でよいのでしょうか。これからは、建物の重量や敷地・地盤条件などに加えて、「この建物は基準法の何割増しの性能を設定すべきか」をも考慮して、壁量を割り増すなどの判断が求められています。

14.11 壁倍率の変遷

　必要壁量と壁倍率は、1950年の建築基準法制定時に初めて取り入れられました。ちなみに、建築基準法の前身である「市街地建築物法」にも、筋かいで耐震性を高めるという考え方はありましたが、具体的な数値は示されていませんでした。

　壁量設計は、その後、1959年、1981年に大きな改正を受け、現在の形になりました。2000年の法律改正でも、必要壁量自体は変更はありませんでしたので、必要壁量は1981年改正のままです。表 14.11-1 ～ 14.11-2 に、必要壁量と主な壁倍率の変遷を示します。

表 14.11-1 地震力用係数の変遷（2階建ての場合）（cm/m²）[1]

		1950年制定	1959年改正	1981年改正
軽い屋根	1階	12	21	29
	2階	8	12	15
重い屋根	1階	16	24	33
	2階	12	15	21

表 14.11-2 軸組みの種類と倍率の変遷

軸組みの種類		倍率		
		1950年制定	1959年改正	1981年改正
土壁	裏返しなし	0.5	0.5	0.5
	裏返しあり		1.0	-
木ずり壁	片面	0.5	1.5	0.5
	両面		3.0	1.0
三つ割り筋かい、径12mmの鉄筋筋かい		2.0	1.5	-
厚3cm幅9cm筋かい		-	-	1.5
二つ割り筋かい、径16mmの鉄筋筋かい			3.0	
厚4.5cm幅9cm筋かい		-	-	2.0
柱同寸筋かい		4.0	4.5	-
9cm角材の筋かい		-	-	3.0
柱同寸筋かいのたすき掛け		8.0	6.0	-
9cm角材の筋かいのたすき掛け		-	-	5.0

　1981年の改正では、まず、壁倍率の考え方に大きな変更がなされました。第1に、耐力壁の耐力の基準となる変形角が1/60ラジアンから1/120ラジアンになったことです。この結果、筋かいや土壁の壁倍率が下がることとなりました。ちなみに、ラジアンとは、壁が平行四辺形に変形するときの変形角を表す単位で、図14.11-1のように、高さに対する変形量の比率で、1/60ラジアンは、変形量が高さの1/60のことをいいます。変形量がより小さいときの強度を基準にするようになったのです。そこで、いくつかの壁では、倍率の数値が約1/2になっています。

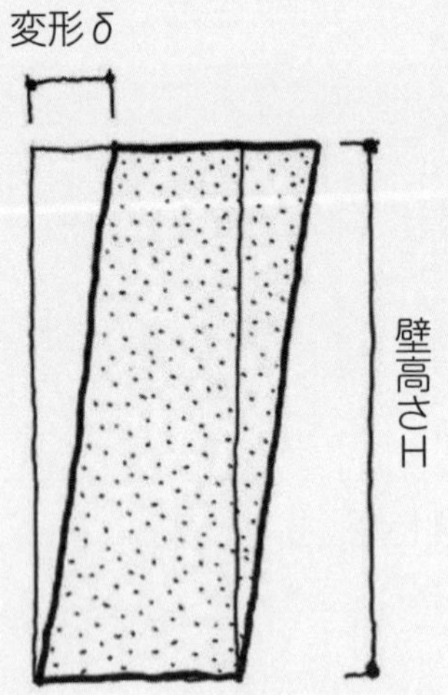

変形 δ

壁高さH

$$変形角（ラジアン）= \frac{変形}{壁高さ} = \frac{\delta}{H}$$

図 14.11-1 壁の変形角の考え方

※1 1959年改正時に、荷重の継続時間を考慮して「長期・短期」の考え方が取り入れられました。従って、厳密には、1950年の数値の求める性能は、現在の数値との比率どおりではありません。

174

第2は、構造用合板などの面材の普及を受けて、これらの合板類を用いた壁を軸組構法にも認めたことです。昭56建告第1100号が定められました。具体的には、構造用合板などの面材について、その種類（等級や厚さ）に応じて、釘打ちの仕様（釘の大きさや釘打ち間隔）を確定して、倍率を定めています。

　また、この時には、基準法全体が見直されて、振動の概念が取り入れられたことから、木造でも、それを取り入れて、必要壁量が見直されました。具体的には、上階は増幅しやすいなどの影響を取り込んだ壁量に改正されました。

　なお、その後、構造用合板や石こうボードの、「受け材真壁」や「貫仕様真壁」などの耐力壁が追加されました。また、土壁などの伝統的な構法についても、特定の仕様のものは、当時の壁倍率以上の強度があることが、実験により確認されました。そこで、2004年に昭56建告第1100号が改正され、一定の仕様のものについては、両面まで仕上げたもの1.5、片面1.0となりました。この時には、併せて、木造格子壁や板壁の倍率も新たに設定されています。

　その後、2000年の法律改正では、前述の「壁倍率の求め方」のように、手順が変更されました。この時の変更を整理すれば、①基準となる耐力が130kgf/mから200kgf/m（1.96kN/m）に変更されたこと、②基準耐力の決定要因が4項目に変更されたこと、③ばらつき係数が概ね平均値に変更されたこと、④実験の手順が変更されたこと、の4項目にまとめられます。

14.12 四分割法と偏心率

　建築基準法・仕様規定では、耐力壁の片寄りは、四分割法で確かめることとされています。

　また、四分割法に代わるものとして、偏心率の計算でもよいこととされています。そこで、四分割法と偏心率がどのような関係にあるかを分析してみました。その結果、四分割法の妥当性を確認することができました。それを示したのが下のグラフです。

　この図14.12-1は、既存の木造住宅100棟の桁ゆきと梁間の2方向、合計200件について、偏心率と四分割法による壁率比（充足率の小さい方／充足率の大きい方）を求め、それぞれの関係をグラフに表したものです。分析の結果、壁率比が0.5以上で、偏心率が0.3以下の点は66.0%

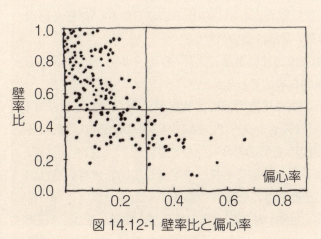

図14.12-1 壁率比と偏心率

を占めました。一方、壁率比が0.5以上で、偏心率が0.3を超えた点、すなわち、四分割法では合格なのに、偏心率計算では不合格になるのは1点のみで、その割合は0.5%でした。また、壁率比0.5未満で偏心率0.3以下、すなわち、四分割

法で不合格なのに、偏心率計算をすると合格になるものが20.5%でした。また、壁率比0.5未満で偏心率が0.3を超えるもの、すなわち、四分割法で不合格、偏心率計算でも不合格なのは13.0%でした。

つまり、四分割法で不合格の建物を偏心率計算すると合格するものはあるが、四分割法で合格したものが、偏心率計算で不合格になるものはほとんどないことが分かります。四分割法は安全側のルールになっていることが分かります。

14.13 筋かい接合部

筋かいは、断面が徐々に大きくなってきた歴史があります。

昔の日本の住宅は、主に土壁の真壁構造でした。そこに筋かいを入れることになったため、納まりが悪く、なかなか普及しませんでした。また、筋かい自体も、厚さが15mm前後の、貫に用いる部材を使っていて、「大貫筋かい」と呼ばれました。厚さが15mm程度しかなかったため、圧縮力を受けると容易に座屈してしまい、圧縮には効かないとされました。

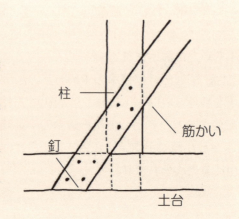

図14.13-1「大貫筋かい」の納まり

そこで、この筋かいは、図14.13-1のように、土台・桁などの横架材の側面を削って面合わせとし、側面から釘打ちしていました。引っ張りに効かせようとしたわけです。

次に、材を厚くして圧縮にも効くようにしたのが、いわゆる「三つ割り筋かい」で、今で言えば、「30×90mm以上の筋かい」ということになります。「三つ割」とは、柱材を3つに割った寸法だったことから、そのように呼ばれました。こうした断面の大きな筋かいは、たとえ真壁でも、土壁でない間柱方式の建物に普及しました。そして、昭和50年代になると、いわゆる二つ割り筋かいが普及しましたが、最初は、1階部分だけで、2階は三つ割でした。

ただし、いずれにしても、まだ接合部は貧弱で、「N90を2本打ち」や「N75を3本打ち」というのが、一般的な構法でした。

一方、昭和40年代後半から、徐々に接合部に金物を使う例が現れてきます。そこで、（公財）日本住宅・木材技術センターが、図14.13-2のような、「Zマーク表示金物」の規格を設けて、適切な金物の普及を図ります。また、これを受けて、住宅金融公庫（当時）は、工事共通仕様書でそれらを推奨していきます。筋かい金物は、公庫融資と共に普及したと言っても過言ではありません。

そして、新築建物では、筋かい金物や柱脚の金物の普及が一段落した頃、1995年1月、阪神淡路大震災が起こりました。そして、被害調査から、改めて、接合金物の重要性が指摘されることになります。そこで、その後、2000年の建築基

準法の改正で、筋かいの倍率に見合った金物の使用が義務化されました。

ちなみに、その内容を定めた平12建告第1460号で述べられている金物の仕様（板厚や釘の種類）は、実質的にZマーク表示金物を、文章にしたものです。従って、金融公庫（当時）の工事共通仕様書に従って建ててきた工務店の多くは、Zマーク表示金物を使っていたので、実質的には変更はなかったはずです。

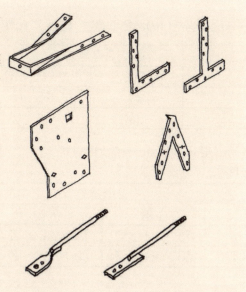

図 14.13-2 Zマーク表示金物

14.14 基準法と性能表示の壁量

性能表示の等級と基準法の関係を再度、確認しておきます。

性能表示の耐震性の等級は、等級1、等級2、等級3の3種類があります。前述のように、基準法相当を等級1とし、等級2と等級3は、それぞれ1.25倍、1.5倍という関係が原則です。しかし、厳密には、等級2、等級3の求めている耐震性能は、基準法・必要壁量の1.25倍、1.5倍ではありません。耐風等級も同じです。

これは、前述のように、壁量設計の必要壁量と性能表示の必要壁量の求め方が異なっているためです。特に、前提とする建物の重さが異なっているためです。また、性能表示では、多雪区域の場合、積雪の荷重を見込む必要があることから、基準法壁量よりもかなり大きくなります。

試みに、どの程度異なるか、検討してみましょう。表14.14-1～14.14-3は、これを表しています。性能表示壁量は、耐震等級2と3が示されています。性能表示の考え方における「等級1」は、等級2の壁量の1/1.25倍することで求めることができます。基準法必要壁長さは、総2階建てを前提としているといわれており、条件を合わせて、性能表示の「等級1」相当の必要壁長さを求めてみます。

床面積の求め方も異なるので、単純には比較できませんが、基準法壁量は、性能表示の必要壁量の3/4程度しかないことがわかります。したがって、例えば性能表示の耐震等級3は1.5倍とされていますが、必要壁長さは、「1.5÷3/4＝2」で、基準法壁長さの約2倍なのです。

表 14,14-1(a)　基準法床面積当たりの必要壁長さ（cm ／ m²）

	平家建て	2階建て	
		1階	2階
軽い屋根	11	29	15
重い屋根	15	33	21

表 14.14-1(b)　性能表示 (等級 1 相当、一般地域) の
床面積当たりの必要壁長さ（cm ／ m²）

	平家建て	2階建て	
		1階	2階
軽い屋根	14 × Z	36 × k1 × Z	14 × k2 × Z
重い屋根	20 × Z	46 × k1 × Z	20 × k2 × Z

表 14.14-2　性能表示
(等級 1 相当、一般地域、Z=1.0、総 2 階) の
床面積当たりの必要壁長さ（cm ／ m²）

	平家建て	2階建て	
		1階	2階
軽い屋根	14.4	36.0	19.7
重い屋根	20.0	46.4	27.4

表 14.14-3　基準法必要壁長さ／性能表示必要壁長さ

	平家建て	2階建て	
		1階	2階
軽い屋根	0.81	0.80	0.76
重い屋根	0.74	0.72	0.76

14.15 水平構面の重要性

　床の強度・剛性は木造住宅の耐震性能を評価する上で、非常に重要です。特に、近年、その役割は高まっているといってもよいでしょう。その理由として、以下の4点をあげることができます。①壁量設計・偏心の確認は床が剛を前提としていること、②壁の倍率が高まったこと、③吹抜けを設ける住宅が増えたこと、④様々な仕様の床を用いるようになったこと、です。以下に、それぞれを、もう少し詳しく説明しましょう。

　まず、①壁量設計・偏心の確認は床が剛を前提としています。これは、壁量設計の前提条件といってもよいでしょう。壁量設計は、図14.15-1のように、床が一体に変位することで、地震力や風圧力が耐力壁の強さに比例して分配されます。床の剛性が低いと、床が部分的に変形したり、ねじれたりします。こうなると、一部の耐力壁に地震力が集中し、その耐力壁のみが大きく変形したり、接合部に過大な力が加わるなど、耐力壁に期待されていた耐震性能が発揮できなくなります。

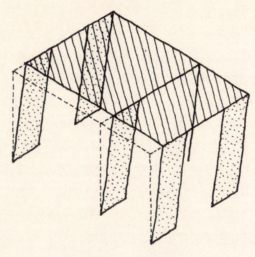

図 14.15-1 水平構面

　次に、②壁の倍率が以前よりも大きいものが増えたことです。例えば、図14.15-2のように、筋違いと構造用合板を組み合わせたり、単独でも高い倍率の壁が増えています。これらのように、壁倍率4〜5の壁を用いることが多くなっています。かつては、耐力壁といえば、単独の筋かいの場合がほとんどで、壁倍率はせいぜい2.0程度でした。これなら根太に板材を載せただけの剛性の低い床でもさほど大きな問題はありませ

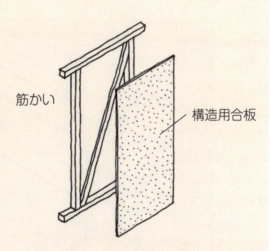

図 14.15-2 高倍率の耐力壁

んでした。床に構造用合板を釘打ちした床であれば、それだけで、壁よりも強度・剛性の高い床とすることができたからです。

　ところが、昨今は倍率4〜5の壁を用いることが増えています。こうなると、従来の床仕様では相対的に壁の強度・剛性が高く、床の方が弱いという状況が生まれています。それぞれの層構成をみても、一般に、床は上面にしか面材がありませんが、壁は筋かいなどの軸組に加え、両面に面材が打たれます。壁の方が強くなるのも道理です。そうした建物では、壁が壊れる前に、床が壊れる可能性が

memo

※床面が剛く、偏心がなければ、各壁線の変形が同一となります。同一変形なので、壁倍率に比例して力を負担してくれます。

出てきています。

次ぎに、③吹抜けを設ける住宅が増えています。これは、生活スタイルの変化が大きく影響しています。今では、吹抜けも珍しくありません。階段と吹抜けを連続させたり、リビングの一部に大きな吹抜けを設けたりと、空間に変化を求めるようになりました。たとえば、図

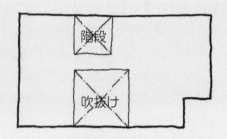

図14.15-3 建物中央に吹抜けのある間取り

14.15-3のように、平面の中央に吹抜けをつくると、床が大きく２つに別れ、中央で連結されているような平面になります。そうすると、この繋がっている部分の床が、左右を一体化させるような十分な剛性を確保しなければなりません。他よりも、剛性・強度の高い床が必要となります。

更に、④様々な仕様の床を用いるようになっています。軸組構法では、一つの住宅に複数の床の仕様が混在することがありますが、そうした場合にも、十分な性能が確認できなければなりません。例えば、和室や洋室があると、床面のレベルや仕様が異なることがあります。和室では根太に荒板敷きの場合もあり、床の剛性が著しく異なる可能性があります。また、最近では、床の仕様も多様化して、都市部では、根太を用いない構法が主流になりつつあります。

14.16　火打ちのない仕様

基準法の仕様規定では、水平構面の剛性を確保するため、「木板その他」を設けることを求めています（施行令第46条第3項）。

ただし、これは、かつての玉石・礎石に柱が直接に載っているような時代に必要だった規定と言えます。構造用合板を床に張る工法が普及した現在では、火打ちは必ずしも必要ではなくなっています。２階建ての住宅の場合、火打ちは１階床、２階床、小屋組みに用います。現代の軸組構法住宅では、それぞれの部位について、火打ちがなくても水平構面の剛性を確保することができます。以下に、その理由を考察します。

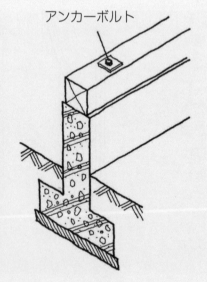

図14.16-1 土台とアンカーボルト

１階床の火打ち土台は、図14.16-1のように、ベタ基礎や布基礎の立ち上がりに土台をアンカーボルトで緊結しているため、床の剛性は確保できています。というよりも、床に剛性を期待する必要がなくなっています。ベタ基礎では、基礎自体に十分な剛性があり、それに土台を緊結しているからです。たとえば、全ての柱を、接合金物で直接に基礎に緊結する

構法があります。そのような構法では、床が水平剛性を有する必要はありません。前述のように、1階床に剛性が必要なのは、石場建ての伝統的構法のように、1階床が、柱に根太がけなどで取り付けられている場合や、土台があっても、土台が基礎に十分に緊結されていない場合です。

また、2階床や小屋組については、性能表示の床倍率の考え方を採用すれば、火打ちと同等以上の性能は、どのような仕様（納まり）かを確認することができます。例えば、図14.16-2のように、構造用合板をくぎ打ちすれば、かなりの強度・剛性が期待できます。

小屋組みについても同様ですが、小屋組で注意するのは、水平剛性を、小屋の桁梁面で確保するのか、屋根面で確保するか、あるいは両方か、を決めておく必要があります。たとえば、小屋桁梁面であれば、梁の上

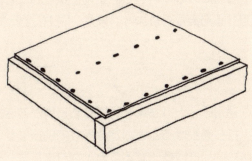

図14.16-2 合板直張りの床

に構造用合板を張って確保することができます。また、屋根面であれば、たる木に野地板を張って固めることができます。ただし、軒先や棟との接合部も確実に固める必要があります。また、この場合、勾配のある屋根面の場合には、その影響を計算で確認することが必要です。

14.17 床倍率導入の意味

1) 床の仕様に注目

床の性能を確認することで、床の仕様（面材の種類や、釘の種類、釘打ち間隔など）にも注意するようになったことが最大の効用といえます。これまでは、床は鉛直荷重を支えるものという位置づけだったため、面内せん断性能は注目されていませんでした。

なお、同様の意味で、床に伝わったせん断力が、階下の壁にきちんと力が伝達できることを確認しておいて欲しいものです。下階の壁との接合部分が、力を伝えられるようなディテールとなっているかを確認する必要があります。床と根太、根太と床組というように、力の流れる道を、逐次、検討する必要があります。特に、床の性能が高そうな場合には、一度、それらの各部の強度も確認しておくことを勧めます。

2) 床と構造計画

また、床倍率や耐力壁線の導入は、構造計画を重視することの表れでもあります。壁量設計が成り立つ条件の一つを、きちんとルール化したということでもあります。すなわち、壁量設計とは、壁の量が建物の地震時の性能を決定することを意味しています。これは、逆に言えば、建物は最終的には耐力壁で壊れていくことを意味しています。そして、特に、性能表示では、外力の大きさが基準法レベルよりも大きくなるので、壁以外の部分で壊れないことを確認しておく必要が

あります。床の性能を確認するというのは、そうした項目の一つです。

3) 床倍率と屋根面の強度

また、屋根面が、床と同じように、水平構面として明確に位置づけられたことも大きな進歩です。一般的な形状の屋根では、小屋構面と屋根面の耐力を足し合わせてよいこととしています。ただし、逆に、屋根面が水平構面として位置づけられたことから、これまで以上に注意すべき点もあります。たとえば、軒桁のたる木止め金物は、従来は、吹き上げ防止にのみ注目して、金物を選択してきましたが、今後は、せん断の性能にも注目する必要があります。また、同様な主旨から、たる木の転び止めも重要です。

4) 火打ちの省略※

床倍率を導入したことの副次的な効用は、火打ち梁を省略する道筋ができたことです。基準法・仕様規定では、火打ちを設けることが定められていますが、床倍率は、火打ち梁の入った水平構面も同列に数値化することとなりました。そこで、構造計算を行う建物では、火打ち梁と同等以上の性能を得るためには、火打ち梁と同等以上の床倍率を有していればよいこととなりました。

※平28国交告第691号に取り入れられた。

14.18 存在応力と柱頭・柱脚接合部

N値計算の式をよく見ると、壁に挟まれた柱の引き抜き力は、壁倍率の差から求めていることが分かります。つまり、壁量の余裕にかかわらず、同じ値が求まることになります。「壁量に余裕があるなら、接合金物の強度は、その分、低いのでも良いのではないか」という意見をしばしば聞きます。しかし、そうはなっていません。許容応力度計算で言えば、「存在応力で設計していない」ことになります。これは、大地震のことも考えているからなのです。

図14.18-1を見て下さい。上は建物全体の耐力を示しており、下はその中の1枚の壁を示しています。壁量設計をするような「耐力壁構造」の建物では、建物全体の強さは、「1枚の耐力壁の強さ×耐力壁枚数」と考えていますので、横軸は同じで、縦軸の強さが枚数分になります。

ぎりぎりの壁量の場合、大地震時には、建物は、上の図で弾性範囲を超えて（つまり、降伏して）終局変形角「A」まで変形することになります。ちょうど、そこで留まる量の壁を要求しているからです。その時、その中の1枚の耐力壁もまた、下の図のように終局変形角「a」に達しています。壁の耐力の重ね合わせが建物全体の耐力ですから、当然、そのようになります。

一方、耐力壁に余裕がある場合は、建物全体の耐力（上の図）は、上の線になり、建物は「B」までの変形で留まることができます。そして、その時、1枚の耐力壁は、下の図のbまで変形します。「B」と「b」は同じ変形角です。

重要なのは、1枚の耐力壁を見てみると、「a」でも「b」でも、降伏しているという意味では同じだということです。壁端柱の柱頭柱脚接合部は、この降伏する耐力（終局耐力）Pに対して、負けない接合方法を選択しています。そこで、多少、壁量に余裕があっても、同じ接合金物が必要になるのです。

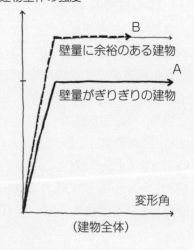

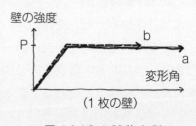

図14.18-1 建物と壁の荷重変形関係

15 解答例

<演習シート1>

★モデルプラン計画概要

建築場所	東京都杉並区
建物用途	専用住宅
建物構造	木造軸組構造2階建て
基本モジュール	910mm

建物規模				
床面積		1階	41.41	m²
		2階	38.11	m²
		延面積	79.52	m²
見つけ面積	1階	東西面	25.02	m²
		南北面	52.66	m²
	2階	東西面	10.53	m²
		南北面	26.25	m²

性能表示関連	①ポーチ面積		0.00	m²
	②吹き抜け面積		0.83	m²
	③バルコニー面積		2.49	m²
	④=③×0.4		1.00	m²
	床面積	1階 (S1)	42.41	m²
		2階 (S2)	38.94	m²
	準備計算	Rf	0.919	
		K1	0.952	
		K2	1.377	

S1=1階床面積+①+④

S2=2階床面積+②

Rf=S2/S1

K1=0.4+0.6×Rf

K2=1.3+ (0.07/Rf) [Rf<0.1のときはK2=2]

最高の高さ		7.505	m
軒高		6.200	m
横架材間	1階	2.695	m
内法高さ	2階	2.695	m

建物仕上げ		
	屋根	瓦葺き
	外壁	防火サイディング

施行令第46条関係	
屋根区分	重い屋根
風圧力に関する指定	無し
積雪に関する指定	指定なし

本計算で用いる仕様

耐力壁・準耐力壁等	倍率
構造用合板t=9　N50@150	2.5
筋かい45×90	2.0
石こうボードt=12.5　GNF40@150	0.9

屋根下地 (30°以下)	倍率
勾配:5/10	
野地:構造用合板t=12	0.7
たる木:45×90@455	

床構面	倍率
構造用合板t=24　N75@150 四周釘打ち	3.0

地震地域係数 (Z)	1.0
基準風速 (V0)	34

基礎の仕様		
地盤の長期許容支持力	50	kN/m²
基礎の構造	べた基礎	

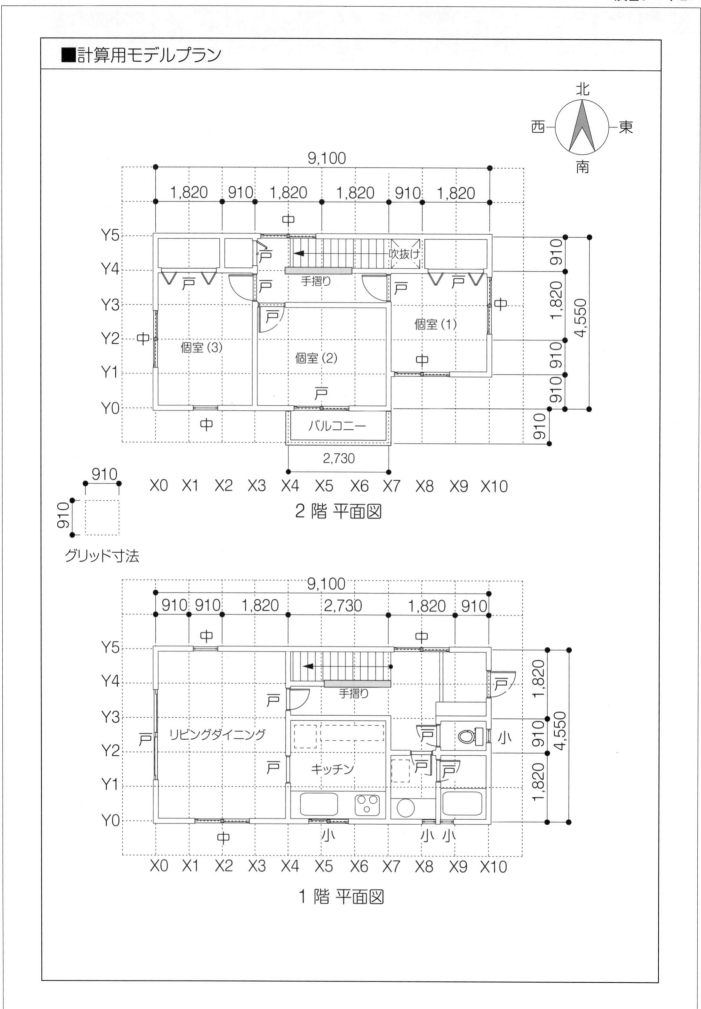

■立面図

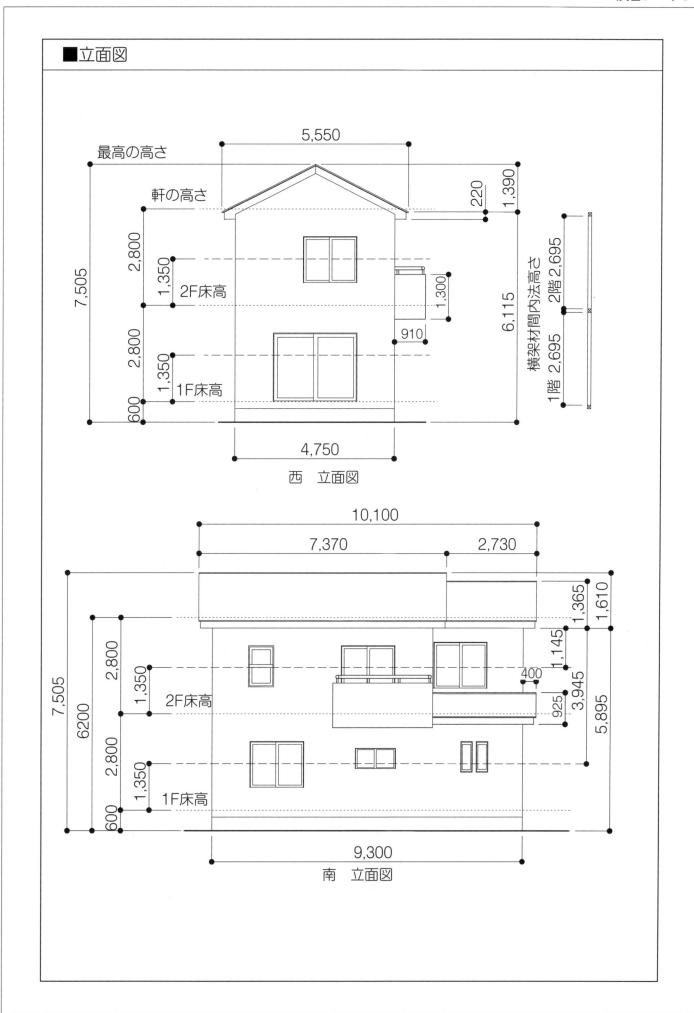

<演習シート4>

■求積図

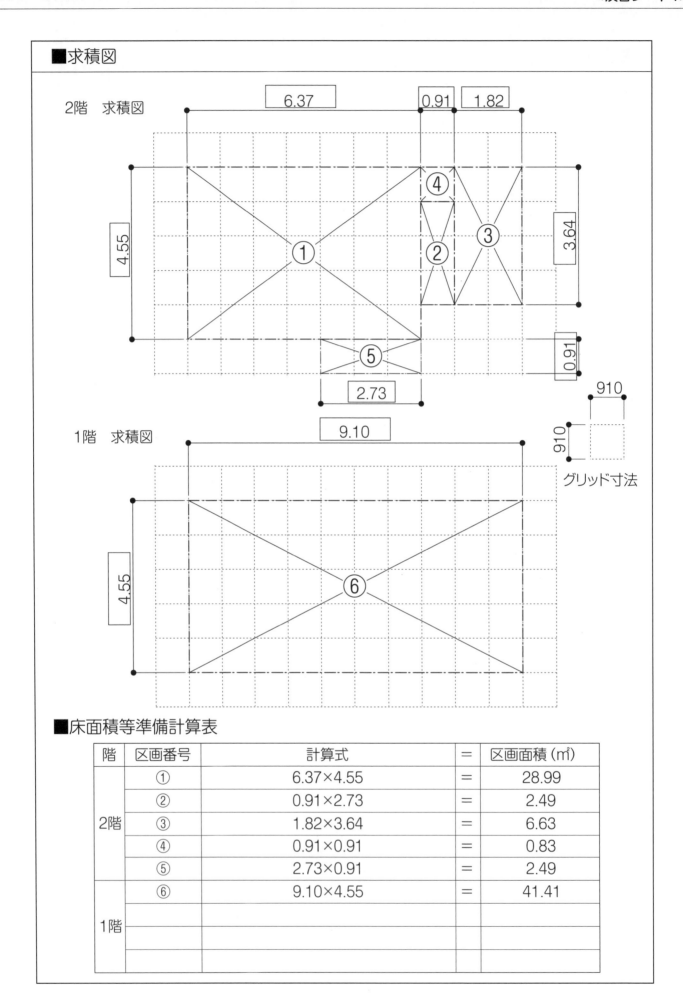

■床面積等準備計算表

階	区画番号	計算式	=	区画面積（㎡）
2階	①	6.37×4.55	=	28.99
	②	0.91×2.73	=	2.49
	③	1.82×3.64	=	6.63
	④	0.91×0.91	=	0.83
	⑤	2.73×0.91	=	2.49
1階	⑥	9.10×4.55	=	41.41

■見つけ面積計算図（1階）

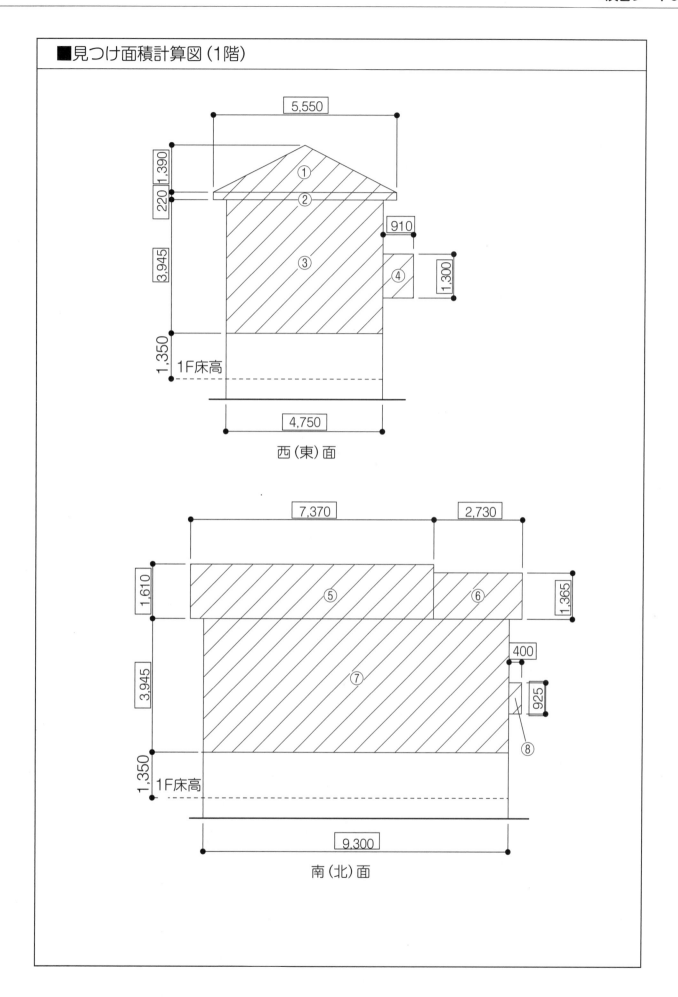

■見つけ面積計算図（2階）

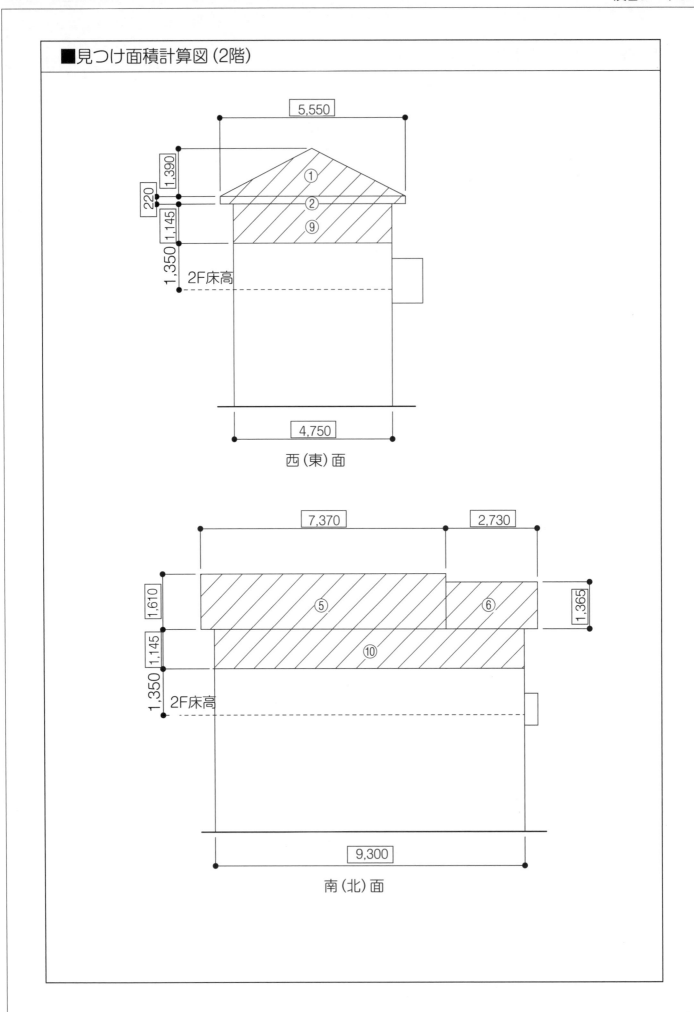

<演習シート7>

■見つけ面積計算表

1階

見つけ面	区画	計算式	=	面積 (m²)
西 (東) 面	①	5.55×1.39÷2	=	3.86
	②	5.55×0.22	=	1.23
	③	4.75×3.945	=	18.74
	④	0.91×1.30	=	1.19
	合計			25.02
北 (南) 面	⑤	7.37×1.61	=	11.87
	⑥	2.73×1.365	=	3.73
	⑦	9.30×3.945	=	36.69
	⑧	0.40×0.925	=	0.37
	合計			52.66

2階

見つけ面	区画	計算式	=	面積 (m²)
西 (東) 面	①	5.55×1.39÷2	=	3.86
	②	5.55×0.22	=	1.23
	⑨	4.75×1.145	=	5.44
	合計			10.53
北 (南) 面	⑤	7.37×1.61	=	11.87
	⑥	2.73×1.365	=	3.73
	⑩	9.30×1.145	=	10.65
	合計			26.25

<演習シート8>

■基準法　必要壁量

	方向	1階	2階
地震力に対して	X Y 方向	床面積　地震力用係数 41.41 × 33 ①必要壁量　= 1,367 cm	床面積　地震力用係数 38.11 × 21 ②必要壁量　= 801 cm
風圧力に対して	X 方向	Y（西）面の 1階見つけ面積　風圧力用係数 25.02 × 50 ③必要壁量　= 1,251 cm	Y（西）面の 2階見つけ面積　風圧力用係数 10.53 × 50 ④必要壁量　= 527 cm
	Y 方向	X（南）面の 1階見つけ面積　風圧力用係数 52.66 × 50 ⑤必要壁量　= 2,633 cm	X（南）面の 2階見つけ面積　風圧力用係数 26.25 × 50 ⑥必要壁量　= 1,313 cm

●性能表示　必要壁量（耐震等級3、耐風等級2）

	方向	1階	2階
地震力に対して	X Y 方向	K1　Z　地震力用係数 69 × 0.952 × 1.0 = 65.69 S1　地震力用係数 42.41 ㎡ × 65.69 性 必要壁量＝ 2,786 cm	K2　Z　地震力用係数 30 × 1.377 × 1.0 = 41.31 S2　地震力用係数 38.94 ㎡ × 41.31 性 必要壁量＝ 1,609 cm
風圧力に対して	X 方向	Y（西）面の　風圧力用 1階見つけ面積　係数 25.02 ㎡ × 67 性 必要壁量　= 1,677 cm	Y（西）面の　風圧力用 2階見つけ面積　係数 10.53 ㎡ × 67 性 必要壁量　= 706 cm
	Y 方向	X（南）面の　風圧力用 1階見つけ面積　係数 52.66 ㎡ × 67 性 必要壁量　= 3,529 cm	X（南）面の　風圧力用 2階見つけ面積　係数 26.25 ㎡ × 67 性 必要壁量　= 1,759 cm

<演習シート9>

■基準法 柱・壁位置図

耐力壁準耐力壁の凡例	筋かい (45×90)			面材耐力壁
記　号	◸	◺	⋈	〰
倍　率	2.0	2.0	4.0	2.5

2 階

1 階

<演習シート10>

■基準法　存在壁量

方向	1階					2階				
	通り	倍率	×	長さ(cm)	= 壁量(cm)	通り	倍率	×	長さ(cm)	= 壁量(cm)
X方向	Y0	2.5	×	273	= 682	Y0	2.5	×	273	= 682
	Y3	2.0	×	91	= 182	Y3	2.0	×	91	= 182
	Y5	2.5	×	637	= 1,592	Y5	2.5	×	728	= 1,820
	⑦存在壁量の合計				2,456	⑧存在壁量の合計				2,684
Y方向	X0	4.5	×	182	= 819	X0	2.5	×	273	= 682
	X4	4.0	×	182	= 728	X2	2.0	×	91	= 182
	X7	4.0	×	273	= 1,092	X3	2.0	×	91	= 182
	X10	2.5	×	182	= 455	X7	2.0	×	91	= 182
						X8	2.0	×	91	= 182
						X10	2.5	×	182	= 455
	⑨存在壁量の合計				3,094	⑩存在壁量の合計				1,865

■基準法　壁量判定

方向	1階		2階	
	存在壁量	必要壁量	存在壁量	必要壁量
X方向	2,456 cm ≧	地震力： 1,367 cm 風圧力： 1,251 cm 判定：(OK)・NG	2,684 cm ≧	地震力： 801 cm 風圧力： 527 cm 判定：(OK)・NG
Y方向	3,094 cm ≧	地震力： 1,367 cm 風圧力： 2,633 cm 判定：(OK)・NG	1,865 cm ≧	地震力： 801 cm 風圧力： 1,313 cm 判定：(OK)・NG

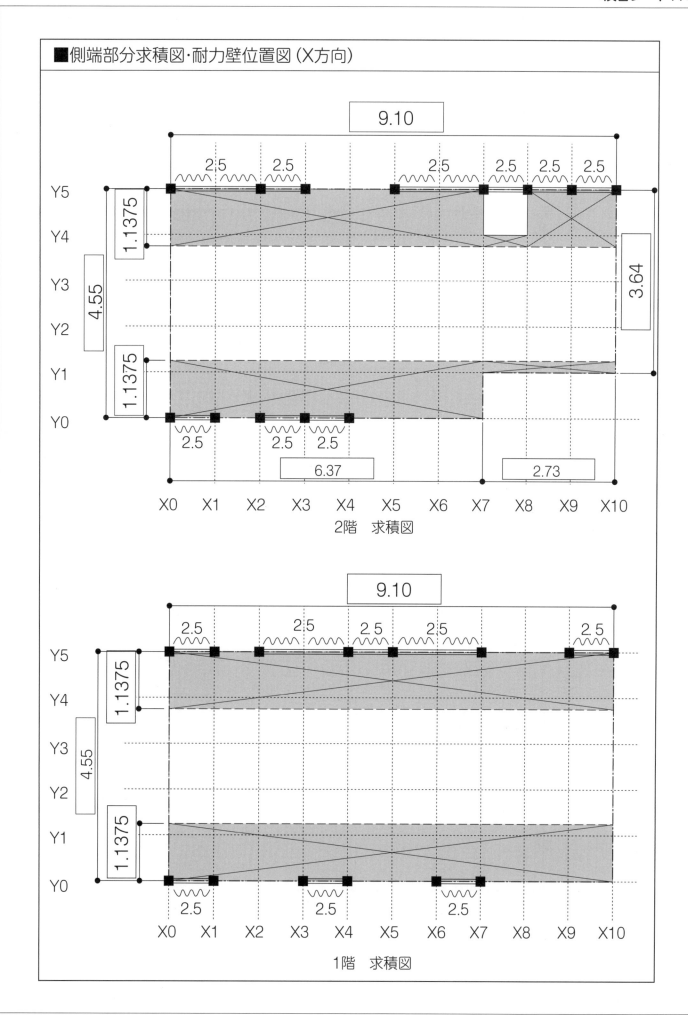

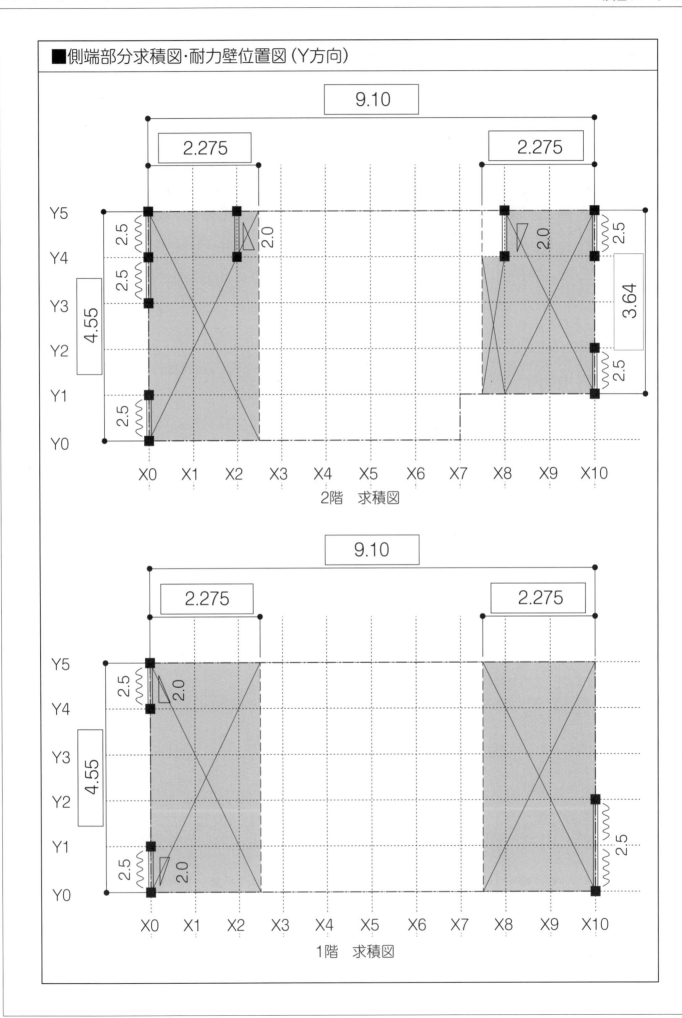

■基準法（四分割法）　側端部分求積表

方向	部位	1階 縦 (m)	×	横 (m)	=	面積 (m²)	2階 縦 (m)	×	横 (m)	=	面積 (m²)
X方向	北1/4	1.1375	×	9.10	=	10.36	1.1375	×	6.37	=	7.25
			×		=		0.2275	×	0.91	=	0.21
			×		=		1.1375	×	1.82	=	2.08
			×		=			×		=	
				合 計		10.36 m²			合 計		9.54 m²
	南1/4	1.1375	×	9.10	=	10.36	1.1375	×	6.37	=	7.25
			×		=		0.2275	×	2.73	=	0.63
			×		=			×		=	
			×		=			×		=	
				合 計		10.36 m²			合 計		7.88 m²
Y方向	西1/4	4.55	×	2.275	=	10.36	4.55	×	2.275	=	10.36
			×		=			×		=	
			×		=			×		=	
			×		=			×		=	
				合 計		10.36 m²			合 計		10.36 m²
	東1/4	4.55	×	2.275	=	10.36	3.64	×	1.82	=	6.63
			×		=		2.73	×	0.455	=	1.25
			×		=			×		=	
			×		=			×		=	
				合 計		10.36 m²			合 計		7.88 m²

<演習シート14>

■基準法（四分割法）　必要壁量

方向	部位	1階	2階
X方向	北1/4	床面積 10.36 m² × 地震力用係数 33 1北　必要壁量 = 342 cm	床面積 9.54 m² × 地震力用係数 21 2北　必要壁量 = 201 cm
X方向	南1/4	床面積 10.36 m² × 地震力用係数 33 1南　必要壁量 = 342 cm	床面積 7.88 m² × 地震力用係数 21 2南　必要壁量 = 166 cm
Y方向	西1/4	床面積 10.36 m² × 地震力用係数 33 1西　必要壁量 = 342 cm	床面積 10.36 m² × 地震力用係数 21 2西　必要壁量 = 218 cm
Y方向	東1/4	床面積 10.36 m² × 地震力用係数 33 1東　必要壁量 = 342 cm	床面積 7.88 m² × 地震力用係数 21 2東　必要壁量 = 166 cm

■基準法（四分割法）　存在壁量

方向	部位	1階				2階			
		倍率	×	長さ(cm)	= 壁量(cm)	倍率	×	長さ(cm)	= 壁量(cm)
X方向	北1/4	2.5	×	637	= 1,592	2.5	×	728	= 1,820
			×		=		×		=
			×		=		×		=
		存在壁量の合計			1,592	存在壁量の合計			1,820
X方向	南1/4	2.5	×	273	= 682	2.5	×	273	= 682
			×		=		×		=
			×		=		×		=
		存在壁量の合計			682	存在壁量の合計			682
Y方向	西1/4	2.5	×	182	= 455	2.5	×	273	= 682
		2.0	×	182	= 364	2.0	×	91	= 182
			×		=		×		=
		存在壁量の合計			819	存在壁量の合計			864
Y方向	東1/4	2.5	×	182	= 455	2.5	×	182	= 455
			×		=	2.0	×	91	= 182
			×		=		×		=
		存在壁量の合計			455	存在壁量の合計			637

<演習シート15>

■基準法（四分割法）　充足率

方向	部位	1階	2階
X方向	北1/4	存在壁量 1,592 ／ 必要壁量 342 ＝ 充足率 4.65	存在壁量 1,820 ／ 必要壁量 201 ＝ 充足率 9.05
X方向	南1/4	存在壁量 682 ／ 必要壁量 342 ＝ 充足率 1.99	存在壁量 682 ／ 必要壁量 166 ＝ 充足率 4.10
Y方向	西1/4	存在壁量 819 ／ 必要壁量 342 ＝ 充足率 2.39	存在壁量 864 ／ 必要壁量 218 ＝ 充足率 3.96
Y方向	東1/4	存在壁量 455 ／ 必要壁量 342 ＝ 充足率 1.33	存在壁量 637 ／ 必要壁量 166 ＝ 充足率 3.83

■基準法（四分割法）　判定

方向	1階	2階
X方向	(小) 充足率 1.99 ／ (大) 充足率 4.65 ＝ 壁率比 0.42　　判定 壁率比 0.42 ≧ 0.5 ∴OK・(NG)	(小) 充足率 4.10 ／ (大) 充足率 9.05 ＝ 壁率比 0.45　　判定 壁率比 0.45 ≧ 0.5 ∴OK・(NG)
Y方向	(小) 充足率 1.33 ／ (大) 充足率 2.39 ＝ 壁率比 0.55　　判定 壁率比 0.55 ≧ 0.5 ∴(OK) NG	(小) 充足率 3.83 ／ (大) 充足率 3.96 ＝ 壁率比 0.96　　判定 壁率比 0.96 ≧ 0.5 ∴(OK) NG

上記判定でNGとなった場合

方向	部位	1階	2階
X方向	北1/4	充足率 4.65 ＞ 1.0　判定 :(OK) NG	充足率 9.05 ＞ 1.0　判定 :(OK) NG
X方向	南1/4	充足率 1.99 ＞ 1.0　判定 :(OK) NG	充足率 4.10 ＞ 1.0　判定 :(OK) NG
Y方向	西1/4	充足率 2.39 ＞ 1.0　判定 :(OK) NG	充足率 3.96 ＞ 1.0　判定 :(OK) NG
Y方向	東1/4	充足率 1.33 ＞ 1.0　判定 :(OK) NG	充足率 3.83 ＞ 1.0　判定 :(OK) NG

<演習シート16>

■柱・壁位置図

耐力壁 準耐力壁 の凡例	筋かい (45×90)			面材耐力壁
記　号	◿	◺	⋈	〜〜
倍　率	2.0	2.0	4.0	2.5

2 階

1 階

●軸組の柱の柱頭・柱脚仕口に必要な引張耐力算定式と接合部仕様

■平家部分及び、最上階の柱

N＝A1×B1-L

	出隅	その他
B1	0.8	0.5
L	0.4	0.6

N：下表に規定するNの数値
A1：当該柱両端の壁倍率の差
　　ただし、筋かいによる補正値を加える
B1：周辺の部材における押え（曲げ戻し）の効果を表す係数
L：鉛直荷重による押えの効果を表す係数

■その他の柱

N＝A1×B1+A2×B2-L

	出隅	その他
B1	0.8	0.5
B2	0.8	0.5
L	1	1.6

N：下表に規定するNの数値
A1：当該柱両端の壁倍率の差
A2：当該柱に連続する2階柱の両端の壁倍率の差
　　ただし、A1,A2とも筋かいによる補正値を加える
B1：周辺の部材における押え（曲げ戻し）の効果を表す係数
B2：2階の周辺の部材における押え（曲げ戻し）の効果を表す係数
L：鉛直荷重による押えの効果を表す係数

■通し柱と胴差の条件に応じた接合部の仕様

通し柱と胴差の条件		仕口
T1	通し柱の片側に胴差しが来る場合	胴差しを柱にかたぎ大入れ短ほぞ差しの上、羽子板ボルト、かね折り金物又は同等以上の仕口
T2	通し柱の両側に胴差しが来る場合	胴差しを柱にかたぎ大入れ短ほぞ差しの上、短冊金物又は同等以上の仕口で胴差相互を緊結
T3	通し柱と胴差しの接合部の近くに断面寸法90×90mm以上の木製筋かいが取り付く場合	胴差を通し柱に15kN用引き寄せ金物を水平に用いて緊結

■筋かいを考慮してA に加える補正値（筋かいは全て 45×90）

一方	他方	補正値	備考
シングル	－	+0.5	柱頭に取り付く場合
		−0.5	柱脚に取り付く場合
ダブル	－	－	
シングル	シングル	+1.0	
		－	両端柱脚に取り付く場合
ダブル	シングル	+0.5	
ダブル	ダブル	－	

■接合部の仕様

告示表三	N値	必要耐力(kN)	継手・仕口の仕様
（い）	0.0以下	0.0	短ほぞ差し又はかすがい打ち
（ろ）	0.65以下	3.4	長ほぞ差し込み栓又はかど金物CP・L
（は）	1.0以下	5.1	かど金物CP・T
			山形プレートVP
（に）	1.4以下	7.5	羽子板ボルト又は短ざく金物（スクリュー釘なし）
（ほ）	1.6以下	8.5	羽子板ボルト又は短ざく金物（スクリュー釘あり）
（へ）	1.8以下	10.0	引き寄せ金物HD-B10（S-HD10）
（と）	2.8以下	15.0	引き寄せ金物HD-B15（S-HD15）
（ち）	3.7以下	20.0	引き寄せ金物HD-B20（S-HD20）
（り）	4.7以下	25.0	引き寄せ金物HD-B25（S-HD25）
（ぬ）	5.6以下	30.0	引き寄せ金物HD-B15（S-HD15）×2個
－	5.6超	N×5.3	

●柱頭・柱脚の接合部および胴差しと通し柱の接合部のチェック（N値計算法）

階	耐力壁端部の柱		A1	B1	A2	B2	L	N	X、Y軸方向のNの最大値	接合金物 柱頭部／柱脚部	胴差し・通し柱の接合部
			X軸方向								
			Y軸方向								
2	X0	Y0	2.5	0.8			0.4	1.60	1.60	ほ	T1
			2.5	0.8			0.4	1.60		通し柱	
2	X0	Y1							0.65	ろ	
			2.5	0.5			0.6	0.65		ろ	
2	X0	Y3							0.65	ろ	
			2.5	0.5			0.6	0.65		ろ	
2	X0	Y4							-0.60	い	
			0.0	0.5			0.6	-0.60		い	
2	X0	Y5	2.5	0.8			0.4	1.60	1.60	ほ	T1
			2.5	0.8			0.4	1.60		通し柱	
2	X1	Y0	2.5	0.5			0.6	0.65	0.65	ろ	
										ろ	
2	X2	Y0	2.5	0.5			0.6	0.65	0.65	ろ	
										ろ	
2	X2	Y4							0.65	ろ	
			2.5	0.5			0.6	0.65		ろ	
2	X2	Y5	0.0	0.5			0.6	-0.60	0.15	ろ	
			1.5	0.5			0.6	0.15		ろ	
2	X3	Y0	0.0	0.5			0.6	-0.60	0.15	ろ	
			1.5	0.5			0.6	0.15		ろ	
2	X3	Y1							0.65	ろ	
			2.5	0.5			0.6	0.65		ろ	
2	X3	Y5	2.5	0.5			0.6	0.65	0.65	ろ	
										ろ	
2	X4	Y0	2.5	0.5			0.6	0.65	0.65	ろ	
										ろ	
2	X5	Y5	2.5	0.5			0.6	0.65	0.65	ろ	
										ろ	
2	X6	Y3	1.5	0.5			0.6	0.15	0.15	ろ	
										ろ	
2	X7	Y0							1.60	ほ	
			2.5	0.8			0.4	1.60		ほ	
2	X7	Y1							0.15	ろ	
			1.5	0.5			0.6	0.15		ろ	
2	X7	Y3	2.5	0.5			0.6	0.65	0.65	ろ	
										ろ	
2	X7	Y5	0.0	0.5			0.6	-0.60	-0.60	い	
										い	
2	X8	Y4							0.15	ろ	
			1.5	0.5			0.6	0.15		ろ	
2	X8	Y5	0.0	0.5			0.6	-0.60	0.65	ろ	
			2.5	0.5			0.6	0.65		ろ	

<演習シート19>

●柱頭・柱脚の接合部および胴差しと通し柱の接合部のチェック（N値計算法）

階	耐力壁端部の柱		A 1	B 1	A 2	B 2	L	N	X、Y軸方向のNの最大値	接合金物 柱頭部/柱脚部	胴差し・通し柱の接合部
			X軸方向								
			Y軸方向								
2	X9	Y5	0.0	0.5			0.6	-0.60	-0.60	い	
										い	
2	X10	Y1							1.60	ほ	
			2.5	0.8			0.4	1.60		ほ	
2	X10	Y2							0.65	ろ	T2
			2.5	0.5			0.6	0.65		通し柱	
2	X10	Y4							0.65	ろ	
			2.5	0.5			0.6	0.65		ろ	
2	X10	Y5	2.5	0.8			0.4	1.60	1.60	ほ	T1
			2.5	0.8			0.4	1.60		通し柱	
1	X0	Y0	2.5	0.8	2.5	0.8	1.0	3.00	4.20	通し柱	T1
			4.0	0.8	2.5	0.8	1.0	4.20		り	
1	X0	Y1							2.15	と	
			5.0	0.5	2.5	0.5	1.6	2.15		と	
1	X0	Y4							0.90	は	
			5.0	0.5	0.0	0.5	1.6	0.90		は	
1	X0	Y5	2.5	0.8	2.5	0.8	1.0	3.00	4.20	通し柱	T1
			4.0	0.8	2.5	0.8	1.0	4.20		り	
1	X1	Y0	2.5	0.5	(3.75)	0.5	1.6	1.525	1.525⇒1.53	ほ	
										ほ	
1	X1	Y5	2.5	0.5			1.6	-0.35	-0.35	い	
										い	
1	X2	Y5	2.5	0.5	0.0	0.5	1.6	-0.35	-0.35	い	
					1.5	0.5	1.6	-0.85		い	
1	X3	Y0	2.5	0.5	(1.25)	0.5	1.6	0.275	0.275⇒0.28	い	
					1.5	0.5	1.6	-0.85		い	
1	X4	Y0	2.5	0.5	2.5	0.5	1.6	0.90	0.90	は	
			4.0	0.5			1.6	0.40		は	
1	X4	Y1							0.40	ろ	
			4.0	0.5			1.6	0.40		ろ	
1	X4	Y2							0.40	ろ	
			4.0	0.5			1.6	0.40		ろ	
1	X4	Y3							0.40	ろ	
			4.0	0.5			1.6	0.40		ろ	
1	X4	Y5	0.0	0.5			1.6	-1.60	-1.60	い	
										い	
1	X5	Y5	0.0	0.5	2.5	0.5	1.6	-0.35	-0.35	い	
										い	
1	X6	Y0	2.5	0.5			1.6	-0.35	-0.35	い	
										い	
1	X6	Y3	2.5	0.5	1.5	0.5	1.6	0.40	0.40	ろ	
										ろ	

2階X2Y0柱に作用する壁倍率2.5倍を1階X1Y0柱、X3Y0柱に1/2ずつ分配した。

<演習シート20>

●柱頭・柱脚の接合部および胴差しと通し柱の接合部のチェック（N値計算法）

階	耐力壁端部の柱		A1	B1	A2	B2	L	N	X、Y軸方向のNの最大値	接合金物柱頭部柱脚部	胴差し・通し柱の接合部
			X軸方向								
			Y軸方向								
1	X7	Y0	2.5	0.5			1.6	-0.35	2.40	と	
			4.0	0.5	2.5	0.8	1.6	2.40		と	
1	X7	Y1							-0.85	い	
			0.0	0.5	1.5	0.5	1.6	-0.85		い	
1	X7	Y2							-1.60	い	
			0.0	0.5			1.6	-1.60		い	
1	X7	Y3	1.5	0.5	2.5	0.5	1.6	0.40	0.40	ろ	
			4.0	0.5			1.6	0.40		ろ	
1	X7	Y5	2.5	0.5	0.0	0.5	1.6	-0.35	-0.35	い	
										い	
1	X9	Y5	2.5	0.5	0.0	0.5	1.6	-0.35	-0.35	い	
										い	
1	X10	Y0							2.60	と	
			2.5	0.8	(1.25)	0.8	0.4	2.60		と	
1	X10	Y2							1.90	通し柱	T2
			2.5	0.5	(1.25)／2.5	0.8／0.5	1.6	1.90		と	
1	X10	Y3.5							-0.35	い	
			0.0	0.5	(2.5)	0.5	1.6	-0.35		い	
1	X10	Y5	2.5	0.8	2.5	0.8	1.0	3.00	3.00	通し柱	T1
			0.0	0.8	2.5	0.8	1.0	1.00		ち	

2階X10Y1柱からの引抜き力を1/2ずつ受けると設定している。

2階X10Y4柱からの引抜き力を受けると設定している。

①柱の小径（施行令第43条1項）

1階　$\dfrac{\boxed{269.5}\text{ 横架材間距離 (cm)}}{\boxed{28}} = \boxed{9.625} < \boxed{10.5}\text{ cm}$　柱の小径　判定：(OK)・NG

2階　$\dfrac{\boxed{269.5}\text{ 横架材間距離 (cm)}}{\boxed{30}} = \boxed{8.984} < \boxed{10.5}\text{ cm}$　柱の小径　判定：(OK)・NG

②有効細長比（施行令第43条6項）

構造耐力上主要な部分である柱の有効細長比（断面の最小二次半径に対する座屈長さの比をいう。以下同じ。）は、150以下としなければならない。

$\dfrac{\ell k}{i} \leq 150$

i：断面の最小二次半径（$\sqrt{\dfrac{I}{A}}$）

ℓk：座屈長さ（木造の柱の場合は横架材間内法長さ）

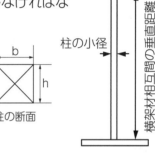

計算例

柱の断面二次モーメント $I = \dfrac{b \cdot h^3}{12}$、柱の断面積 $A = b \cdot h$ より、

$i = \sqrt{\dfrac{I}{A}} = \dfrac{h}{\sqrt{12}}$

これを $\dfrac{\ell k}{i} \leq 150$ に代入すると、$\dfrac{\ell k}{h} \leq 43.3$ となる。

1階　$\dfrac{\boxed{269.5}\text{ 横架材間距離 (cm)}}{\boxed{10.5}\text{ 柱の小径 (cm)}} = \boxed{25.67} < 43.3$　判定：(OK)・NG

2階　$\dfrac{\boxed{269.5}\text{ 横架材間距離 (cm)}}{\boxed{10.5}\text{ 柱の小径 (cm)}} = \boxed{25.67} < 43.3$　判定：(OK)・NG

●性能表示　準耐力壁等の壁倍率

階	部位	横架材間内法寸法	下地張材全高	種類	基準倍率	開口部の種類	開口部高さ	面材高さの合計	準耐力壁倍率	採用倍率
2階	外壁	2,695	2,695	構造用合板	2.5	掃き出し(戸)	2,000	695	0.386	0.3
						腰高（中）	1,200	1,495	0.832	0.8
						腰高（小）	1,000	1,695	0.943	0.9
			2,671			全壁	0	2,671	1.487	1.4
	内壁	2,695	2,400	石こうボード	0.9	掃き出し(戸)	2,000	400	0.080	0.0
						腰高（中）	1,200	1,200	0.240	0.2
						腰高（小）	1,000	1,400	0.280	0.2
						全壁	0	2,400	0.480	0.4
1階	外壁	2,695	2,695	構造用合板	2.5	掃き出し(戸)	2,000	695	0.386	0.3
						腰高（中）	1,200	1,495	0.832	0.8
						腰高（小）	1,000	1,695	0.943	0.9
						全壁	-	-	-	-
	内壁	2,695	2,400	石こうボード	0.9	掃き出し(戸)	2,000	400	0.080	0.0
						腰高（中）	1,200	1,200	0.240	0.2
						腰高（小）	1,000	1,400	0.280	0.2
						全壁	0	2,400	0.480	0.4

$$準耐力壁倍率 = 0.6 \times 基準倍率 \times \frac{面材高さの合計}{横架材間内法寸法}$$

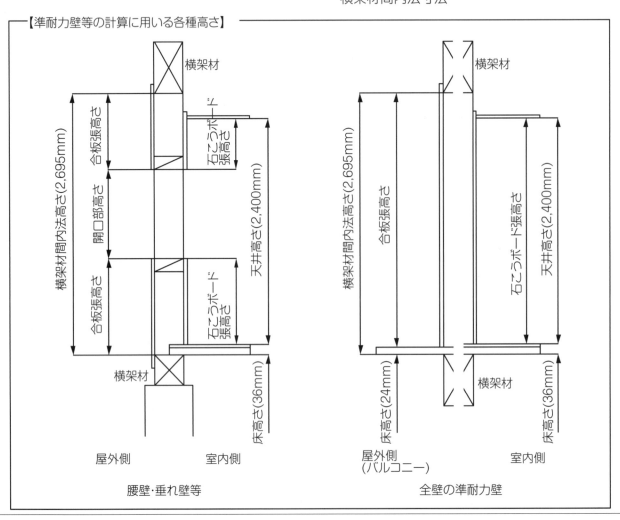

【準耐力壁等の計算に用いる各種高さ】
腰壁・垂れ壁等　　　　　全壁の準耐力壁

■性能表示　柱・壁位置図

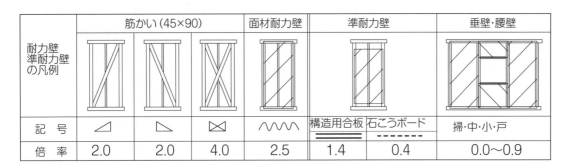

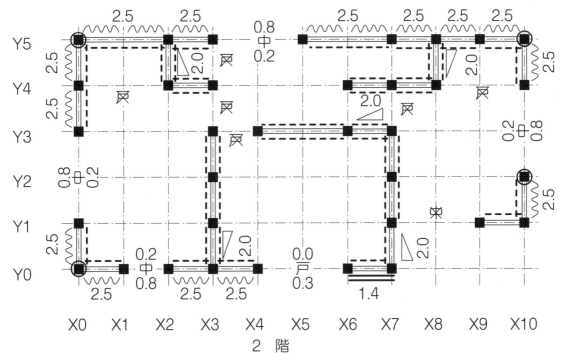

2 階

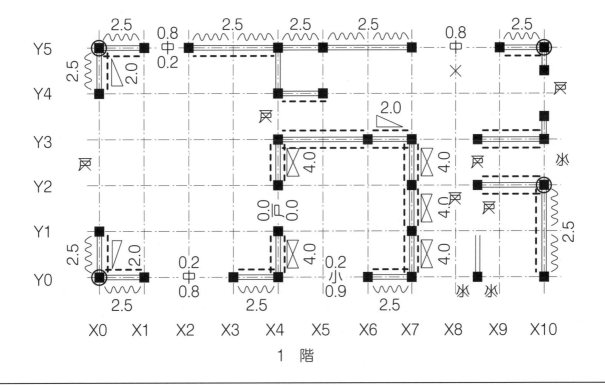

1 階

<演習シート24>

● 性能表示　存在壁量

方向	1階					2階				
X方向	施行令第46条に係る耐力壁量(⑦)				2,456 cm	施行令第46条に係る耐力壁量(⑧)				2,684 cm
	通り	倍率	×	長さ(cm)	=	壁量(cm)	通り	倍率	×	長さ(cm)	=	壁量(cm)

方向	通り	倍率	×	長さ(cm)	=	壁量(cm)	通り	倍率	×	長さ(cm)	=	壁量(cm)
X方向	Y0	0.4	×	273	=	109	Y0	0.4	×	364	=	145
	Y0	0.2	×	364	=	72	Y0	0.2	×	91	=	18
	Y0	0.8	×	182	=	145	Y0	0.8	×	91	=	72
	Y0	0.9	×	182	=	163	Y0	0.3	×	182	=	54
	Y2	0.4	×	273	=	109	Y0	1.4	×	91	=	127
	Y3	0.4	×	819	=	327	Y1	0.4	×	91	=	36
	Y4	0.4	×	91	=	36	Y3	0.4	×	546	=	218
	Y5	0.4	×	364	=	145	Y4	0.4	×	546	=	218
	Y5	0.2	×	91	=	18	Y5	0.4	×	728	=	291
	Y5	0.8	×	273	=	218	Y5	0.2	×	182	=	36
			×		=		Y5	0.8	×	182	=	145
	準耐力壁等の合計(⑪)					1,342	準耐力壁等の合計(⑫)					1,360
	存在壁量の合計(⑦+⑪)					3,798 cm	存在壁量の合計(⑧+⑫)					4,044 cm

方向												
Y方向	施行令第46条に係る耐力壁量(⑨)					3,094 cm	施行令第46条に係る耐力壁量(⑩)					1,865 cm
	通り	倍率	×	長さ(cm)	=	壁量(cm)	通り	倍率	×	長さ(cm)	=	壁量(cm)
	X0	0.4	×	182	=	72	X0	0.4	×	273	=	109
	X4	0.4	×	364	=	145	X0	0.8	×	182	=	145
	X7	0.4	×	546	=	218	X0	0.2	×	182	=	36
	X10	0.4	×	182	=	72	X2	0.4	×	182	=	72
			×		=		X3	0.4	×	546	=	218
			×		=		X7	0.4	×	455	=	182
			×		=		X8	0.4	×	182	=	72
			×		=		X10	0.4	×	182	=	72
			×		=		X10	0.8	×	182	=	145
			×		=		X10	0.2	×	182	=	36
	準耐力壁等の合計(⑬)					507	準耐力壁等の合計(⑭)					1,087
	存在壁量の合計(⑨+⑬)					3,601 cm	存在壁量の合計(⑩+⑭)					2,952 cm

● 性能表示　壁量判定

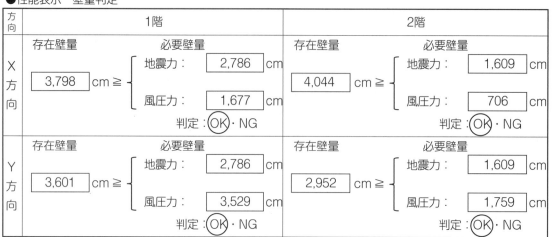

●性能表示　耐力壁線と耐力壁線間長さの判定

階	方向	通り	基準法存在壁量（耐力壁）	品確法準耐力壁存在壁量	存在壁量（耐力壁＋準耐力壁）	通り芯が耐力壁線かどうかの判定					耐力壁線間距離の判定	
						各通り奥行長さL(cm)	奥行×0.6 400cmのうち大きい値	判定	合算補正	再判定	耐力壁線間距離(cm)	判定
1階	X方向	Y0	682	489	1,171	910	546	OK◎			273	OK
		Y2	0	109	109	910	546	NG				
		Y3	182	327	509	910	546	NG	654	OK◎		
		Y4	0	36	36	910	546	NG			182	OK
		Y5	1,592	381	1,973	910	546	OK◎				
	Y方向	X0	819	72	891	455	400	OK◎			364	OK
		X4	728	145	873	455	400	OK◎			273	OK
		X7	1,092	218	1,310	455	400	OK◎			273	OK
		X10	455	72	527	455	400	OK◎				
2階	X方向	Y0	682	416	1,098	637	400	OK◎			273	OK
		Y1	0	36	36	910	546	NG				
		Y3	182	218	400	910	546	NG	618	OK◎		
		Y4	0	218	218	910	546	NG			182	OK
		Y5	1,820	472	2,292	910	546	OK◎				
	Y方向	X0	682	290	972	455	400	OK◎			273	OK
		X2	182	72	254	455	400	NG				
		X3	182	218	400	455	400	OK◎			364	OK
		X7	182	182	364	455	400	NG	618	OK◎		
		X8	182	72	254	364	400	NG			273	OK
		X10	455	253	708	364	400	OK◎				

■X方向火打ち構面図

水平構面の凡例
　火打ち材（H○）：

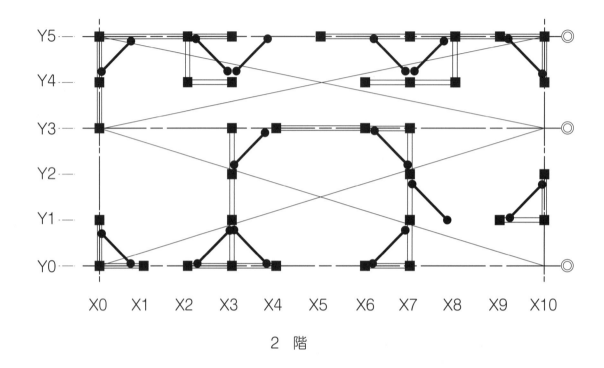

2　階

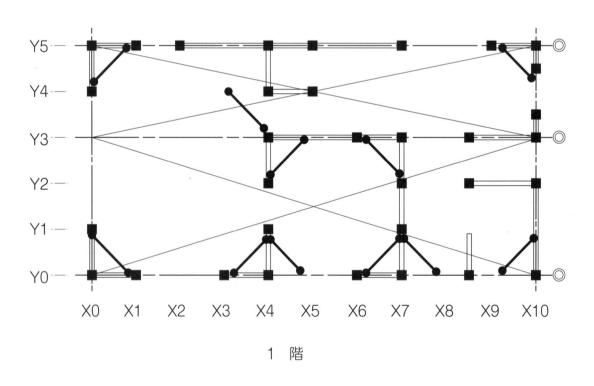

1　階

<演習シート27>

■Y方向火打ち構面図

水平構面の凡例
　火打ち材（H○）：

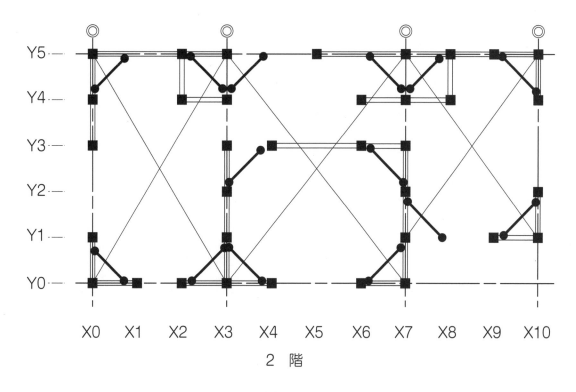

2 階

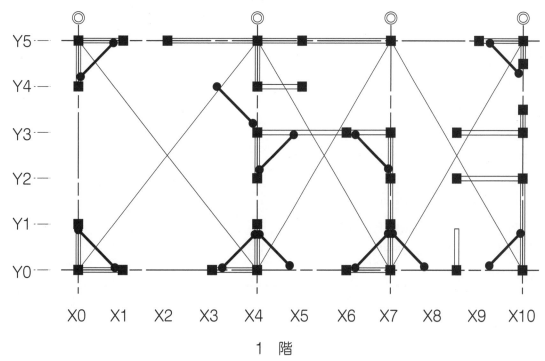

1 階

<演習シート28>

●性能表示　火打ち構面の平均負担面積

階	方向	床区画			本数	耐力壁線間隔(m)	奥行き(m)	総負担面積(m²)	平均負担面積（m²)	記号
1階	X方向	Y0	～	Y3	8	2.73	9.10	24.85	3.11	H6
		Y3	～	Y5	3	1.82	9.10	16.57	5.53	D0
			～							
			～							
			～							
	Y方向	X0	～	X4	4	3.64	4.55	16.57	4.15	H9
		X4	～	X7	4	2.73	4.55	12.43	3.11	H6
		X7	～	X10	3	2.73	4.55	12.43	4.15	H9
			～							
			～							
2階	X方向	Y0	～	Y3	8	2.73	9.10	24.85	3.11	H6
		Y3	～	Y5	6	1.82	9.10	16.57	2.77	H6
			～							
			～							
			～							
	Y方向	X0	～	X3	4	2.73	4.55	12.43	3.11	H6
		X3	～	X7	6	3.64	4.55	16.57	2.77	H6
		X7	～	X10	4	2.73	3.64	9.94	2.49	H3
			～							
			～							

床倍率一覧表（抜すい）

記号	種類	仕様	床倍率
R1	屋根構面	5寸勾配、構造用合板9mm、たる木@455、N50@150釘打ち	0.70
F7	床構面	構造用合板24mm、根太なし直張り4周釘打ち、N75@150以下	3.00
H3	火打ち構面	火打ち金物HB、平均負担面積2.5㎡以下、梁せい105以上	0.50
H6	火打ち構面	火打ち金物HB、平均負担面積3.3㎡以下、梁せい105以上	0.30
H9	火打ち構面	火打ち金物HB、平均負担面積5.0㎡以下、梁せい105以上	0.15
D0	吹抜け等	床なし	0.00

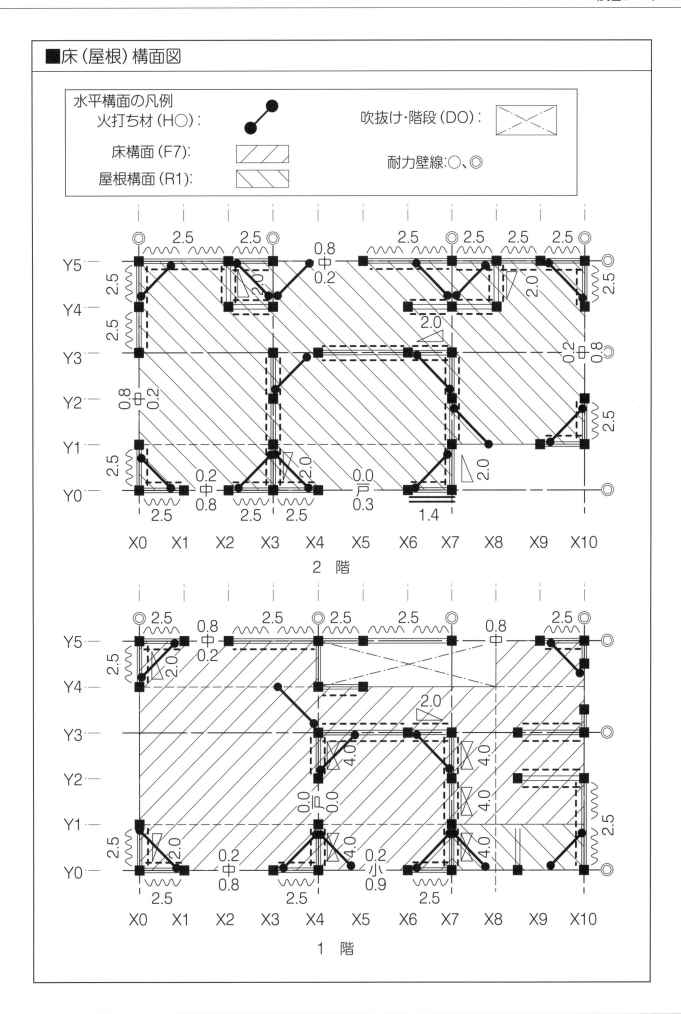

●性能表示　存在床倍率の算出

階	方向	床区画	直交小区画1 床種類	床倍率	奥行き長さの最小値(cm)	床量(cm)	直交小区画2 床種類	床倍率	奥行き長さの最小値(cm)	床量(cm)	直交小区画3 床種類	床倍率	奥行き長さの最小値(cm)	床量(cm)	奥行き長さの合計	床量の合計	直交小区画の床倍率	面材構面の存在床倍率	火打ち構面床倍率 種類	床倍率	存在床倍率
1階	X方向 (Y0~Y3)	Y0~Y1	F7	3.00	637	1,911	R1	0.7	273	191					910	2,102	2.30	2.30	H6	0.30	2.60
		Y1~Y3	F7	3.00	910	2,730									910	2,730	3.00				
	(Y3~Y5)	Y3~Y4	F7	3.00	910	2,730	D0	0.0	364	0					910	2,730	3.00	1.80	D0	0.0	1.80
		Y4~Y5	F7	3.00	364	1,092					F7	3.00	182	546	910	1,638	1.80				
	Y方向	X0~X4	F7	3.00	455	1,365									455	1,365	3.00	3.00	H9	0.15	3.15
		X4~X7	F7	3.00	364	1,092	D0	0.0	91	0					455	1,092	2.40	2.40	H6	0.30	2.70
	(X7~X10)	X7~X8	R1	0.70	91	63	F7	3.00	273	819	D0	0.00	91	0	455	882	1.93	1.93	H9	0.15	2.08
		X8~X10	R1	0.70	91	63	F7	3.00	364	1,092					455	1,155	2.53				
2階	X方向 (Y0~Y3)	Y0~Y1	R1	0.70	637	445	D0	0.00	273	0					910	445	0.48	0.48	H6	0.30	0.78
		Y1~Y3	R1	0.70	910	637									910	637	0.70	0.70	H6	0.30	1.00
		Y3~Y5	R1	0.70	910	637									910	637	0.70	0.70	H6	0.30	1.00
	Y方向	X0~X3	R1	0.70	455	318									455	318	0.70	0.70	H6	0.30	1.00
		X3~X7	R1	0.70	455	318									455	318	0.70	0.70	H6	0.30	1.00
		X7~X10	R1	0.70	364	254									364	254	0.70	0.70	H3	0.50	1.20

●性能表示・必要床倍率の算出と判定

階	方向	耐力壁線間	壁線種類	α	耐力壁線間隔(m)	床区画の壁線方向長(m)	地震力用係数	CE	必要床倍率	存在床倍率	判定	風圧力用係数	CW	必要床倍率	存在床倍率	判定
1階	X方向	Y0 ～ Y3	○-○	0.5	2.73	9.10	65.69	0.329	0.45	2.60	OK	67	1.876	0.29	2.60	OK
		Y3 ～ Y5	○-○	0.5	1.82	9.10			0.30	1.80	OK			0.19	1.80	OK
	Y方向	X0 ～ X4	○-○	1.0	3.64	4.55	65.69	0.329	1.20	3.15	OK	67	1.876	1.51	3.15	OK
		X4 ～ X7	○-○	0.5	2.73	4.55			0.45	2.70	OK			0.57	2.70	OK
		X7 ～ X10	○-○	0.5	2.73	4.55			0.45	2.08	OK			0.57	2.08	OK
2階	X方向	Y0 ～ Y3	○-○	1.0	2.73	9.10	41.31	0.207	0.57	0.78	OK	67	0.938	0.29	0.78	OK
		Y3 ～ Y5	○-○	1.0	1.82	9.10			0.38	1.00	OK			0.19	1.00	OK
	Y方向	X0 ～ X3	○-○	1.0	2.73	4.55	41.31	0.207	0.57	1.00	OK	67	0.938	0.57	1.00	OK
		X3 ～ X7	○-○	1.0	3.64	4.55			0.76	1.00	OK			0.76	1.00	OK
		X7 ～ X10	○-○	1.0	2.73	3.64			0.57	1.20	OK			0.71	1.20	OK

地震力用必要床倍率＝α×耐力壁線間隔×CE
CE＝地震力用係数/200

風圧力用必要床倍率＝α×（耐力壁線間隔/壁線方向長）×風圧力用係数
CW（平家建て、最上階）＝0.014×風圧力用係数
CW（その他の階）＝0.028×風圧力用係数

床区画係数α

対象とする床	床区画と耐力壁線の条件		係数α
2階建ての2階平屋建て	○の最外周耐力壁線に片側が接する床区画		2.0
	◎の耐力壁線に両側を挟まれた床区画		1.0
2階建ての1階及び下屋	○の最外周耐力壁線に片側が接する床区画		2.0
	◎の耐力壁線に片側が接する床区画	床区画の上に上階耐力壁線がある	1.0
	◎の耐力壁線に両側を挟まれた床区画	床区画の上に上階耐力壁線がない	0.5

<演習シート32>

●性能表示　外周横架材の接合部の判定

階	方向	耐力壁線間			耐力壁線間隔(m)	存在床倍率	必要接合部倍率	仕口の種類	存在接合部倍率	判定
1階	X方向	Y0	～	Y3	2.730	2.60	1.32	J1	1.9	OK
		Y3	～	Y5	1.820	1.80	0.70※	J1	1.9	OK
			～							
			～							
	Y方向	X0	～	X4	3.640	3.15	2.12	J2	3.0	OK
		X4	～	X7	2.730	2.70	1.36	J1	1.9	OK
		X7	～	X10	2.730	2.08	1.06	J1	1.9	OK
			～							
			～							
2階	X方向	Y0	～	Y3	2.730	0.78	0.70※	J1	1.9	OK
		Y3	～	Y5	1.820	1.00	0.70※	J1	1.9	OK
			～							
			～							
	Y方向	X0	～	X3	2.730	1.00	0.70※	J1	1.9	OK
		X3	～	X7	3.640	1.00	0.70※	J1	1.9	OK
		X7	～	X10	2.730	1.20	0.70※	J1	1.9	OK
			～							

必要接合部倍率＝0.185×存在床倍率×耐力壁線間隔
※計算結果が0.70以下となったため、0.70とした。

横架材接合部の仕様

記号	接合部の仕様	接合部倍率
□	短ほぞ差し	0.0
□	かすがい	
N	長ほぞ差し込み栓打ち	0.7
L	L字型金物	
V	V字型金物	1.0
T	T字型金物	
P	羽子板ボルト	1.4
I	短冊金物	
Ps	羽子板ボルト＋スクリュー釘50	1.6
Is	短冊金物＋スクリュー釘50	
2	10KN用引き寄せ金物	1.8
3	15KN用引き寄せ金物	2.8
4	20KN用引き寄せ金物	3.7
5	25KN用引き寄せ金物	4.7
32	15KN用引き寄せ金物×2	5.6
J1	(腰掛蟻又は大入れ蟻掛け)＋(羽子板ボルト又は短冊金物)	1.9
J2	(腰掛蟻又は大入れ蟻掛け)＋(羽子板ボルト又は短冊金物)×2	3.0

■屋根伏図

作図手順
①2階外壁の中心線を記入する
②屋根の軒先ラインを記入する
③棟木・隅木・谷木を記入する
④母屋を記入する
⑤小屋束を記入する

✕ :小屋束
—‥— :母屋
═══ :棟木
—・— :外壁中心線
—‥— :軒先線

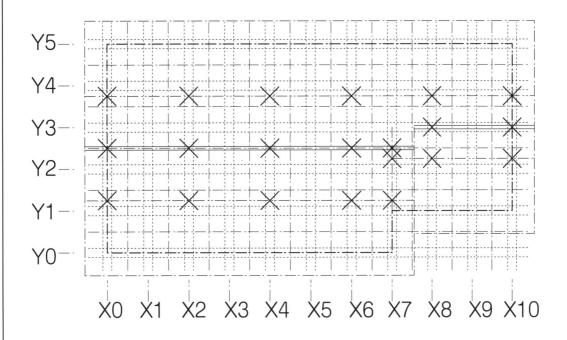

■小屋伏図

作図手順
①2階内・外壁の中心線を記入する
②屋根の軒先ラインを記入する
③小屋束を記入する
④2階管柱を記入する
⑤外周壁上部に横架材を記入する
⑥内部耐力壁及び間仕切壁上部に横架材を記入する
⑦小屋束を受ける横架材を記入する
⑧横架材間隔が1820mm以下となるように横架材を記入する
⑨横架材のサイズを計算し、記入する
⑩火打ち材を配置する

✕ :小屋束
■ :2階管柱
▭ :横架材
╱ :火打ち材

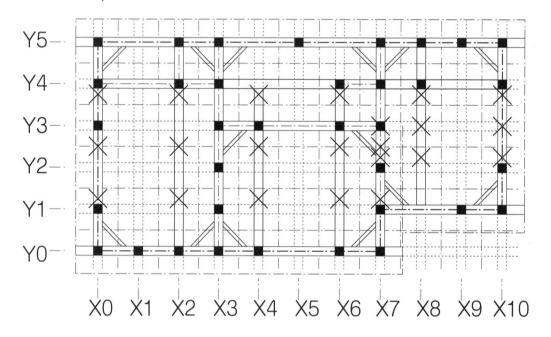

■2階床梁伏図

作図手順
①2階の外壁線・間仕切壁線を記入する
②1階の外壁線・間仕切壁線を記入する
③2階管柱を記入する
④1階管柱を記入する
⑤外周壁に横架材を記入する
⑥1階内部耐力壁及び間仕切壁上部に横架材を記入する
⑦2階内部耐力壁及び間仕切壁下部に横架材を記入する
⑧横架材間隔が910mm以下となるように横架材を追加記入する
⑨横架材のサイズを計算し、記入する
⑩火打ち材を配置する
⑪隅柱を通し柱に指定する

×：2階管柱　　□：横架材
■：1階管柱　　／：火打ち材
○：通し柱

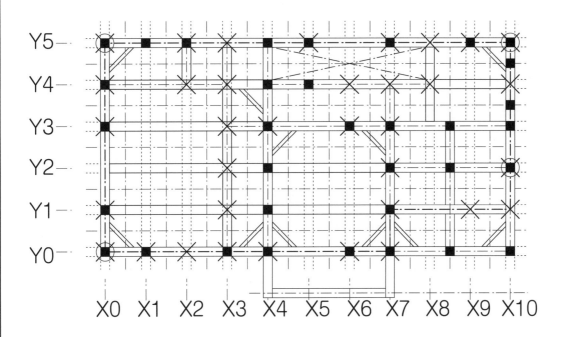

■土台伏図

作図手順
①1階の外壁線・間仕切壁線を記入する
②1階管柱を記入する
③外周壁に横架材を記入する
④1階内部耐力壁及び間仕切壁下部に土台を記入する
⑤横架材間隔が910mm以下となるように大引きを記入する
⑥火打ち材を配置する

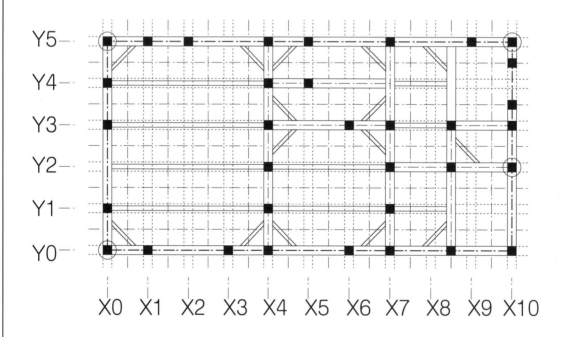

<演習シート37>

■基礎伏図

作図手順
① 土台設置位置を一転鎖線で記入する
② 土台設置位置に基礎の立ち上がりを記入する
③ 大引き下に910mm間隔で束石を記入する
④ 火打ち土台を記入する
⑤ アンカーボルトを記入する
　1) 耐力壁の端部柱
　2) 土台継ぎ手の側近
　3) その他アンカーボルト間隔が2.7m以内となるような位置
⑥ ホールダウンアンカーを記入する

　▭ :基礎立ち上がり
　○ :アンカーボルト
　◎ :ホールダウンアンカーボルト
　□ :束石
　▨ :土間コンクリート

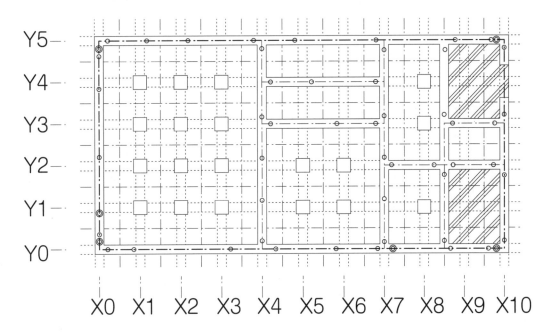

索引

あ

圧縮力
71, 72, 155, 176
アンカーボルト
67, 149,153, 180

い

異形鉄筋
89, 90, 91
板壁
175
入り隅
79, 108, 143, 144, 152, 153

え

Ｎ値計算
11, 16, 41, 63, 68, 71, 75, 92, 148, 153, 182
Ｎ値法
60, 63, 68, 141
鉛直荷重
4, 59, 68, 72, 116, 161, 181, 199
鉛直構面
60
鉛直力
165

お

横架材
4, 5, 6, 7, 11, 16, 35, 58, 59, 60, 61, 62, 64, 72, 82, 83, 84, 85, 86, 92, 97, 106, 107, 108, 109, 110, 111, 119, 126, 141, 142, 143, 150, 151, 152, 153, 154, 155, 156, 161, 162, 176
横架材間内法寸法
107, 108, 110, 111, 204
横架材接合部
11, 16, 58, 60, 61, 92, 97, 141, 142, 143, 144, 146

大引き
150, 151, 153, 161
屋外壁
33, 107
重い屋根
12, 17, 18, 21, 24, 29, 48, 93, 99, 100, 101, 169, 174, 178

か

外郭線
23, 26
開口係数
106
外周横架材接合部
143, 144, 145, 146
外壁線
23, 152, 153

欠込み
80, 86
かすがい
59, 64, 66, 71, 143
ガスト影響係数
19
かたぎ大入れ短ほぞ差し
147
かたぎ大入れほぞ差し
141
片持ち梁
119, 121
かど金物
66, 71
かね折り金物
147
壁倍率
17, 18, 21, 31, 32, 34, 35, 41, 42, 43, 53, 54, 59, 63, 67, 68, 70, 71, 74, 75, 76, 105, 107, 110, 111, 112, 117, 119, 123, 142, 168, 169, 170, 171, 172, 173, 174, 175, 179, 182
軽い屋根
17, 18, 21, 29, 48, 93, 99, 169, 174, 178
川の字打ち
106, 136
瓦葺
12, 21, 29, 48

き

基準強度
165, 166, 167
基準倍率
107, 110, 111
基準風速
12, 19, 96, 102, 103, 104, 137, 140
基準法壁量設計
93, 94
木ずり
33, 63, 107, 110, 174
基礎ぐい
89, 91
許容応力度
89, 90, 91, 154, 157, 166, 167
許容応力度設計
10

く

管柱
4, 152, 153, 161

こ

鋼管ぐい
89
剛心
40, 46

剛性
38, 40, 46, 78, 116, 170, 179, 180, 181
構造計算
8, 9, 10, 17, 19, 58, 82, 89, 93, 94, 96, 99, 118, 154, 155, 167, 168, 169, 182
構造設計
1, 9, 17, 29, 160, 167
構造用パネル
33, 107, 133
降伏耐力
170
腰壁
105, 106, 107, 108, 109, 110, 111, 112, 124, 171
固定荷重
155, 167

さ

最大曲げ応力度
156, 157
最大せん断応力度
156, 157
座屈長さ
82, 84, 85
座屈計算
82
雑壁
32, 105, 106, 168, 171, 172

し

軸組構法（木造軸組構法）
 1, 4, 5, 6, 7, 10, 31, 58, 59, 117, 142, 149, 158, 161, 162, 163, 175, 180
四周打ち（四周釘打ち）
12, 106, 136
地震地域係数
12, 93, 94, 95, 99, 100, 101
地震力用係数
17, 18, 21, 22, 23, 24, 29, 48, 49, 50, 51, 52, 93, 94, 98, 99, 100, 101, 118, 137,
地盤改良
89
終局耐力
168, 170
重心
40, 46
集成材
5, 6, 10, 78, 151, 163, 165, 166, 167
充足率
46, 47, 54, 55, 56, 57, 60, 171, 175
集中荷重
121, 156, 157
準耐力壁等
12, 47, 97, 105, 106, 107, 110, 111, 112, 113, 115, 123, 125, 141, 172

仕様規定
1, 4, 8, 9, 10, 11, 16, 17, 29, 58, 60, 68, 78, 89, 92, 93, 97, 116, 117, 118, 141, 142, 175, 180, 182
昭 55 建告第 1793 号
99, 100, 101
昭 56 建告第 1100 号
33, 175
真壁
6, 107, 175, 176

す

垂直投影面積
25
水平構面
1, 2, 11, 16, 20, 40, 77, 92, 97, 101, 113, 116, 117, 119, 125, 127, 130, 131, 132, 133, 134, 144, 179, 180, 182
水平耐力
20, 169
水平投影面積
22, 98
水平力
5, 38, 40, 46, 59, 62, 63, 78, 118, 119, 122, 141, 155, 159, 161, 168
筋かい
4, 5, 9, 11, 12, 15, 16, 32, 33, 34, 35, 38, 39, 41, 42, 58, 59, 62, 63, 68, 69, 70, 73, 74, 76, 80, 88, 92, 97, 112, 122, 124, 137, 141, 147, 154, 155, 158, 161, 163, 172, 173, 174, 176, 177, 179
隅柱
6, 60, 68, 73, 75, 76, 86, 153

せ

性能表示の壁量設計
93, 94, 96
性能表示壁量
123, 177
積載荷重
155, 167
積雪荷重
94, 99, 155, 167
石こうボード
5, 12, 33, 105, 107, 109, 110, 111, 112, 124, 160, 161, 175
せん断力
118, 120, 121, 181
Z マーク
62, 64, 66, 176, 177

そ

層間変形角
172
側端部分
46, 47, 48, 49, 50, 51, 52, 53, 54, 55, 56, 57
存在壁量
17, 31, 41, 42, 43, 44, 45, 46, 47, 48, 53, 54, 55, 97, 105, 112, 113, 114, 115, 122, 123, 124, 125, 173

存在床倍率
97, 116, 119, 126, 127, 129, 130, 131, 132, 134, 135, 139, 140, 142, 143, 145, 146

た

耐久性
5, 8, 11, 16, 87, 92, 97, 171
大地震
18, 93, 170, 172, 173
耐震等級
8, 10, 93, 100, 103, 143, 147, 177
耐積雪等級
143, 147
耐風等級
8, 10, 96, 100, 102, 103, 143, 147, 177
耐力壁線
97, 113, 116, 117, 118, 122, 123, 125, 126, 127, 128, 129, 130, 131, 132, 134, 137, 138, 139, 140, 141, 142, 143, 144, 145, 146, 181
耐力壁端部
63, 65, 76, 148, 153, 155
たすき掛け
33, 41, 63, 69, 70, 73, 74, 80, 174
谷木
151
垂れ壁
105, 106, 107, 108, 109, 110, 111, 171
たわみ（最大たわみ）
116, 156, 157, 167
短ざく金物
64, 66, 71
断面欠損
5, 11, 16, 86, 92
断面二次モーメント
82, 83, 85, 156, 157

ち

地表面粗度区分
19
中地震
18, 93, 170
柱頭・柱脚
11, 16, 20, 58, 59, 60, 61, 63, 68, 69, 71, 92, 97, 141

つ

ツーバイフォー
5, 118, 142, 158, 159
土壁
5, 174, 175, 176

て

出隅
63, 65, 68, 71, 72, 73, 74, 75, 79, 147, 152, 153
鉄筋コンクリート造
46, 58, 89, 90, 91
鉄骨構造
158

鉄骨造
58

と

胴差し
4, 5, 6, 82, 84, 85, 86, 105, 141, 143, 147, 148, 150, 151, 152, 161, 162
等分布荷重
120, 121, 156
通し柱
4, 5, 11, 16, 75, 76, 77, 84, 86, 92, 97, 141, 147, 148, 153, 161
土台
4, 5, 6, 7, 8, 9, 18, 32, 64, 79, 82, 84, 85, 88, 89, 90, 91, 105, 150, 151, 153, 161, 162, 163, 169, 176, 180, 181

に

新潟県中越地震
172, 173
二号建築物
10

ぬ

布基礎
4, 7, 64, 89, 91, 153, 162, 180

ね

根入れ深さ
90, 91
ねじれ
40, 46, 116, 117
根太
4, 6, 78, 116, 117, 133, 136, 151, 152, 153, 162, 163, 179, 180, 181
熱伝導率
164

の

軒高
10
野地
7, 12, 37, 117, 162, 181

は

パーティクルボード
33, 107
柱心
26
柱の小径
11, 16, 81, 82, 83, 84, 85, 97
ばらつき係数
171, 175
梁
4, 5, 6, 7, 17, 58, 60, 68, 72, 79, 86, 105, 111, 116, 117, 126, 152, 153, 154, 155, 156, 158, 160, 161, 162, 181

221

梁せい
127, 128, 129, 133, 154, 155

ひ

火打ち
11, 16, 78, 79, 92, 97, 126, 127, 128, 129, 133, 135, 140, 152, 153, 161, 163, 180, 181, 182

引抜耐力
67, 153

引抜き力
41, 59, 60, 63, 67, 68, 71, 72, 141, 142

引き寄せ金物
64, 71, 73, 143, 147

非耐力壁
168, 171

引張力
71

必要接合部倍率
142, 143, 145, 146

必要壁量
2, 17, 18, 19, 20, 21, 23, 24, 25, 27, 29, 30, 31, 33, 38, 44, 45, 46, 47, 48, 49, 50, 51, 52, 54, 55, 93, 94, 96, 97, 98, 99, 100, 101, 102, 103, 104, 114, 115, 137, 139, 168, 169, 171, 172, 173, 175, 177

必要床倍率
97, 116, 118, 119, 120, 137, 138, 139, 140

評価方法基準
1, 9, 10, 36, 78, 93, 99, 107, 137

兵庫県南部地震
172, 173

ふ

風圧力
4, 11, 12, 16, 17, 18, 19, 25, 27, 29, 30, 38, 40, 44, 45, 78, 92, 96, 102, 103, 104, 114, 115, 118, 120, 121, 122, 137, 138, 140, 167, 168, 179

風圧力用係数
17, 18, 19, 25, 27, 30, 96, 102, 103, 104, 118, 137, 140

風力係数
95

吹抜け
13, 23, 24, 50, 52, 78, 84, 94, 98, 100, 116, 119, 127, 131, 132, 133, 134, 179, 179

不同沈下
90, 91

へ

平13国交告第1024号
166

平12建告第1351号
22

平12建告第1347号
89

平12建告第1452号
165

平12建告第1460号
58, 59, 60, 62, 63, 64, 66, 177

壁率比
47, 56, 57, 174, 175

壁量計算用床面積
98

べた基礎
7, 89, 90, 153, 162

偏心率
11, 16, 46, 47, 52, 92, 97, 116, 175, 176

ほ

ホールダウン金物
7, 66, 67, 153

補正値
68, 69, 71, 73, 74, 76

細長比
11, 16, 82, 83, 84, 85, 92, 97

ま

曲げモーメント（最大曲げモーメント）
72, 156, 157

丸太組構法
4, 10, 158, 159

み

見つけ面積
17, 18, 19, 25, 26, 27, 28, 29, 30, 96, 102, 103, 120

む

棟木
151, 161

め

面材耐力壁
15, 33, 36, 38, 39, 42, 112, 124, 161

も

木質プレハブ構法
4, 159

母屋
7, 58, 117, 141, 142, 150, 151, 155, 162, 163

や

屋根構面
130, 133, 143

山形プレート
64, 66, 71

ヤング係数
166

ゆ

床剛性
40, 116

床構面
12, 36, 38, 61, 68, 117, 126, 128, 130, 133, 135, 136, 137, 138, 139, 140

床梁
4, 5, 6, 36, 150, 151, 152, 154, 156, 157, 161, 162

よ

四号建築物
9, 10

四分割法
9, 11, 16, 46, 47, 48, 51, 52, 53, 54, 55, 56, 92, 97, 175, 175, 176

ら

ラーメン構造
156, 158, 160

わ

枠組壁工法
10, 117, 158, 159

建築士会連合会のCPD単位の取得について

　本書、「ひとりで学べる木造の壁量設計演習帳」は、(社)日本建築士会連合会の建築士継続能力開発(CPD)の認定書籍です。以下の設問に解答することで、3単位を取得することができます。

　下記のバーコードの回答欄に✓を入れた後、コピーあるいは、直接切り抜いたものをCPD手帳に貼り付けてください。

設問1

　「厚さ4.5cm以上で幅9cm以上の木材の筋かいを入れた軸組」の耐力壁が1.82m存在した場合の壁量はいくつか?

① 1.82m　② 3.64m　③ 5.46m

設問2

　柱頭・柱脚接合部において、接合部が備えていなければならない耐力を「N」という値で示すが、「N」の値が1.0の場合、許容耐力はいくつか?

① 4.3kN　② 5.3kN　③ 6.3kN

設問3

　性能表示制度の床の設計において、必要床倍率の算定を行う場合、「耐力壁の上下関係で決まる係数α」は上下階で耐力壁と床の関係を考慮した係数であるが、$\alpha=0.5$は何を表しているか?

① 上階に壁がない　② 上階に壁がある　③ 上階に壁があって下階の壁が片側しかない

【著者紹介】

大橋　好光　　工学博士

1954 年生まれ。

1983 年　東京大学大学院博士課程修了

2000 年　熊本県立大学　助教授

2005 年　東京都市大学（旧：武蔵工業大学）教授

2020 年　東京都市大学　名誉教授

齊藤　年男　　一級建築士/構造設計一級建築士

1957 年生まれ。

1981 年　法政大学工学部建築学科卒業

　同　年　細田工務店入社

2010 年　同社技術開発部　執行役員

2018 年　同社理事　技術顧問

ひとりで学べる木造の壁量設計演習帳

平成 21 年 12 月 1 日発行	第 1 版第 1 刷発行
平成 24 年 3 月 30 日	第 2 版第 1 刷発行
平成 28 年 1 月 25 日	第 3 版第 1 刷発行
令和 5 年 11 月 22 日	第 3 版第 6 刷発行

定価 3,667 円（本体 3,334 円+税 10%）

```
著　　　者　　大橋好光・齊藤年男
編集・発行　　一般財団法人　日本建築センター
　　　　　　　〒101-8986
　　　　　　　東京都千代田区神田錦町1-9
　　　　　　　TEL：03-5283-0478　　　FAX：03-5281-2828
　　　　　　　https://www.bcj.or.jp/
販　　　売　　全国官報販売協同組合
　　　　　　　〒114-0012
　　　　　　　東京都北区田端新町一丁目1-14
　　　　　　　TEL：03-6737-1500　　　FAX：03-6737-1510
　　　　　　　https://www.gov-book.or.jp/
表紙デザイン　　柳オフィス
印　　　刷　　株式会社東京プリント印刷
```

著者承認
検印省略

＊乱丁、落丁本はお取りかえいたします。本書の一部あるいは全部を無断複写、複製、転載、あるいは電子媒体等に入力することは、法律で定められた場合を除き、著作権の侵害となります。

ⓒ　大橋好光・齊藤年男　2016

Printed in Japan　　ISBN978-4-88910-167-6

<演習シート1>

★モデルプラン計画概要

建築場所	東京都杉並区
建物用途	専用住宅
建物構造	木造軸組構造2階建て
基本モジュール	910mm

建物規模				
床面積		1階		m²
		2階		m²
		延面積		m²
見つけ面積	1階	東西面		m²
		南北面		m²
	2階	東西面		m²
		南北面		m²
性能表示関連	①ポーチ面積			m²
	②吹き抜け面積			m²
	③バルコニー面積			m²
	④=③×0.4			m²
	床面積	1階 (S1)		m²
		2階 (S2)		m²
	準備計算	Rf		
		K₁		
		K₂		

S1=1階床面積+①+④

S2=2階床面積+②

Rf=S2/S1

K₁=0.4+0.6×Rf

K₂=1.3+(0.07/Rf) [Rf<0.1のときはK₂=2]

最高の高さ		m
軒高		m
横架材間	1階	m
内法高さ	2階	m

建物仕上げ		
	屋根	瓦葺き
	外壁	防火サイディング

施行令第46条関係		
	屋根区分	重い屋根
	風圧力に関する指定	無し
	積雪に関する指定	指定なし

本計算で用いる仕様		
耐力壁・準耐力壁等		倍率
	構造用合板t=9　N50@150	2.5
	筋かい45×90	2.0
	石こうボードt=12.5　GNF40@150	0.9
屋根下地 (30°以下)		倍率
	勾配:5/10	
	野地:構造用合板t=12	0.7
	たる木:45×90@455	
床構面		倍率
	構造用合板t=24　N75@150 四周釘打ち	3.0
地震地域係数 (Z)		1.0
基準風速 (V0)		34
基礎の仕様		
	地盤の長期許容支持力	50　kN/m²
	基礎の構造	基礎

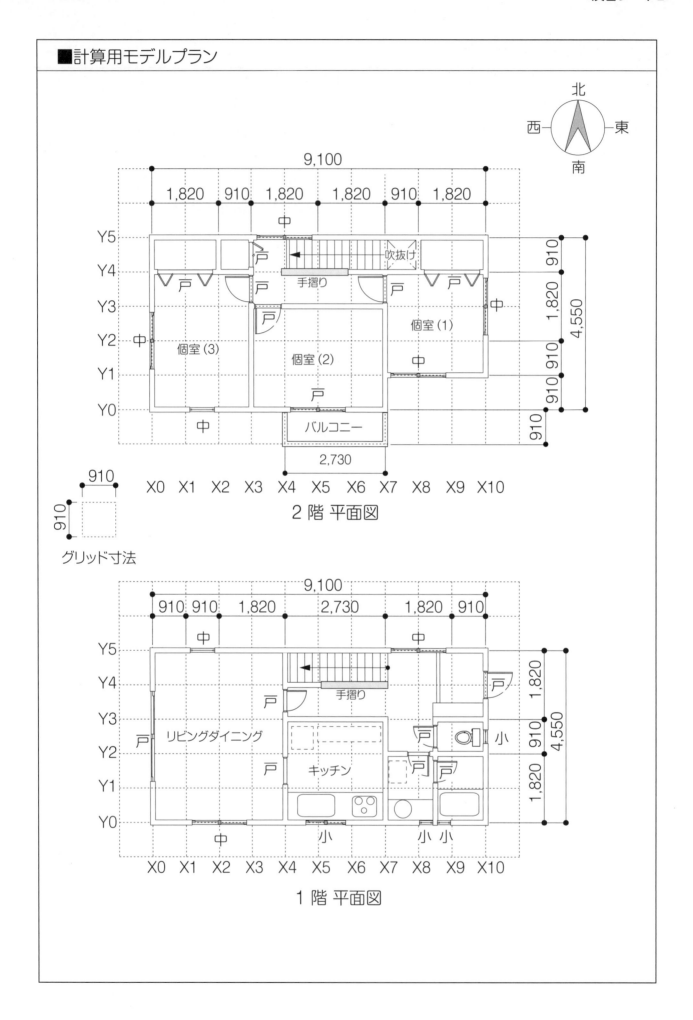

<演習シート3>

■立面図

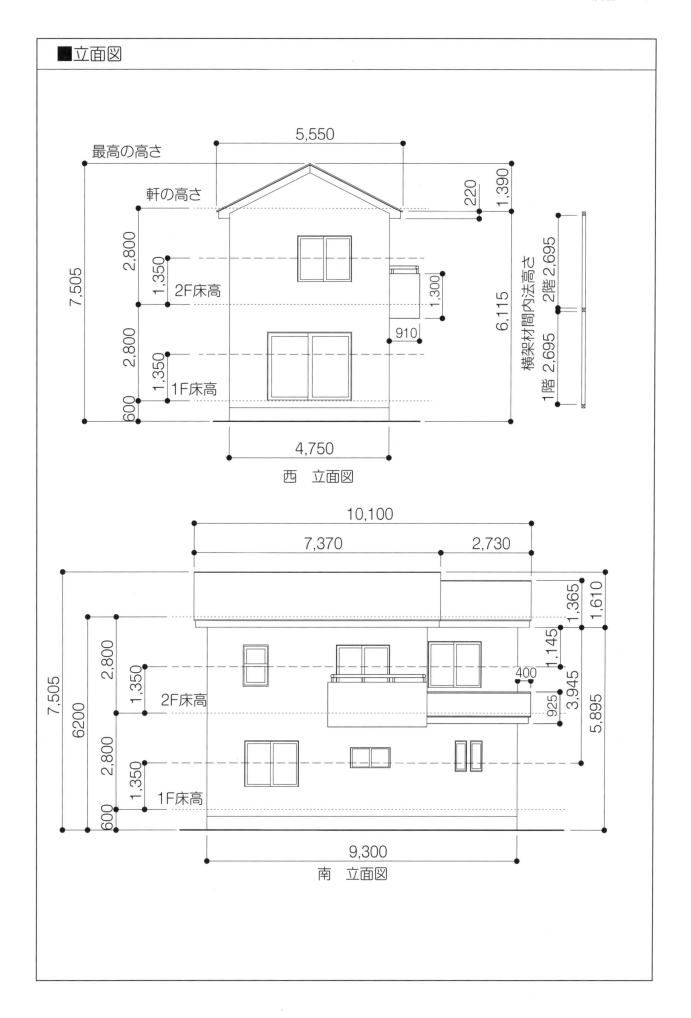

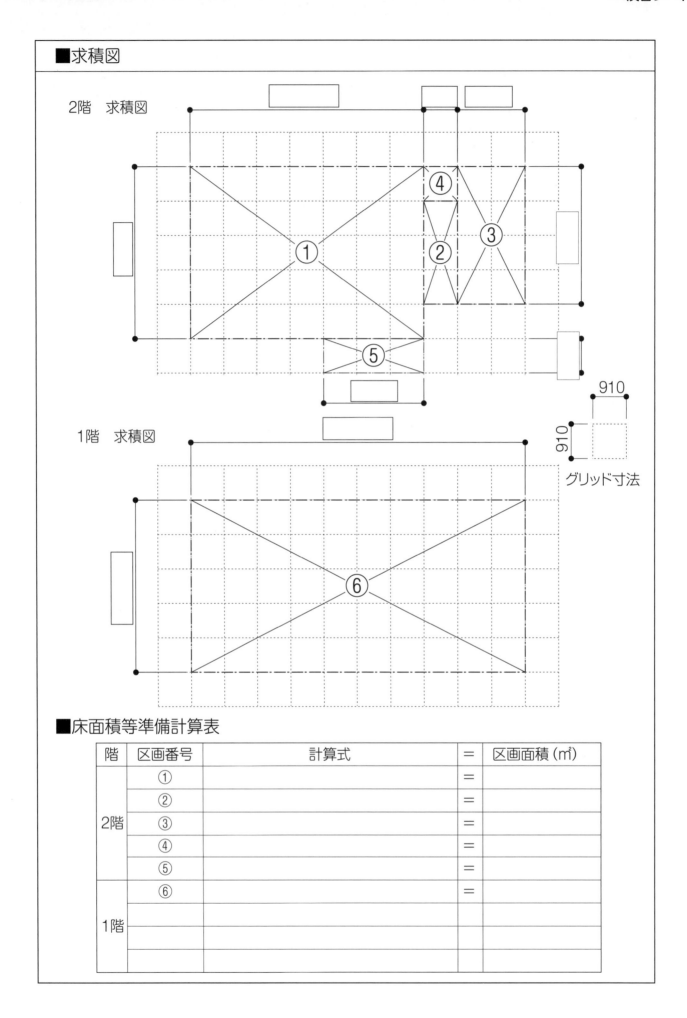

■見つけ面積計算図（1階）

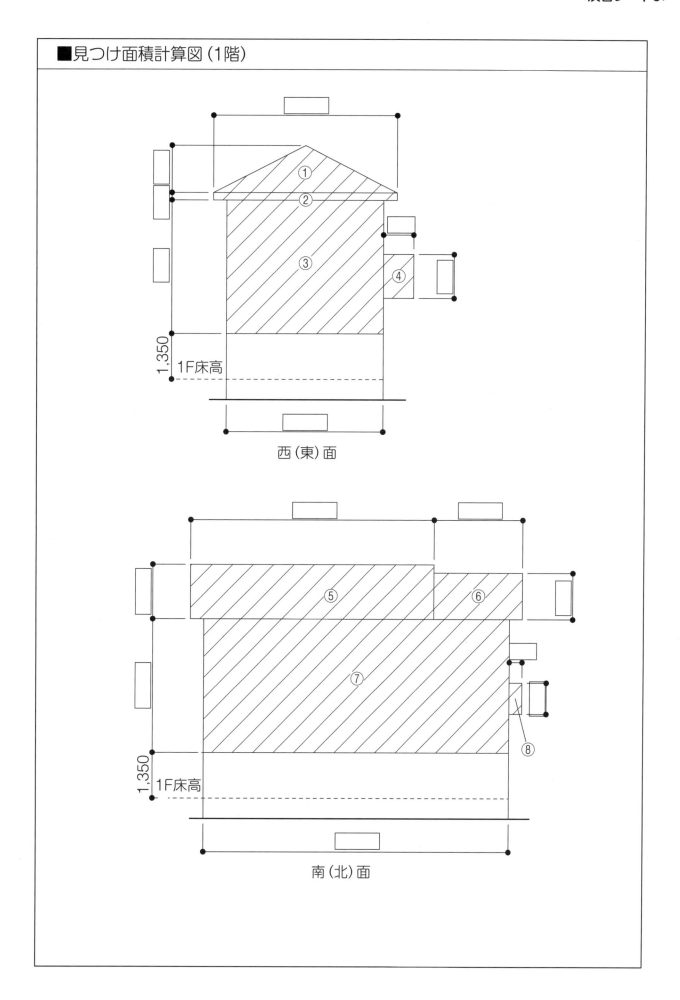

西（東）面

南（北）面

■見つけ面積計算図（2階）

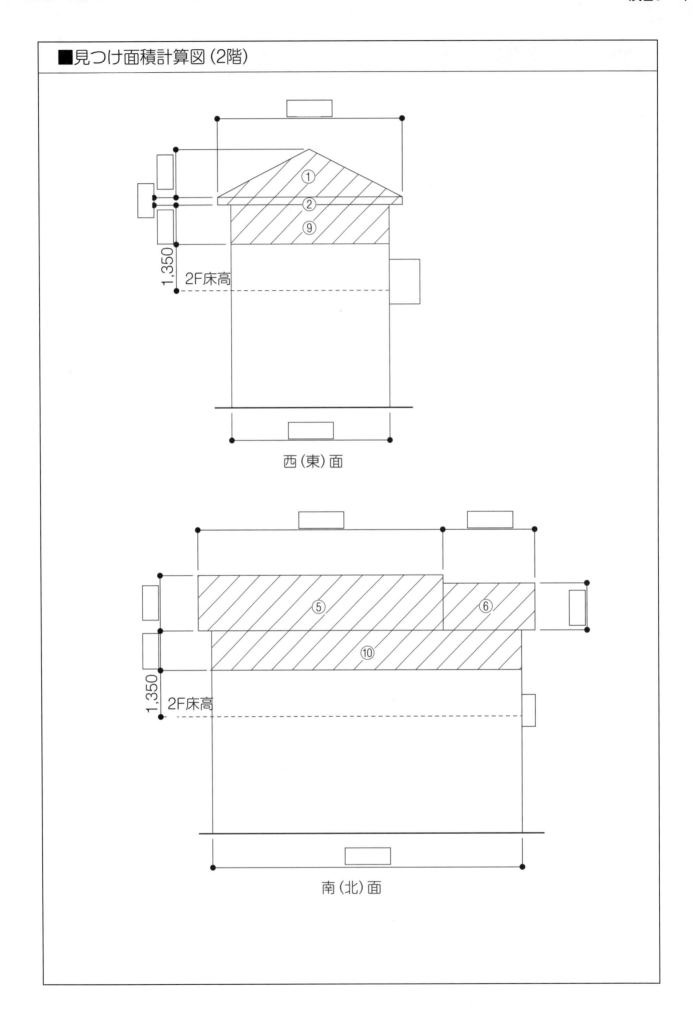

<演習シート7>

■見つけ面積計算表

1階

見つけ面	区画	計算式	=	面積（m²）
西 （東） 面	①		=	
	②		=	
	③		=	
	④		=	
	合計			
北 （南） 面	⑤		=	
	⑥		=	
	⑦		=	
	⑧		=	
	合計			

2階

見つけ面	区画	計算式	=	面積（m²）
西 （東） 面	①		=	
	②		=	
	⑨		=	
	合計			
北 （南） 面	⑤		=	
	⑥		=	
	⑩		=	
	合計			

<演習シート8>

■基準法　必要壁量

	方向	1階	2階
地震力に対して	XY方向	床面積　□　× 地震力用係数　□ ①必要壁量　＝　□ cm	床面積　□　× 地震力用係数　□ ②必要壁量　＝　□ cm
風圧力に対して	X方向	Y（西）面の 1階見つけ面積　□ × 風圧力用係数　□ ③必要壁量　＝　□ cm	Y（西）面の 2階見つけ面積　□ × 風圧力用係数　□ ④必要壁量　＝　□ cm
	Y方向	X（南）面の 1階見つけ面積　□ × 風圧力用係数　□ ⑤必要壁量　＝　□ cm	X（南）面の 2階見つけ面積　□ × 風圧力用係数　□ ⑥必要壁量　＝　□ cm

●性能表示　必要壁量（耐震等級3、耐風等級2）

	方向	1階	2階
地震力に対して	XY方向	K1　　　Z　地震力用係数 □ × □ × □ ＝ □ S1　　　　地震力用係数 □ ㎡ × □ ⑲必要壁量＝　□ cm	K2　　　Z　地震力用係数 □ × □ × □ ＝ □ S2　　　　地震力用係数 □ ㎡ × □ ⑲必要壁量＝　□ cm
風圧力に対して	X方向	Y（西）面の　　風圧力用係数 1階見つけ面積 □ ㎡ × □ ⑲必要壁量　＝　□ cm	Y（西）面の　　風圧力用係数 2階見つけ面積 □ ㎡ × □ ⑲必要壁量　＝　□ cm
	Y方向	X（南）面の　　風圧力用係数 1階見つけ面積 □ ㎡ × □ ⑲必要壁量　＝　□ cm	X（南）面の　　風圧力用係数 2階見つけ面積 □ ㎡ × □ ⑲必要壁量　＝　□ cm

■基準法　柱・壁位置図

耐力壁 準耐力壁 の凡例	筋かい (45×90)			面材耐力壁
記　号	◿	◺	⋈	〰
倍　率	2.0	2.0	4.0	2.5

2 階

1 階

<演習シート10>

■基準法　存在壁量

方向	1階				2階			
	通り	倍率 ×	長さ(cm)	= 壁量(cm)	通り	倍率 ×	長さ(cm)	= 壁量(cm)
X方向		×		=		×		=
		×		=		×		=
		×		=		×		=
		×		=		×		=
		×		=		×		=
		×		=		×		=
		×		=		×		=
		×		=		×		=
		×		=		×		=
		×		=		×		=
	⑦存在壁量の合計				⑧存在壁量の合計			
Y方向	通り	倍率 ×	長さ(cm)	= 壁量(cm)	通り	倍率 ×	長さ(cm)	= 壁量(cm)
		×		=		×		=
		×		=		×		=
		×		=		×		=
		×		=		×		=
		×		=		×		=
		×		=		×		=
		×		=		×		=
		×		=		×		=
		×		=		×		=
		×		=		×		=
	⑨存在壁量の合計				⑩存在壁量の合計			

■基準法　壁量判定

方向	1階	2階
X方向	存在壁量 ___ cm ≧ ｛ 必要壁量 地震力：___ cm　風圧力：___ cm ｝ 判定：OK・NG	存在壁量 ___ cm ≧ ｛ 必要壁量 地震力：___ cm　風圧力：___ cm ｝ 判定：OK・NG
Y方向	存在壁量 ___ cm ≧ ｛ 必要壁量 地震力：___ cm　風圧力：___ cm ｝ 判定：OK・NG	存在壁量 ___ cm ≧ ｛ 必要壁量 地震力：___ cm　風圧力：___ cm ｝ 判定：OK・NG

10

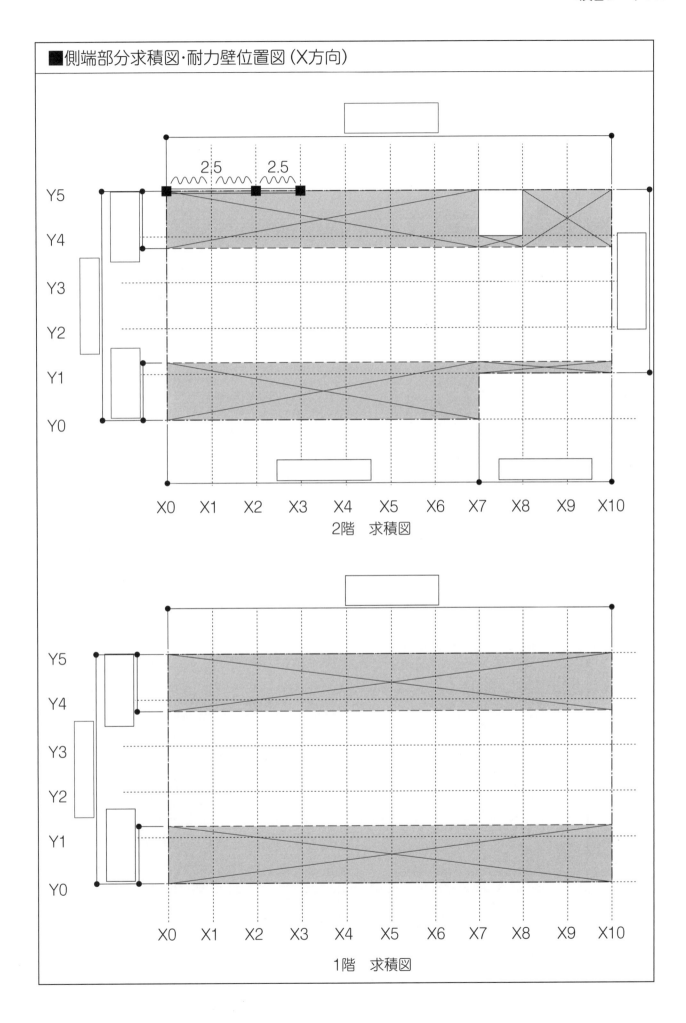

■側端部分求積図・耐力壁位置図（Y方向）

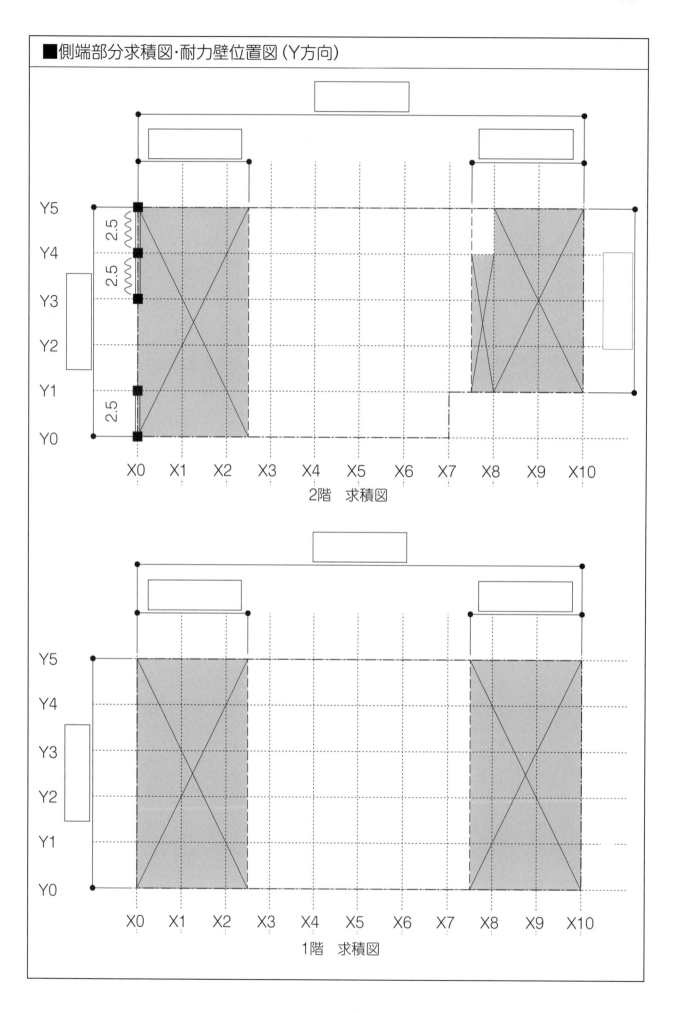

2階　求積図

1階　求積図

<演習シート13>

■基準法（四分割法）　側端部分求積表

方向	部位	1階	2階
X方向	北1/4	縦（m）　×　横（m）　＝　面積（m²） × × × × 合　計　　　　　m²	縦（m）　×　横（m）　＝　面積（m²） × × × × 合　計　　　　　m²
	南1/4	縦（m）　×　横（m）　＝　面積（m²） × × × × 合　計　　　　　m²	縦（m）　×　横（m）　＝　面積（m²） × × × × 合　計　　　　　m²
Y方向	西1/4	縦（m）　×　横（m）　＝　面積（m²） × × × × 合　計　　　　　m²	縦（m）　×　横（m）　＝　面積（m²） × × × × 合　計　　　　　m²
	東1/4	縦（m）　×　横（m）　＝　面積（m²） × × × × 合　計　　　　　m²	縦（m）　×　横（m）　＝　面積（m²） × × × × 合　計　　　　　m²

<演習シート14>

■基準法（四分割法）　必要壁量

方向	部位	1階	2階
X方向	北1/4	床面積 □ m² × 地震力用係数 □ 1北　必要壁量　＝ □ cm	床面積 □ m² × 地震力用係数 □ 2北　必要壁量　＝ □ cm
X方向	南1/4	床面積 □ m² × 地震力用係数 □ 1南　必要壁量　＝ □ cm	床面積 □ m² × 地震力用係数 □ 2南　必要壁量　＝ □ cm
Y方向	西1/4	床面積 □ m² × 地震力用係数 □ 1西　必要壁量　＝ □ cm	床面積 □ m² × 地震力用係数 □ 2西　必要壁量　＝ □ cm
Y方向	東1/4	床面積 □ m² × 地震力用係数 □ 1東　必要壁量　＝ □ cm	床面積 □ m² × 地震力用係数 □ 2東　必要壁量　＝ □ cm

■基準法（四分割法）　存在壁量

方向	部位	1階	2階
X方向	北1/4	倍率 × 長さ(cm) = 壁量(cm) □ × □ = □ □ × □ = □ □ × □ = □ 存在壁量の合計　□	倍率 × 長さ(cm) = 壁量(cm) □ × □ = □ □ × □ = □ □ × □ = □ 存在壁量の合計　□
X方向	南1/4	倍率 × 長さ(cm) = 壁量(cm) □ × □ = □ □ × □ = □ □ × □ = □ 存在壁量の合計　□	倍率 × 長さ(cm) = 壁量(cm) □ × □ = □ □ × □ = □ □ × □ = □ 存在壁量の合計　□
Y方向	西1/4	倍率 × 長さ(cm) = 壁量(cm) □ × □ = □ □ × □ = □ □ × □ = □ 存在壁量の合計　□	倍率 × 長さ(cm) = 壁量(cm) □ × □ = □ □ × □ = □ □ × □ = □ 存在壁量の合計　□
Y方向	東1/4	倍率 × 長さ(cm) = 壁量(cm) □ × □ = □ □ × □ = □ □ × □ = □ 存在壁量の合計　□	倍率 × 長さ(cm) = 壁量(cm) □ × □ = □ □ × □ = □ □ × □ = □ 存在壁量の合計　□

<演習シート15>

■基準法（四分割法）　充足率

方向	部位	1階	2階
X方向	北1/4	存在壁量 ▢ / 必要壁量 ▢ ＝ ＝ 充足率 ▢	存在壁量 ▢ / 必要壁量 ▢ ＝ ＝ 充足率 ▢
	南1/4	存在壁量 ▢ / 必要壁量 ▢ ＝ ＝ 充足率 ▢	存在壁量 ▢ / 必要壁量 ▢ ＝ ＝ 充足率 ▢
Y方向	西1/4	存在壁量 ▢ / 必要壁量 ▢ ＝ ＝ 充足率 ▢	存在壁量 ▢ / 必要壁量 ▢ ＝ ＝ 充足率 ▢
	東1/4	存在壁量 ▢ / 必要壁量 ▢ ＝ ＝ 充足率 ▢	存在壁量 ▢ / 必要壁量 ▢ ＝ ＝ 充足率 ▢

■基準法（四分割法）　判定

方向	1階	2階
X方向	(小) 充足率 ▢ / (大) 充足率 ▢ ＝ ＝ 壁率比 ▢ 判定　壁率比 ▢ ≧ 0.5　∴OK・NG	(小) 充足率 ▢ / (大) 充足率 ▢ ＝ ＝ 壁率比 ▢ 判定　壁率比 ▢ ≧ 0.5　∴OK・NG
Y方向	(小) 充足率 ▢ / (大) 充足率 ▢ ＝ ＝ 壁率比 ▢ 判定　壁率比 ▢ ≧ 0.5　∴OK・NG	(小) 充足率 ▢ / (大) 充足率 ▢ ＝ ＝ 壁率比 ▢ 判定　壁率比 ▢ ≧ 0.5　∴OK・NG

上記判定でNGとなった場合

方向	部位	1階	2階
X方向	北1/4	充足率 ▢ ＞ 1.0　判定：OK・NG	充足率 ▢ ＞ 1.0　判定：OK・NG
	南1/4	充足率 ▢ ＞ 1.0　判定：OK・NG	充足率 ▢ ＞ 1.0　判定：OK・NG
Y方向	西1/4	充足率 ▢ ＞ 1.0　判定：OK・NG	充足率 ▢ ＞ 1.0　判定：OK・NG
	東1/4	充足率 ▢ ＞ 1.0　判定：OK・NG	充足率 ▢ ＞ 1.0　判定：OK・NG

15

<演習シート16>

■柱・壁位置図

耐力壁 準耐力壁 の凡例	筋かい (45×90)			面材耐力壁
記 号	◿	◺	⧓	〰
倍 率	2.0	2.0	4.0	2.5

2 階

1 階

16

<演習シート17>

●軸組の柱の柱頭・柱脚仕口に必要な引張耐力算定式と接合部仕様

■平家部分及び、最上階の柱

$N = A_1 \times B_1 - L$

	出隅	その他
B1	0.8	0.5
L	0.4	0.6

N：下表に規定するNの数値
A1：当該柱両端の壁倍率の差
　　ただし、筋かいによる補正値を加える
B1：周辺の部材における押え（曲げ戻し）の効果を表す係数
L：鉛直荷重による押えの効果を表す係数

■その他の柱

$N = A_1 \times B_1 + A_2 \times B_2 - L$

	出隅	その他
B1	0.8	0.5
B2	0.8	0.5
L	1	1.6

N：下表に規定するNの数値
A1：当該柱両端の壁倍率の差
A2：当該柱に連続する2階柱の両端の壁倍率の差
　　ただし、A1、A2とも筋かいによる補正値を加える
B1：周辺の部材における押え（曲げ戻し）の効果を表す係数
B2：2階の周辺の部材における押え（曲げ戻し）の効果を表す係数
L：鉛直荷重による押えの効果を表す係数

■通し柱と胴差の条件に応じた接合部の仕様

通し柱と胴差の条件		仕口
T1	通し柱の片側に胴差しが来る場合	胴差しを柱にかたぎ大入れ短ほぞ差しの上、羽子板ボルト、かね折り金物又は同等以上の仕口
T2	通し柱の両側に胴差しが来る場合	胴差しを柱にかたぎ大入れ短ほぞ差しの上、短冊金物又は同等以上の仕口で胴差相互を緊結
T3	通し柱と胴差しの接合部の近くに断面寸法90×90mm以上の木製筋かいが取り付く場合	胴差を通し柱に15kN用引き寄せ金物を水平に用いて緊結

■筋かいを考慮してA に加える補正値（筋かいは全て 45×90）

一方	他方	補正値	備考
シングル	ー	+0.5	柱頭に取り付く場合
		−0.5	柱脚に取り付く場合
ダブル	ー	ー	
シングル	シングル	+1.0	
		ー	両端柱脚に取り付く場合
ダブル	シングル	+0.5	
ダブル	ダブル	ー	

■接合部の仕様

告示表三	N値	必要耐力(kN)	継手・仕口の仕様
（い）	0.0以下	0.0	短ほぞ差し又はかすがい打ち
（ろ）	0.65以下	3.4	長ほぞ差し込み栓又はかど金物CP・L
（は）	1.0以下	5.1	かど金物CP・T 山形プレートVP
（に）	1.4以下	7.5	羽子板ボルト又は短ざく金物（スクリュー釘なし）
（ほ）	1.6以下	8.5	羽子板ボルト又は短ざく金物（スクリュー釘あり）
（へ）	1.8以下	10.0	引き寄せ金物HD-B10（S-HD10）
（と）	2.8以下	15.0	引き寄せ金物HD-B15（S-HD15）
（ち）	3.7以下	20.0	引き寄せ金物HD-B20（S-HD20）
（り）	4.7以下	25.0	引き寄せ金物HD-B25（S-HD25）
（ぬ）	5.6以下	30.0	引き寄せ金物HD-B15（S-HD15）×2個
ー	5.6超	N×5.3	

<演習シート18>

●柱頭・柱脚の接合部および胴差しと通し柱の接合部のチェック（N値計算法）

階	耐力壁 端部の柱		A1	B1	A2	B2	L	N	X、Y軸方向の Nの最大値	接合金物 柱頭部 柱脚部	胴差し・通し柱 の接合部
			X軸方向								
			Y軸方向								
			A1	B1	A2	B2	L	N	X、Y軸方向の Nの最大値	接合金物	胴差し・通し柱 の接合部
階	耐力壁 端部の柱		X軸方向								
			Y軸方向								

＜演習シート19＞

●柱頭・柱脚の接合部および胴差しと通し柱の接合部のチェック（N値計算法）

階	耐力壁端部の柱		A 1	B 1	A 2	B 2	L	N	X、Y軸方向のNの最大値	接合金物柱頭部柱脚部	胴差し・通し柱の接合部
			X軸方向								
			Y軸方向								

●柱頭・柱脚の接合部および胴差しと通し柱の接合部のチェック（N値計算法）

階	耐力壁端部の柱		A 1	B 1	A 2	B 2	L	N	X、Y軸方向のNの最大値	接合金物柱頭部柱脚部	胴差し・通し柱の接合部

<演習シート20>

●柱頭・柱脚の接合部および胴差しと通し柱の接合部のチェック（N値計算法）

階	耐力壁端部の柱		A1	B1	A2	B2	L	N	X、Y軸方向のNの最大値	接合金物 柱頭部 柱脚部	胴差し・通し柱の接合部
			X軸方向								
			Y軸方向								
	耐力壁端部の柱		A1	B1	A2	B2	L	N	X、Y軸方向のNの最大値	接合金物 柱頭部 柱脚部	胴差し・通し柱の接合部
			X軸方向								
			Y軸方向								

① 柱の小径（施行令第43条1項）

1階　$\dfrac{\text{横架材間距離（cm）}}{\boxed{}} = \boxed{} < \boxed{}$ cm　判定：OK・NG

2階　$\dfrac{\text{横架材間距離（cm）}}{\boxed{}} = \boxed{} < \boxed{}$ cm　判定：OK・NG

② 有効細長比（施行令第43条6項）

構造耐力上主要な部分である柱の有効細長比（断面の最小二次半径に対する座屈長さの比をいう。以下同じ。）は、150以下としなければならない。

$$\dfrac{\ell k}{i} \leqq 150$$

i： 断面の最小二次半径（$\sqrt{\dfrac{I}{A}}$）

ℓk： 座屈長さ（木造の柱の場合は横架材間内法長さ）

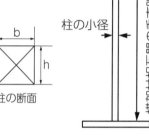
柱の断面／横架材相互間の垂直距離／柱の小径

計算例

柱の断面二次モーメント $I = \dfrac{b \cdot h^3}{12}$、柱の断面積 $A = b \cdot h$ より、

$i = \sqrt{\dfrac{I}{A}} = \dfrac{h}{\sqrt{12}}$

これを $\dfrac{\ell k}{i} \leqq 150$ に代入すると、 $\dfrac{\ell k}{h} \leqq 43.3$ となる。

1階　$\dfrac{\text{横架材間距離（cm）}}{\boxed{}} = 25.67 < 43.3$　判定：OK・NG
柱の小径（cm）

2階　$\dfrac{\text{横架材間距離（cm）}}{\boxed{}} = \boxed{} < 43.3$　判定：OK・NG
柱の小径（cm）

●性能表示　準耐力壁等の壁倍率

階	部位	横架材間内法寸法	下地張材全高	種類	基準倍率	開口部の種類	開口部高さ	面材高さの合計	準耐力壁倍率	採用倍率
2階	外壁	2,695	2,695	構造用合板	2.5	掃き出し(戸)	2,000			
						腰高 (中)	1,200			
						腰高 (小)	1,000			
			2,671			全壁	0			
	内壁	2,695	2,400	石こうボード	0.9	掃き出し(戸)	2,000			
						腰高 (中)	1,200			
						腰高 (小)	1,000			
						全壁	0			
1階	外壁	2,695	2,695	構造用合板	2.5	掃き出し(戸)	2,000			
						腰高 (中)	1,200			
						腰高 (小)	1,000			
						全壁	-			
	内壁	2,695	2,400	石こうボード	0.9	掃き出し(戸)	2,000			
						腰高 (中)	1,200			
						腰高 (小)	1,000			
						全壁	0			

$$準耐力壁倍率 = 0.6 \times 基準倍率 \times \frac{面材高さの合計}{横架材間内法寸法}$$

【準耐力壁等の計算に用いる各種高さ】

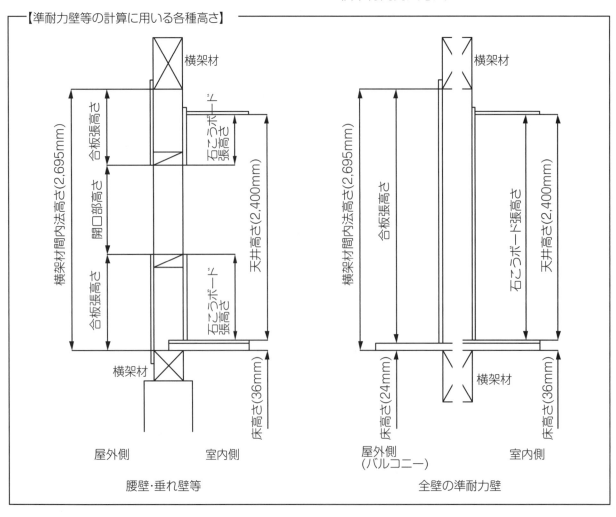

腰壁・垂れ壁等　　　　　全壁の準耐力壁

<演習シート23>

■性能表示　柱・壁位置図

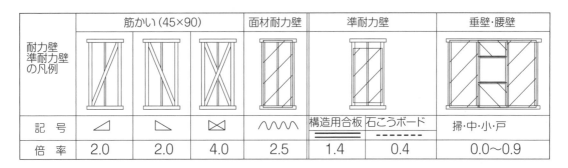

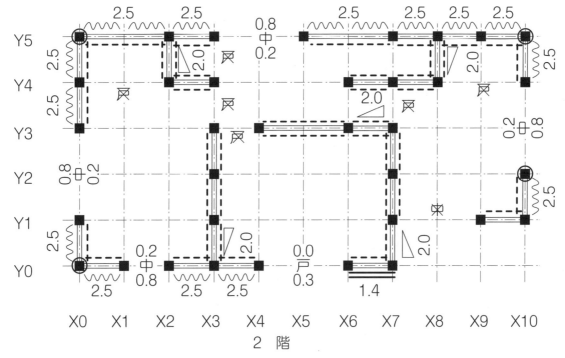

2 階

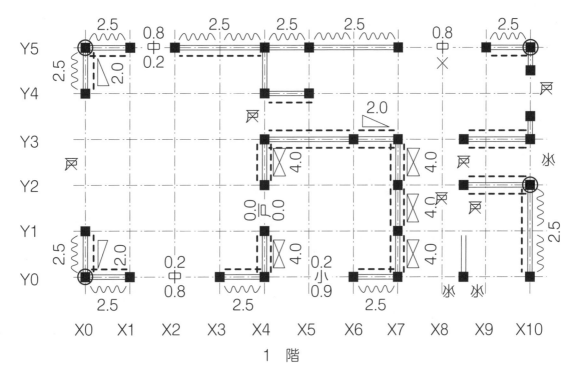

1 階

● 性能表示　存在壁量

方向	1階	2階
X方向	施行令第46条に係る耐力壁量(⑦) [＿] cm	施行令第46条に係る耐力壁量(⑧) [＿] cm
	通り ／ 倍率 × 長さ(cm) = 壁量(cm) （12行）	通り ／ 倍率 × 長さ(cm) = 壁量(cm) （12行）
	準耐力壁等の合計(⑪) [＿]	準耐力壁等の合計(⑫) [＿]
	存在壁量の合計(⑦+⑪) [＿] cm	存在壁量の合計(⑧+⑫) [＿] cm
Y方向	施行令第46条に係る耐力壁量(⑨) [＿] cm	施行令第46条に係る耐力壁量(⑩) [＿] cm
	通り ／ 倍率 × 長さ(cm) = 壁量(cm) （11行）	通り ／ 倍率 × 長さ(cm) = 壁量(cm) （11行）
	準耐力壁等の合計(⑬) [＿]	準耐力壁等の合計(⑭) [＿]
	存在壁量の合計(⑨+⑬) [＿] cm	存在壁量の合計(⑩+⑭) [＿] cm

● 性能表示　壁量判定

方向	1階	2階
X方向	存在壁量 [＿] cm ≧ { 必要壁量 地震力：[＿] cm ／ 風圧力：[＿] cm }　判定：OK・NG	存在壁量 [＿] cm ≧ { 必要壁量 地震力：[＿] cm ／ 風圧力：[＿] cm }　判定：OK・NG
Y方向	存在壁量 [＿] cm ≧ { 必要壁量 地震力：[＿] cm ／ 風圧力：[＿] cm }　判定：OK・NG	存在壁量 [＿] cm ≧ { 必要壁量 地震力：[＿] cm ／ 風圧力：[＿] cm }　判定：OK・NG

<演習シート25>

● 性能表示　耐力壁線と耐力壁線間長さの判定

階	方向	通り	基準法存在壁量(耐力壁)	品確法準耐力壁存在壁量	存在壁量(耐力壁＋準耐力壁)	通り芯が耐力壁線かどうかの判定				耐力壁線間距離の判定	
						各通り奥行長さL(cm)	奥行×0.6 400cmのうち大きい値	判定	合算補正	再判定	耐力壁線間距離(cm)	判定
1階	X方向											
	Y方向											
2階	X方向											
	Y方向											

25

■X方向火打ち構面図

水平構面の凡例
　　火打ち材（H○）：

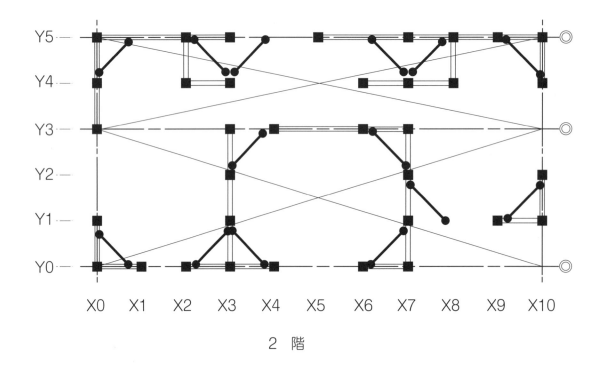

2 階

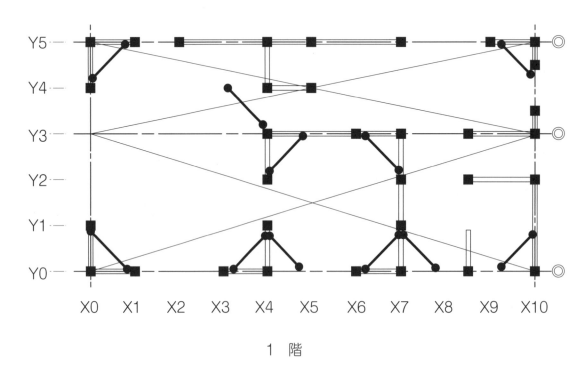

1 階

<演習シート27>

■Y方向火打ち構面図

水平構面の凡例
　火打ち材（H○）：

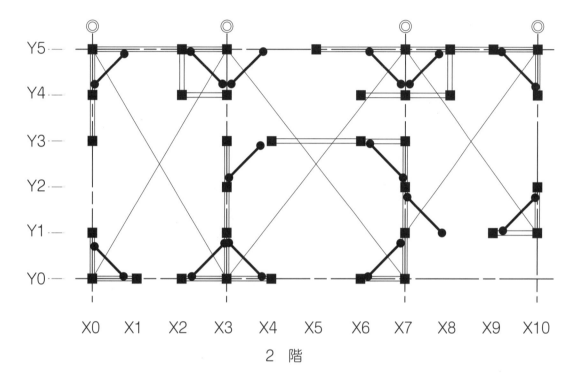

2 階

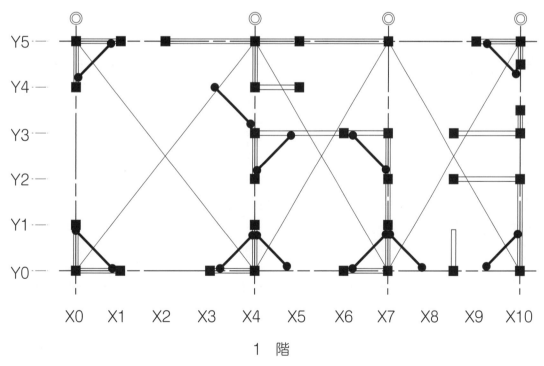

1 階

●性能表示　火打ち構面の平均負担面積

階	方向	床区画	本数	耐力壁線間隔(m)	奥行き(m)	総負担面積(m²)	平均負担面積（m²）	記号
1階	X方向							
	Y方向							
2階	X方向							
	Y方向							

床倍率一覧表（抜すい）

記号	種類	仕様	床倍率
R1	屋根構面	5寸勾配、構造用合板9mm、たる木@455、N50@150釘打ち	0.70
F7	床構面	構造用合板24mm、根太なし直張り4周釘打ち、N75@150以下	3.00
H3	火打ち構面	火打ち金物HB、平均負担面積2.5㎡以下、梁せい105以上	0.50
H6	火打ち構面	火打ち金物HB、平均負担面積3.3㎡以下、梁せい105以上	0.30
H9	火打ち構面	火打ち金物HB、平均負担面積5.0㎡以下、梁せい105以上	0.15
D0	吹抜け等	床なし	0.00

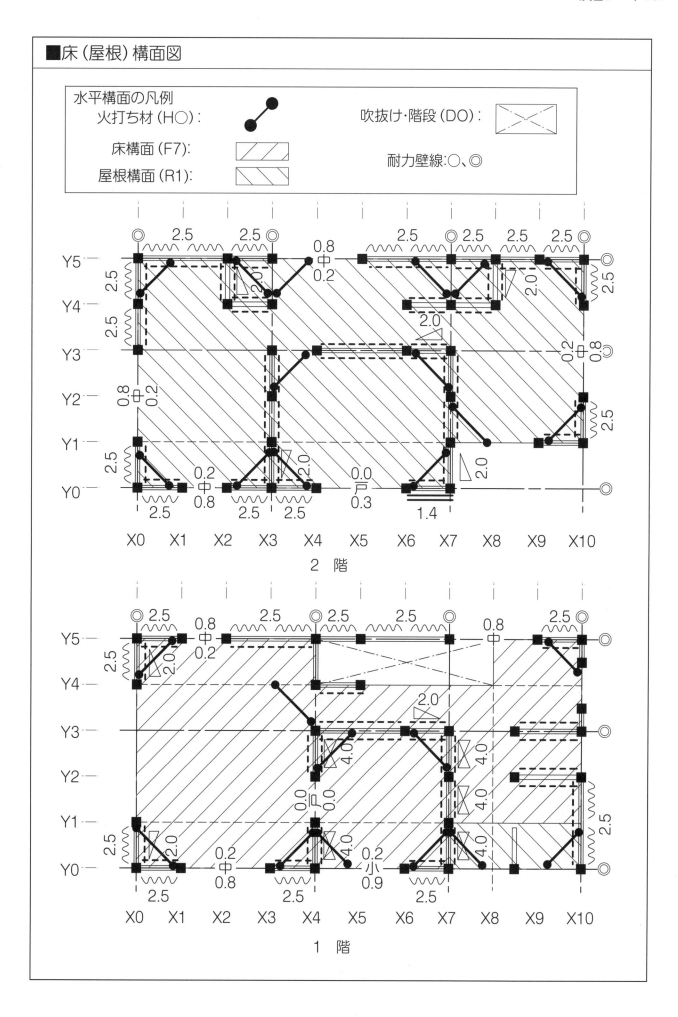

＜演習シート30＞

●性能表示　存在床倍率の算出

階	方向	床区画	直交小区画 1 床種類	直交小区画 1 床倍率	直交小区画 1 奥行き長さの最小値(cm)	直交小区画 1 床量(cm)	直交小区画 2 床種類	直交小区画 2 床倍率	直交小区画 2 奥行き長さの最小値(cm)	直交小区画 2 床量(cm)	直交小区画 3 床種類	直交小区画 3 床倍率	直交小区画 3 奥行き長さの最小値(cm)	直交小区画 3 床量(cm)	奥行き長さの合計	床量の合計	直交小区画の床倍率	面材構面の存在床倍率	火打ち構面床倍率 種類	火打ち構面床倍率 床倍率	存在床倍率
1階	X方向	Y0～Y1																			
		Y1～Y3																			
		Y3～Y4																			
		Y4～Y5																			
	Y方向	X0～X4																			
		X4～X7																			
		X7～X8																			
		X8～X10																			
2階	X方向	Y0～Y1																			
		Y1～Y3																			
		Y3～Y5																			
	Y方向	X0～X3																			
		X3～X7																			
		X7～X10																			

存在床倍率　／　火打ち構面床倍率

30

●性能表示　必要床倍率の算出と判定

階	方向	耐力壁線間	壁線種類	α	耐力壁線間隔(m)	床区画の壁線方向長(m)	地震力に対する必要床倍率 地震力用係数	地震力に対する必要床倍率 CE	存在床倍率	判定	風圧力に対する必要床倍率 風圧力用係数	風圧力に対する必要床倍率 CW	存在床倍率	判定
1階	X方向													
	Y方向													
2階	X方向													
	Y方向													

地震力用必要床倍率＝α×耐力壁線間隔×CE

CE＝地震力用係数/200

風圧力用必要床倍率＝α×(耐力壁線間隔/壁線方向長)×CW

CW（平家建て、最上階）＝0.014×風圧力用係数

CW（その他の階）＝0.028×風圧力用係数

床区画係数α

対象とする床	床区画と耐力壁線の条件		係数α
2階建ての2階平屋建て	○の最外周耐力壁線に片側が接する床区画		2.0
	◎の耐力壁線に両側を挟まれた床区画		1.0
2階建ての1階及び下屋	○の最外周耐力壁線に片側が接する床区画		2.0
	◎の耐力壁線に両側を挟まれた床区画	床区画の上に上階耐力壁線がある	1.0
		床区画の上に上階耐力壁線がない	0.5

<演習シート32>

●性能表示　外周横架材の接合部の判定

階	方向	耐力壁線間	耐力壁線間隔(m)	存在床倍率	必要接合部倍率	仕口の種類	存在接合部倍率	判定
1階	X方向	～						
		～						
		～						
		～						
	Y方向	～						
		～						
		～						
		～						
		～						
2階	X方向	～						
		～						
		～						
		～						
	Y方向	～						
		～						
		～						
		～						

必要接合部倍率＝0.185×存在床倍率×耐力壁線間隔

横架材接合部の仕様

記号	接合部の仕様	接合部倍率
□	短ほぞ差し	0.0
□	かすがい	
N	長ほぞ差し込み栓打ち	0.7
L	L字型金物	
V	V字型金物	1.0
T	T字型金物	
P	羽子板ボルト	1.4
I	短冊金物	
Ps	羽子板ボルト＋スクリュー釘50	1.6
Is	短冊金物＋スクリュー釘50	
2	10KN用引き寄せ金物	1.8
3	15KN用引き寄せ金物	2.8
4	20KN用引き寄せ金物	3.7
5	25KN用引き寄せ金物	4.7
32	15KN用引き寄せ金物×2	5.6
J1	(腰掛蟻又は大入れ蟻掛け) ＋(羽子板ボルト又は短冊金物)	1.9
J2	(腰掛蟻又は大入れ蟻掛け) ＋(羽子板ボルト又は短冊金物)×2	3.0

■屋根伏図

作図手順
①2階外壁の中心線を記入する
②屋根の軒先ラインを記入する
③棟木・隅木・谷木を記入する
④母屋を記入する
⑤小屋束を記入する

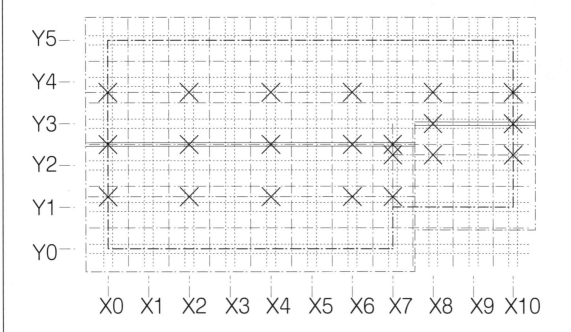

■小屋伏図

作図手順
①2階内・外壁の中心線を記入する
②屋根の軒先ラインを記入する
③小屋束を記入する
④2階管柱を記入する
⑤外周壁上部に横架材を記入する
⑥内部耐力壁及び間仕切壁上部に横架材を記入する
⑦小屋束を受ける横架材を記入する
⑧横架材間隔が1820mm以下となるように横架材を記入する
⑨横架材のサイズを計算し、記入する
⑩火打ち材を配置する

×：小屋束
■：2階管柱
▭：横架材
／：火打ち材

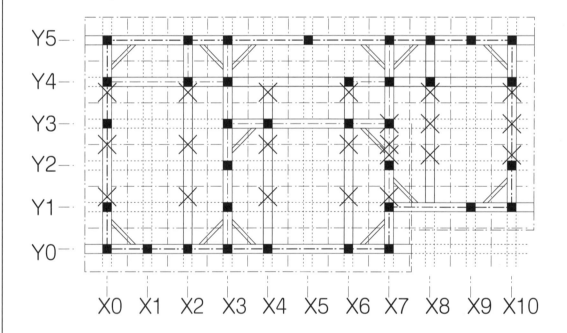

＜演習シート34＞

■2階床梁伏図

作図手順
①2階の外壁線・間仕切壁線を記入する
②1階の外壁線・間仕切壁線を記入する
③2階管柱を記入する
④1階管柱を記入する
⑤外周壁に横架材を記入する
⑥1階内部耐力壁及び間仕切壁上部に横架材を記入する
⑦2階内部耐力壁及び間仕切壁下部に横架材を記入する
⑧横架材間隔が910mm以下となるように横架材を追加記入する
⑨横架材のサイズを計算し、記入する
⑩火打ち材を配置する
⑪隅柱を通し柱に指定する

×：2階管柱　　☐：横架材
■：1階管柱　　／：火打ち材
○：通し柱

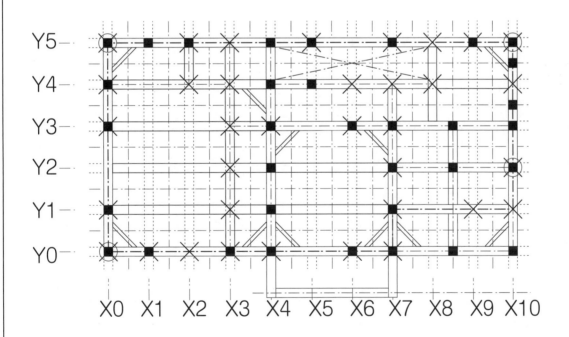

<演習シート36>

■土台伏図

作図手順
①1階の外壁線・間仕切壁線を記入する
②1階管柱を記入する
③外周壁に横架材を記入する
④1階内部耐力壁及び間仕切壁下部に土台を記入する
⑤横架材間隔が910mm以下となるように大引きを記入する
⑥火打ち材を配置する

■ :1階管柱　　　━━ :大引き
○ :通し柱　　　／ :火打ち材
▭ :土台

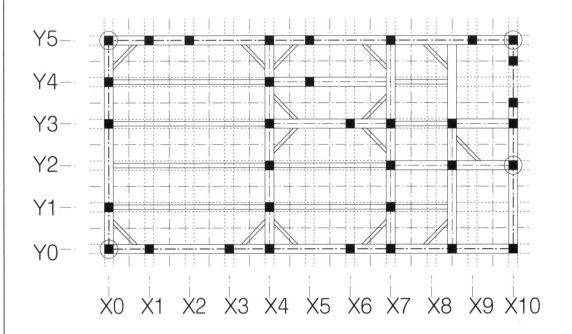

■基礎伏図

作図手順
①土台設置位置を一転鎖線で記入する
②土台設置位置に基礎の立ち上がりを記入する
③大引き下に910mm間隔で束石を記入する
④火打ち土台を記入する
⑤アンカーボルトを記入する
　1) 耐力壁の端部柱
　2) 土台継ぎ手の側近
　3) その他アンカーボルト間隔が2.7m以内となるような位置
⑥ホールダウンアンカーを記入する

　　　▭ :基礎立ち上がり
　　　○ :アンカーボルト
　　　◎ :ホールダウンアンカーボルト
　　　□ :束石
　　　▨ :土間コンクリート

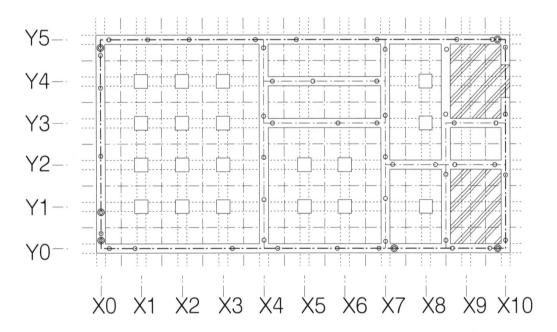

memo

memo

memo